Entrepreneurship

Michael Fritsch · Michael Wyrwich

Entrepreneurship

Theorie, Empirie, Politik

3., überarbeitete Auflage

 Springer Gabler

Michael Fritsch 🄾
Friedrich-Schiller-Universität Jena
Jena, Deutschland

Michael Wyrwich 🄾
Rijksuniversiteit Groningen
Groningen, Niederlande

ISBN 978-3-658-34636-2   ISBN 978-3-658-34637-9   (eBook)
https://doi.org/10.1007/978-3-658-34637-9

Die Deutsche Nationalbibliothek verzeichnet diese Publikation in der Deutschen Nationalbibliografie; detaillierte bibliografische Daten sind im Internet über ▶ http://dnb.d-nb.de abrufbar.

Planung/Lektorat: Carina Reibold
Springer Gabler ist ein Imprint der eingetragenen Gesellschaft Springer Fachmedien Wiesbaden GmbH und ist ein Teil von Springer Nature.
Die Anschrift der Gesellschaft ist: Abraham-Lincoln-Str. 46, 65189 Wiesbaden, Germany

Vorwort zur dritten Auflage

Für die dritte Auflage dieses Lehrbuches ist Michael Wyrwich als Autor hinzuge-kommen. Im Rahmen der Überarbeitung haben wir den Text an diversen Stellen ge-glättet, aktualisiert und ergänzt, ohne die bewährte Grundstruktur des Buches zu verändern. Weiterhin wurden die empirischen Angaben sowie die Literaturhinweise auf den aktuellen Stand gebracht. Die in diesem Buch enthaltenen Grafiken stehen als Download im PPT-Format zur Verfügung: ► http://m-fritsch.de/material/entre-preneurship-theorie-empirie-politik/.

Bei der Überarbeitung des Buches sind wir auf vielfache Weise unterstützt wor-den. So hat uns Sandra Gottschalk (ZEW-Mannheim) aktuelle Daten zu den Fi-nanzierungsquellen junger Unternehmen zur Verfügung gestellt. Die aktualisierten Karten zur räumlichen Struktur des Gründungsgeschehens in Deutschland hat Ro-semarie Mendler mit gewohnter Akkuratesse angefertigt. Maria Greve und Alina Sorgner halfen uns bei der Beschaffung von aktualisierten Daten zum Gründungs-geschehen; bei der Überarbeitung von Grafiken wurden wir von Anna Anochin un-terstützt. Ihnen allen sei an dieser Stelle sehr herzlich gedankt. Weiterhin zu danken haben wir Matthias Menter für hilfreiche Kommentare zu Textentwürfen. Sämtli-che verbliebenen Fehler und Ungenauigkeiten haben selbstverständlich die Autoren zu verantworten.

Wenn aus Gründen der Einfachheit und Verständlichkeit lediglich die männli-che Form genutzt wird, dann sind hiermit jeweils auch die weibliche und die diverse Form eingeschlossen.

Wir hoffen, dass sich dieses Buch weiterhin als geeignete Grundlage für Lehr-veranstaltungen sowie als Informationsquelle für alle diejenigen erweist, die an dem Thema Entrepreneurship interessiert sind. Für Hinweise, Kommentare und Verbes-serungsvorschläge sind wir sehr dankbar.

Michael Fritsch
Michael Wyrwich
Berlin
Naumburg
im Mai 2021

Inhaltsverzeichnis

1	**Einführung: Die Rolle von Entrepreneurship in Wirtschaft und Gesellschaft**	1
2	**Entrepreneurship, Gründungen, Marktdynamik**	5
2.1	**Entrepreneurship**	6
2.2	**Entrepreneurship und Gründungen**	9
2.3	**Arten von Entrepreneurship**	10
2.3.1	Einteilung nach Innovationsrelevanz und Motiv	11
2.3.2	Einteilung nach den Wirkungen	11
2.3.3	Einteilung nach der Vorerfahrung und der Anzahl der Gründer	14
2.3.4	Einteilung nach der Phase im Gründungsprozess	15
2.3.5	Einteilung nach dem Neuheitsgrad und dem rechtlich-organisatorischen Status des Unternehmens	15
2.4	**Mögliche Wirkungen des Gründungsgeschehens auf die Wirtschaftsentwicklung**	15
2.5	**Von der *gemanagten* zur *unternehmerischen* Gesellschaft**	16
2.6	**Zusammenfassung wesentlicher Ergebnisse**	18
2.7	**Wesentliche Begriffe zu Kap.** 2	18
	Literaturhinweise	18
	Weiterführende Literatur	19
3	**Überblick zu unternehmerischer Selbstständigkeit, Gründungsgeschehen und Marktdynamik in Deutschland**	21
3.1	**Wesentliche Ausprägungen von Gründungsgeschehen und Marktdynamik**	23
3.2	**Die empirische Erfassung von Gründungen und unternehmerischer Selbstständigkeit**	24
3.3	**Datenquellen für eine Analyse des Gründungsgeschehens in Deutschland**	25
3.4	**Gründungen und unternehmerische Selbstständigkeit in Deutschland**	27
3.5	**Die sektorale Struktur der Gründungen in Deutschland**	29
3.5.1	Überblick	29
3.5.2	Gründungen in innovativen Wirtschaftszweigen	30
3.6	**Regionale Unterschiede des Gründungsgeschehens**	31
3.7	**Die Gründungsaktivitäten im internationalen Vergleich**	34
3.8	**Marktdynamik im Industrielebenszyklus**	36
3.9	**Zusammenfassung wesentlicher Ergebnisse**	37
3.10	**Wesentliche Begriffe zu Kap.** 3	38
	Literaturhinweise	38
	Weiterführende Literatur	38
4	**Die Entscheidung für unternehmerische Selbstständigkeit: Theorie**	41
4.1	**Der Ansatz des Occupational Choice**	42
4.2	**Das Grundmodell**	43
4.3	**Einige Erweiterungen des Grundmodells**	44

4.4   Zusammenfassung: Was die Theorie erklärt – und was nicht   47
4.5   Wesentliche Begriffe zu Kap. 4   49
       Literaturhinweise   49
       Weiterführende Literatur   50

5   Unternehmerische Fähigkeiten von Gründern   51
5.1   Was sind unternehmerische Fähigkeiten?   52
5.2   Gründungen und Qualifikation des Gründers.   53
5.2.1 Qualifikationsniveau.   53
5.2.2 Die Struktur der Qualifikationen (Skill Balance)   54
5.3   Die unternehmerische Persönlichkeit: Für eine Gründung förderliche
       Persönlichkeitsmerkmale   55
5.4   Wie entstehen unternehmerische Fähigkeiten?   57
5.4.1 Der Transfer der Gründungsneigung zwischen den Generationen.   58
5.4.2 Genetische Faktoren, Erziehung und Familie   59
5.4.3 Ausbildung und Beruf   59
5.4.4 Gesellschaftliches Umfeld.   60
5.5   Was fördert und prägt das Erkennen unternehmerischer Gelegenheiten?   62
5.6   Zusammenfassung wesentlicher Ergebnisse.   63
5.7   Wesentliche Begriffe zu Kap. 5   63
       Literaturhinweise   64
       Weiterführende Literatur   64

6   Demografische Merkmale und Berufsverläufe von Gründern   67
6.1   Demografische Merkmale von Gründern   68
6.1.1 Gründungswahrscheinlichkeit und Lebensalter   68
6.1.2 Unterschiede der unternehmerischen Selbstständigkeit zwischen
       Männern und Frauen   69
6.1.3 Migration und Gründungsneigung   70
6.2   Standortwahl von Gründungen   70
6.3   Berufliche Tätigkeit vor der Gründung.   71
6.3.1 Gründungen aus Arbeitslosigkeit.   71
6.3.2 Die relativ hohe Gründungsneigung von Beschäftigten in Kleinunternehmen   72
6.3.3 Innovative Spin-offs   73
6.4   Zusammenfassung wesentlicher Ergebnisse.   76
6.5   Wesentliche Begriffe zu Kap. 6   77
       Literaturhinweise   77
       Weiterführende Literatur   77

7   Gründungsfinanzierung.   79
7.1   Kapitalausstattung von Gründern.   80
7.2   Spezielle Probleme der Gründungsfinanzierung.   81
7.3   Kreditrationierung.   83
7.4   Venture Capital als Gründungsfinanzierung   85
7.4.1 Besonderheiten hoch-innovativer Gründungen und daraus
       resultierende Finanzierungsprobleme   85
7.4.2 Definition und Arten von Venture Capital   85
7.4.3 Ablauf von VC-Finanzierung und einige empirische Befunde.   88

7.5   Zusammenfassung wesentlicher Ergebnisse.   90
7.6   Wesentliche Begriffe zu Kap. 7   91
        Literaturhinweise.   91
        Weiterführende Literatur   92

8   Determinanten der Gründungsentscheidung im
        gesamtwirtschaftlichen, sektoralen und regionalen Kontext.   93
8.1   Persönliche Charakteristika und Gründungsneigung   95
8.2   Institutionelle Rahmenbedingungen.   97
8.3   Gründungsbarrieren: Der administrative Gründungsaufwand im
        internationalen Vergleich   99
8.4   Wie entstehen unternehmerische Gelegenheiten und wie kann
        man sie fördern?.   100
8.5   Gesamtgesellschaftliche Rahmenbedingungen: Wohlstandsniveau,
        Konjunktur, Arbeitslosigkeit und Kosten   101
8.6   Marktspezifische Gegebenheiten   103
8.7   Die Bedeutung des regionalen Kontext.   105
8.7.1   Zur Identifikation eines regionalen Einflusses   105
8.7.2   Die Bedeutung von regionalen Gegebenheiten im Einzelnen   106
8.8   Die systemische Sichtweise   109
8.9   Zusammenfassung wesentlicher Ergebnisse.   110
8.10   Wesentliche Begriffe zu Kap. 8   111
        Literaturhinweise.   111
        Weiterführende Literatur   112

9   Wie entwickeln sich junge Unternehmen?   115
9.1   Die Gründungsphase   116
9.2   Die Entwicklung von Gründungskohorten.   117
9.3   Die Erklärung des Zusammenhangs von Scheiteranfälligkeit und
        Unternehmensalter.   120
9.3.1   Liability of Newness   120
9.3.2   Liability of Smallness   121
9.3.3   Liability of Adolescence.   122
9.3.4   Liability of Aging   123
9.4   Die Größenstruktur von Gründungskohorten und die
        Produktivitätsentwicklung im Zeitverlauf   123
9.5   Zusammenfassung wesentlicher Ergebnisse.   124
9.6   Wesentliche Begriffe zu Kap. 9   125
        Literaturhinweise.   125
        Weiterführende Literatur   125

10   Erfolgsfaktoren von Unternehmensgründungen   127
10.1   Einkommen und Zufriedenheit von Selbstständigen.   128
10.2   Hypothesen und empirische Evidenz zum Erfolg von Gründungen.   130
10.2.1 Zur Methodik von Erfolgsfaktoren-Analysen   130
10.2.2 Indikatoren zur Beurteilung des Erfolgs von Unternehmensgründungen   131
10.2.3 Hypothesen und Ergebnisse   133
10.3   Schnell wachsende Unternehmen (Gazellen)   142

10.4   Zusammenfassung wesentlicher Ergebnisse.. 142
10.5   Wesentliche Begriffe zu Kap. 10 143
        Literaturhinweise... 143
        Weiterführende Literatur 144

11   **Wirkungen von Gründungsprozessen auf wirtschaftliche**
        Entwicklung 145
11.1   Historischer Exkurs: Die *Birch*-Debatte.. 146
11.2   Direkte und mögliche indirekte Effekte von Gründungen
        auf wirtschaftliche Entwicklung.. 147
11.3   Der empirische Befund 150
11.3.1 Methodische Vorbemerkungen 150
11.3.2 Der direkte Beitrag von Unternehmensgründungen
        zur Beschäftigungsentwicklung.. 151
11.3.3 Der Gesamteffekt von Gründungen auf wirtschaftliche Entwicklung 152
11.3.4 Die Qualität von Gründungen... 154
11.3.5 Unterschiede der Wirkungen des Gründungsgeschehens
        zwischen Regionen und Branchen... 155
11.3.6 Regionale Wachstumsregime 156
11.4   Zusammenfassung wesentlicher Ergebnisse.. 158
11.5   Wesentliche Begriffe zu Kap. 11 159
        Literaturhinweise... 159
        Literatur... 160

12   **Entrepreneurship-Politik**... 161
12.1   Gegenstand der Entrepreneurship-Politik 163
12.2   Ziele der Entrepreneurship-Politik 164
12.3   Mögliche Begründungen für eine Förderung von Entrepreneurship................. 165
12.3.1 Marktversagen als Begründung von Entrepreneurship-Politik....................... 165
12.3.2 Systemversagen als Begründung von Entrepreneurship-Politik 168
12.4   Strategien und Ansatzpunkte für Entrepreneurship-Politik 169
12.4.1 Zwei Strategien der Entrepreneurship-Förderung 169
12.4.2 Ansatzpunkte für eine Entrepreneurship-Politik................................. 170
12.4.3 Auswahl der Instrumente 173
12.5   Möglichkeiten zur Förderung innovativer Gründungen 173
12.5.1 Noch einmal: Merkmale innovativer Gründungen 173
12.5.2 Ansatzpunkte speziell zur Förderung innovativer Gründungen..................... 174
12.5.3 Ausgewählte Instrumente zur Förderung innovativer Gründungen.................. 175
12.5.4 Schlussbemerkung zur Förderung innovativer Gründungen 179
12.6   Zusammenfassung wesentlicher Ergebnisse.. 179
12.7   Wesentliche Begriffe zu Kap. 12 180
        Literaturhinweise... 181
        Literatur... 181

13   **Schlussbetrachtung** 183

        Serviceteil
        Stichwortverzeichnis 189

Abbildungsverzeichnis

Abb. 2.1   *Schumpeter*'sches und *Kirzner*'sches Entrepreneurship   9

Abb. 2.2   Produktives, unproduktives und destruktives Entrepreneurship   14

Abb. 3.1   Selbstständige mit und ohne Beschäftigte in Deutschland
1991–2019. (Quelle: Mikrozensus)   28

Abb. 3.2   Anzahl der Unternehmensgründungen in Deutschland
1995–2019. (Quelle: ZEW Unternehmenspanel)   28

Abb. 3.3   Unternehmensgründungen in Deutschland 1995–2019
in innovativen Branchen des Verarbeitenden Gewerbes
(Quelle: ZEW Unternehmenspanel)   31

Abb. 3.4   Räumliche Verteilung der durchschnittlichen jährlichen
Anzahl der Gründungen pro 1.000 Beschäftigten
in Deutschland 2015–2019 (Quelle: ZEW Unternehmenspanel)   32

Abb. 3.5   Regionale Struktur der Gründungen in innovative Branchen
des Verarbeitenden Gewerbes – Durchschnittliche jährliche
Anzahl der Gründungen pro 1.000 Beschäftigten 2015–2019
(Quelle: ZEW Unternehmenspanel)   33

Abb. 3.6   Die Total Earl-Stage Entrepreneurial Activity 2019
in verschiedenen Ländern   35

Abb. 3.7   Marktzutritte und Marktaustritte im Verlauf
des Industrielebenszyklus   36

Abb. 4.1   Ein einfaches Modell der unternehmerischen Selbstständigkeit   44

Abb. 5.1   Persönlichkeit und Qualifikationen als Determinanten
unternehmerischer Fähigkeiten.   52

Abb. 5.2   Typen von Risikopräferenzen   57

Abb. 5.3   Einflussfaktoren auf die Entwicklung unternehmerischer
Fähigkeiten   61

Abb. 6.1   Lebensalter und Gründungswahrscheinlichkeit   68

Abb. 7.1   Finanzierungsquellen von jungen Unternehmen in
Deutschland im Zeitraum 2015–2018. (Sonderauswertungen
des IAB/ZEW-Gründungspanels zur Finanzierungsstruktur
von bis zu vier Jahre alten Unternehmen. Eigene Darstellung)   81

Abb. 7.2   Gleichgewicht auf dem Kreditmarkt und Kreditrationierung.   83

Abb. 7.3   Der bankoptimale Zinssatz bei risikoreichen Projekten.   84

Abb. 7.4   Arten von Beteiligungskapital (Equity)   86

Abb. 9.1   Beschäftigung in Gründungskohorten und Überlebensraten
in Westdeutschland 1976–2005 – privater Sektor.
(Quelle: Schindele und Weyh 2011) 118

Abb. 9.2   Hazardraten in Gründungskohorten – Westdeutschland
1976–2005 – privater Sektor. (Quelle: Schindele und Weyh 2011). 120

Abb. 9.3   Markteintritt und mindestoptimale Unternehmensgröße 121

Abb. 10.1   Nettoeinkommen pro Arbeitsstunde von Solo-Entrepreneuren, Unternehmern mit weiteren Beschäftigten und abhängig Beschäftigten in Deutschland 2009. (Aus Sorgner et al. 2017. Die Datengrundlage für diese Darstellung ist der Mikrozensus (siehe ▶ Abschn. 3.3)). 129

Abb. 11.1   Direkte und indirekte Effekte von Gründungen auf Wirtschaftswachstum 147

Abb. 11.2   Gründungsgeschehen und Marktprozess 148

Abb. 11.3   Gründungen und regionale Beschäftigungsentwicklung – Verteilung der Time-Lags 153

Abb. 11.4   Potenzielle regionale und branchenspezifische Einflussfaktoren auf die Wirkungen von Unternehmensgründungen. 157

Übersichtenverzeichnis

Übersicht 2.1   Arten von Entrepreneurship 12

Übersicht 3.1   Sektorale Struktur der Gründungen in Deutschland
2015–2019. (Quelle: ZEW Unternehmenspanel) 29

Übersicht 3.2   Wesentliche Kennzeichen eines entrepreneurhaften
und eines routinisierten technologischen Regimes 37

Übersicht 7.1   Entwicklungsphasen hoch-innovativer
Unternehmensgründungen und Finanzierungsquellen 87

Übersicht 8.1   Empirische Befunde zur Bedeutung von persönlichen
Charakteristika für die Gründungsentscheidung 96

Übersicht 8.2   Empirische Befunde zur Wirkung von Wohlstandsniveau,
Konjunktur, Arbeitslosigkeit und Kosten auf das Niveau
der Gründungsaktivitäten 102

Übersicht 8.3   Empirische Befunde zur Wirkung von markt- bzw.
branchenspezifischen Faktoren auf das Niveau der
Gründungsaktivitäten und die individuelle Gründungsneigung 104

Übersicht 8.4   Empirische Befunde zur Wirkung von regionalen
Gegebenheiten auf das Niveau der Gründungsaktivitäten 107

Übersicht 10.1   Hypothesen und empirische Befunde zur Bedeutung
der Person des Gründers für den Gründungserfolg 134

Übersicht 10.2   Hypothesen und Befunde zur Bedeutung interner
Charakteristika für den Gründungserfolg 137

Übersicht 10.3   Hypothesen zur Bedeutung von Standortbedingungen
und regionalem Umfeld für den Gründungserfolg 139

Übersicht 10.4   Hypothesen und Befunde zur Bedeutung
von Marktgegebenheiten für den Gründungserfolg 141

Übersicht 12.1   Ansatzpunkte einer Entrepreneurship-Politik 171

Einführung: Die Rolle von Entrepreneurship in Wirtschaft und Gesellschaft

M. Fritsch und M. Wyrwich, *Entrepreneurship*,
https://doi.org/10.1007/978-3-658-34637-9_1

1

Der Begriff Entrepreneurship steht für bestimmte Eigenschaften und Handlungsweisen wie Kreativität, Innovation, unternehmerische Initiative und das Eingehen ökonomischer Wagnisse. Er bezeichnet diejenigen Formen von Unternehmertum, die eine zentrale Triebkraft für wirtschaftliche Entwicklung darstellen. Da diese Charakteristika von Entrepreneurship vor allem mit neuen und jungen Unternehmen in Verbindung gebracht werden, stehen Unternehmensgründungen meist im Zentrum der Beschäftigung mit Entrepreneurship; so auch in diesem Buch.[1]

Dieses Buch soll in das Thema Entrepreneurship einführen und einen Überblick über den Stand der Forschung auf diesem Gebiet geben. Dabei geht es zum einen darum, das Phänomen Entrepreneurship in seinen verschiedenen Spielarten zu beschreiben und seine Bedeutung für Wirtschaft und Gesellschaft aufzuzeigen. Zum anderen werden Potenziale, Engpässe und Probleme von neu gegründeten und jungen Unternehmen behandelt sowie wirtschaftspolitische Handlungsoptionen für eine Förderung von Entrepreneurship diskutiert. Kurz, das Buch soll einen Überblick über ein sich sehr dynamisch entwickelndes Themengebiet geben und dabei auch als Entscheidungshilfe und Ratgeber für wirtschaftspolitische Akteure dienen. Als Handlungsanleitung für potenzielle Gründer ist dieses Buch hingegen nicht geeignet. Allerdings kann das Buch auch für Gründungsinteressierte einen allgemeinen Überblick über einige typische Phänomene und Probleme im Zusammenhang mit Entrepreneurship bieten.

Ausgangspunkt in ▶ Kap. 2 ist eine Charakterisierung von Entrepreneurship in seinen wesentlichen Ausprägungen. ▶ Kap. 3 behandelt zunächst die Vorgehensweise sowie die Probleme bei der empirischen Erfassung von Unternehmungsgründungen und unternehmerischer Selbstständigkeit. Darauf aufbauend wird ein Überblick über das Gründungsgeschehen und die Entwicklung von unternehmerischer Selbstständigkeit in Deutschland sowie auch in ausgewählten anderen Ländern während der letzten Jahre gegeben. Insbesondere werden auch Unterschiede zwischen Branchen und Regionen aufgezeigt. ▶ Kap. 4 präsentiert das grundlegende theoretische Modell des Occupational Choice, mit dem zu erklären versucht wird, warum jemand sich dazu entschließt, unternehmerisch tätig zu sein bzw. in abhängiger Beschäftigung zu verbleiben. Eine Schlüsselrolle kommt dabei den unternehmerischen Fähigkeiten zu. ▶ Kap. 5 beschäftigt sich zum einen mit der Frage, was unter den unternehmerischen Fähigkeiten einer Person zu verstehen ist; zum anderen geht es darum, wie solche unternehmerischen Fähigkeiten erworben werden. Dies umfasst nicht zuletzt auch die Übertragung von unternehmerischen Fähigkeiten zwischen den Generationen. Das folgende ▶ Kap. 6 behandelt demografische Merkmale und Karriereverläufe von Gründern, wobei auch auf die Standortwahl von Unternehmensgründungen eingegangen wird.

▶ Kap. 7 ist dem wichtigen Bereich der Gründungsfinanzierung gewidmet. Dabei wird zunächst ein Überblick über die Finanzierungsstruktur junger Unternehmen gegeben. Es schließt sich eine Erläuterung von Informationsproblemen im Verhältnis zwischen Gründer und Kapitalgeber an. Diese Probleme sowie relativ hohe Unsicherheit über den Erfolg von Gründungsprojekten können zu einer eingeschränkten Funktionsfähigkeit des Marktes für Gründungskapital führen, mit der Folge, dass zu geringe finanzielle Mittel für Unternehmensgründungen zur Verfügung gestellt

---

1   Dies stellt insofern eine Einengung des Themas dar, als Entrepreneurship in dem hier verstandenen Sinne eine Verhaltensweise darstellt, die auch in alt-etablierten Unternehmen auftreten kann. Entrepreneurhaftes Verhalten ist auch keineswegs auf die wirtschaftliche Sphäre beschränkt, sondern kann sämtliche Lebensbereiche betreffen.

werden (Kreditrationierung). Eine mögliche Lösung für dieses Problem, das vor allem für Gründer innovativer Unternehmen relevant ist, besteht in der Beteiligungsfinanzierung (Venture Capital). Es wird ein Überblick über die besonderen Finanzierungsprobleme von innovativen Gründungen gegeben und in einige wesentliche Grundlagen der Beteiligungsfinanzierung eingeführt. Dabei geht es insbesondere um die Frage, inwieweit die Finanzierungsprobleme innovativer Gründungen durch Venture Capital gelöst werden können und welcher wirtschaftspolitische Handlungsbedarf in diesem Bereich besteht.

Das ▶ Kap. 8 gibt einen Überblick über empirische Ergebnisse zu den Bestimmungsgründen von Gründungsaktivitäten sowohl in nationaler, sektoraler als auch in regionaler Perspektive. Die Kenntnis dieser Determinanten des Gründungsgeschehens ist von entscheidender Bedeutung für die Politik, wenn sie das Gründungsgeschehen beeinflussen, also beispielsweise Unternehmensgründungen fördern will. ▶ Kap. 9 beschäftigt sich mit Entwicklungsmustern junger Unternehmen und von Gründungskohorten. Dabei werden insbesondere auch mögliche Ursachen für das hohe Risiko eines Scheiterns junger Unternehmen behandelt. Gegenstand von ▶ Kap. 10 ist der Erfolg von Unternehmern und von jungen Unternehmen. Dabei liegt der Schwerpunkt der Betrachtung bei den Determinanten

des Erfolgs von Unternehmensgründungen. Darüber hinaus werden die Ergebnisse empirischer Studien zum Einkommen von Unternehmern im Vergleich zu abhängig Beschäftigten zusammengefasst und diskutiert.

Allgemein werden von Gründungsprozessen wichtige Impulse für wirtschaftliche Entwicklungsprozesse erwartet. Solche positiven Wachstumseffekte stellen eine zentrale Motivation für die Beschäftigung mit Entrepreneurship dar. In ▶ Kap. 11 werden die zentralen Forschungsergebnisse zum Effekt von Unternehmensgründungen auf wirtschaftliche Entwicklung vorgestellt. Dabei wird insbesondere erläutert, auf welche Weise positive Wachstumswirkungen von Unternehmensgründungen zustande kommen und wovon das Ausmaß der Wachstumsimpulse von Unternehmensgründungen abhängt. Die Kenntnis der relevanten Zusammenhänge ist von entscheidender Bedeutung für die Ausgestaltung und die Beurteilung von Maßnahmen der Entrepreneurship-Politik, die mit dem Ziel der Förderung wirtschaftlichen Wachstums betrieben werden. Ansatzpunkte und Möglichkeiten der Förderung von Gründungen und unternehmerischer Selbstständigkeit sind dann Gegenstand von ▶ Kap. 12. Dabei liegt ein Schwerpunkt auf der Förderung innovativer Gründungen. Abschließend werden in ▶ Kap. 13 einige zentrale Ergebnisse zusammengefasst.

Entrepreneurship, Gründungen, Marktdynamik

Inhaltsverzeichnis

2.1   Entrepreneurship – 6

2.2   Entrepreneurship und Gründungen – 9

2.3   Arten von Entrepreneurship – 10
2.3.1   Einteilung nach Innovationsrelevanz und Motiv – 11
2.3.2   Einteilung nach den Wirkungen – 11
2.3.3   Einteilung nach der Vorerfahrung und der Anzahl der
        Gründer – 14
2.3.4   Einteilung nach der Phase im Gründungsprozess – 15
2.3.5   Einteilung nach dem Neuheitsgrad und dem rechtlich-
        organisatorischen Status des Unternehmens – 15

2.4   Mögliche Wirkungen des Gründungsgeschehens auf
        die Wirtschaftsentwicklung – 15

2.5   Von der *gemanagten* zur *unternehmerischen*
        Gesellschaft – 16

2.6   Zusammenfassung wesentlicher Ergebnisse – 18

2.7   Wesentliche Begriffe zu Kap. 2 – 18

        Literaturhinweise – 18

        Weiterführende Literatur – 19

© Der/die Autor(en), exklusiv lizenziert durch Springer Fachmedien Wiesbaden GmbH, ein Teil von
Springer Nature 2021
M. Fritsch und M. Wyrwich, *Entrepreneurship*,
https://doi.org/10.1007/978-3-658-34637-9_2

2

Wesentliche Fragestellungen
- Was ist Entrepreneurship?
- Was kennzeichnet entrepreneurhaftes Verhalten?
- Welche Arten von Entrepreneurship lassen sich unterscheiden?
- Welche Bedeutung hat Entrepreneurship für die wirtschaftliche Entwicklung?

Dieses einführende Kapitel erläutert den Wesensinhalt von Entrepreneurship, stellt verschiedene in diesem Zusammenhang relevante Begriffe vor und zeigt wichtige Dimensionen des Themas auf. Dabei geht es zunächst einmal um den Begriff des Entrepreneurship (▶ Abschn. 2.1) sowie um den Zusammenhang zwischen Entrepreneurship und der Gründung von Betrieben bzw. Unternehmen (▶ Abschn. 2.2). Darauf aufbauend folgt in ▶ Abschn. 2.3 ein Überblick über verschiedene Arten von Gründungen bzw. Entrepreneurship. ▶ Abschn. 2.4 beschreibt einige wesentliche Wirkungen von Gründungen auf die wirtschaftliche Entwicklung. ▶ Abschn. 2.5 behandelt das Phänomen der unternehmerischen Selbstständigkeit im gesellschaftlichen Maßstab und vergleicht wesentliche Kennzeichen einer von Entrepreneuren geprägten Wirtschaft und Gesellschaft („Entrepreneurial Society") mit einem von Großunternehmen dominierten System („Managed Society"). ▶ Abschn. 2.6 fasst die wesentlichen Ergebnisse zusammen.

2.1 Entrepreneurship

Der Begriff *Entrepreneur* geht auf das französische Verb *entreprendre* zurück, das „etwas tun" bzw. „etwas unternehmen" bezeichnet. Bezogen auf Geschäftstätigkeit wurde er wahrscheinlich erstmals im 17. Jahrhundert als Bezeichnung für jemanden gebraucht, der ein ökonomisches Projekt mit unsicheren Gewinnaussichten durchführt, also Unsicherheit trägt (*Richard*

Cantillon, 1680–1734, „Essai sur la nature du commerce en général"). Der Ökonom *Jean-Baptiste Say* (1767–1831, „Treatise on Political Economy") beschrieb den Entrepreneur als „Master-Agent", der Ressourcen kombiniert, um Bedürfnisse zu befriedigen. *Say* betont in diesem Zusammenhang, dass Entrepreneurship Wissen, Urteilsfähigkeit und Risiko beinhaltet. Im englischen Sprachgebrauch bezeichnete man den Unternehmer früher gelegentlich auch als *Adventurer* (=Abenteurer).

Die moderne Diskussion um Entrepreneurship wurde entscheidend durch den österreichischen Ökonomen *Joseph Alois Schumpeter* (1883–1950) geprägt. *Schumpeter* forschte nach den wesentlichen Triebkräften wirtschaftlicher Entwicklung. Er vertrat die Ansicht, dass wirtschaftliche Entwicklung in Schüben bzw. Zyklen verläuft, die jeweils durch bestimmte grundlegende Innovationen ausgelöst werden. Als Auslöser solcher Entwicklungszyklen identifizierte *Schumpeter* innovative Unternehmer, die revolutionäre Neuerungen eingeführt und durchgesetzt haben. Diese *Schumpeter*'schen Unternehmer waren in aller Regel nicht die Erfinder selbst, sondern Anwender von Erfindungen. Meist handelte es sich um Außenseiter der betreffenden Branche, die neu hinzukamen und sich gegen den teilweise heftigen Widerstand der etablierten Anbieter behaupten mussten. In seinem Buch „Sozialismus, Kapitalismus und Demokratie" beschreibt *Schumpeter* die Funktion des Unternehmers als

» … die Produktion durch Anwendung einer Erfindung oder einer neuen technischen Möglichkeit zu verändern oder zu revolutionieren, also ein neues Produkt oder ein herkömmliches Produkt auf eine neue Weise zu erzeugen.

… Solche neuen Dinge zu unternehmen ist schwierig und begründet eine besondere ökonomische Funktion, erstens, weil es außerhalb der Routineaufgaben liegt, auf die sich jeder versteht, und zweitens wegen der mannigfachen Widerstände der Umwelt. …

Diese Funktion besteht ihrem Wesen nach weder darin, irgendetwas zu erfinden, noch sonst wie Bedingungen zu schaffen die die Unternehmung ausnützt. Sie besteht darin, dass sie Dinge in Gang setzt. (*Schumpeter* 1942/1946, 215)

Ein wesentliches Element der von *Schumpeter* gegebenen Definition von Entrepreneurship ist die wirtschaftliche Anwendung von Erfindungen bzw. ganz allgemein von Wissen, die Innovation. Dabei wird Innovation sinnvollerweise umfassend verstanden als die Einführung neuer Produkte (Produktinnovation), die Nutzung neuer Produktionsverfahren (Verfahrensinnovation), die Erschließung neuer Bezugsquellen (Beschaffungsinnovation) und/oder als die Erschließung neuer Absatzmärkte (Marketinginnovation). *Schumpeter* fand in seinen historischen Studien diverse Beispiele dafür, dass das Wissen bzw. die Erfindung, die innovativem Entrepreneurship zugrunde lag, bereits längere Zeit allgemein bekannt war. Als entscheidenden Engpass für die ökonomische Wirksamkeit von Wissen identifizierte er dessen Anwendung durch innovative Unternehmer. *Schumpeter* war sich sehr wohl darüber bewusst, dass nur ein kleiner Teil der Unternehmerschaft auf die von ihm beschriebene Weise dynamische Anstöße erzeugt. *Schumpeter*'sche Unternehmer sind eine eher seltene Ausnahme, nicht die Regel. Demgemäß stellt das Fehlen *Schumpeter*'scher Unternehmer einen entscheidenden Engpass wirtschaftlicher Entwicklung dar.

Für *Schumpeter*s Erkenntnis, dass nicht das Wissen bzw. die Erfindung, sondern deren Umsetzung durch innovative Unternehmer den eigentlichen Engpass wirtschaftlicher Entwicklung darstellt, lassen sich vielfältige Beispiele finden. So wurde etwa das Telefon zu einem wesentlichen Teil Mitte des 19. Jahrhunderts in Deutschland von *Johann Philipp Reis* entwickelt, aber erst Jahre später in den USA wirtschaftlich erfolgreich eingeführt. Das MP3-Speicherformat für Musik wurde Ende der 1980er-Jahre am *Fraunhofer-Institut für Integrierte Schaltungen* in Erlangen entwickelt, erfuhr aber erst Jahre später mit der Einführung des iPod durch die Firma *Apple* die kommerziell erfolgreiche Anwendung. Forschungen zur Kombination von Benzin- und Elektroantrieb von PKWs fanden bereits Anfang der 1970er-Jahre an der *Rheinisch-Westfälischen Technischen Hochschule Aachen* statt, stießen bei der deutschen Automobilindustrie aber auf wenig Interesse. Der wirtschaftliche Durchbruch solcher Hybrid-Antriebe fand dann mehr als 30 Jahre später durch japanische Anbieter statt.

Die Durchsetzung grundlegender Innovationen führt zu Strukturwandel, in dessen Verlauf etablierte Technologien, Unternehmen bzw. Industrien unrentabel und durch neue Unternehmen bzw. Industrien ersetzt werden. Der durch die Einführung grundlegender Neuerungen ausgelöste Strukturwandel wird auch als *kreative Zerstörung* charakterisiert. Beispiele für eine solche kreative Zerstörung sind etwa die Freisetzung von Arbeitskräften in der Textilindustrie durch Einführung automatisierter Webstühle im späten 18. und frühen 19. Jahrhundert, die Verdrängung von Pferdedroschken durch das Automobil Anfang des 20. Jahrhunderts, der Ersatz von Schreibmaschinen durch Computer oder die Verdrängung von stationärem Einzelhandel durch Internet-Versandhäuser. Ein Beispiel für eine grundlegende Neuerung, durch die eine völlig neue Industrie geschaffen wurde, ohne dass Bestehendes in größerem Ausmaß obsolet wurde, ist die Einführung des Buchdrucks im 15. Jahrhundert.

Die Wirkungen von innovativem Entrepreneurship können außerordentlich vielfältig sein und weitere unternehmerische Gelegenheiten eröffnen. Beispielsweise führte die Einführung der Eisenbahn über eine Senkung der Transportkosten zu einer räumlichen Ausweitung von Märkten und begünstigte so die Ausschöpfung von Größenvorteilen durch Massenproduktion. Dies hatte dann wiederum deutliche Auswirkungen auf die Siedlungsstruktur, etwa

2

dadurch, dass nun größere Fabriken rentabel wurden und aus diesem Grund die Bevölkerung in den Städten zunahm. Weitere Beispiele bieten Innovationen im Bereich der Telekommunikation, wie zum Beispiel das Internet und das Smartphone. Diese Neuerungen haben zum einen zu einer drastischen Senkung von Kommunikationskosten geführt, was wiederum die Koordination der Arbeitsteilung über große räumliche Distanzen (Globalisierung) begünstigt. Zum anderen hat die Verbreitung dieser Technologien wesentliche Auswirkungen auf individuelles Verhalten, auf viele Bereiche der sozialen Beziehungen sowie auf die Gesellschaft insgesamt.

Zum Thema Entrepreneurship haben Autoren unterschiedlicher Fachrichtungen wichtige Beiträge geleistet. Diese Vielfalt des jeweiligen fachlichen Hintergrunds ist wahrscheinlich ein wesentlicher Grund dafür, dass sich bis heute keine einheitliche Definition des Begriffes etabliert hat. Die Spanne der vorgeschlagenen Begriffsbildungen reicht von Entrepreneurship als Bezeichnung für das Management eines Unternehmens bis hin zum wagemutigen Innovator *Schumpeter*'scher Prägung. Gemeinsam ist so gut wie allen diesen Definitionen, dass ein entrepreneurhaft Handelnder versucht, Veränderungen zu bewirken. Entrepreneurship stellt damit ein dynamisches Element im Wirtschaftsgeschehen dar. Dabei geht es weniger um die Optimierung eines gegebenen Status quo, sondern um dessen Veränderung. Entrepreneurship versucht Veränderung. Somit kann entrepreneurhaftes Handeln als das Experimentieren mit neuen Produkten bzw. Geschäftsideen charakterisiert werden. Es ist damit eine inhärent mit Unsicherheit und Risiko verbundene Aktivität. Diese fundamentale Unsicherheit ist keineswegs auf die Einführung von Innovationen bzw. auf innovative Gründungen beschränkt. Auch der Erfolg einer Unternehmensgründung, die allein auf einer Imitation herkömmlicher Produkte bzw. Konzepte

beruht, kann nicht mit Sicherheit prognostiziert werden. Aufgrund dieser Unsicherheit muss der Entrepreneur dazu bereit und in der Lage sein, Risiken einzugehen.

Entrepreneurship lässt sich auch anhand der Merkmale von Personen und deren Handlungen kennzeichnen. Solche entrepreneurhaften Eigenschaften von Personen sind etwa:

- Wachheit (Alertness) und das Erkennen von Gelegenheiten (Opportunity Recognition),
- Kreativität,
- Initiative und Gestaltungswille,
- Einführung neuer Ideen,
- Streben nach Selbstverwirklichung,
- eigenverantwortliches Handeln,
- Durchsetzungswille und -fähigkeit sowie
- Risikobereitschaft.

Dieses Bild des dynamischen Unternehmers, des Entrepreneurs, steht in deutlichem Gegensatz zu der Rolle des Unternehmers im ökonomischen Standardmodell der vollständigen Konkurrenz. In diesem Modell wird der Unternehmer nicht als ein unter Unsicherheit handelnder Initiator von Veränderungen gesehen, sondern er ist ein Anpasser an die von ihm nicht zu beeinflussenden Rahmenbedingungen. Die weitgehende Ausblendung von dynamischem Unternehmertum im ökonomischen Standardmodell hat bereits *Joseph Schumpeter* mit der Bemerkung kritisiert, die Behandlung wirtschaftlicher Phänomene ohne angemessene Einbeziehung der Rolle des Entrepreneurs sei wie eine Diskussion über „Hamlet" ohne Berücksichtigung des Prinzen von Dänemark.

Eine viel diskutierte Definition von Entrepreneurship, die einen gewissen Gegensatz zur Sichtweise *Joseph Schumpeter*s kennzeichnet, geht auf den Ökonomen *Israel Kirzner* zurück. Nach *Kirzner* besteht die Tätigkeit des Entrepreneurs vor allem darin, Gewinnmöglichkeiten wahrzunehmen, die sich aus Unvollkommenheiten des Marktes ergeben. Ein Beispiel hierfür sind

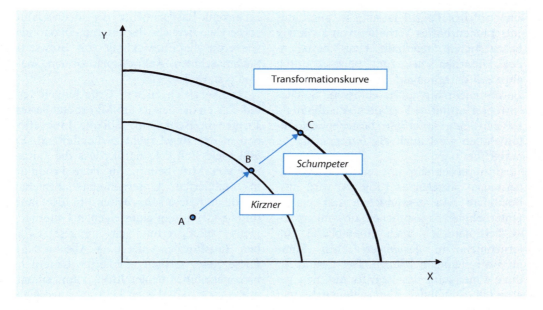

◼ **Abb. 2.1** *Schumpeter*'sches und *Kirzner*'sches Entrepreneurship

Arbitrage-Geschäfte, die Preisunterschiede zwischen Märkten ausnutzen und auf diese Weise zu einer Angleichung der Preise führen. Der Entrepreneur trägt dazu bei, dass sich die Märkte an ein Optimum annähern oder dieses Optimum sogar erreichen.

Der Unterschied zwischen Entrepreneurship im Sinne von *Kirzner* und dem dynamischen Unternehmertum nach *Schumpeter* lässt sich grafisch mit Hilfe von Transformationskurven illustrieren (◼ Abb. 2.1). Die Transformationskurve gibt Kombinationen zweier Güter X und Y an, die in einer Volkswirtschaft zu einem bestimmten Zeitpunkt maximal produziert werden können; sie beschreibt also das Produktionspotenzial. Punkte die zwischen den Achsen und der Transformationskurve liegen (z. B. Punkt A in ◼ Abb. 2.1), bezeichnen ineffiziente Zustände, in denen die Produktionsmöglichkeiten aufgrund von Marktunvollkommenheiten nicht vollständig ausgeschöpft werden. *Kirzner*'sches Entrepreneurship führt dazu, dass die vorhandenen Möglichkeiten besser ausgeschöpft werden, d. h. ausgehend von einem ineffizienten Zustand, wird ein Zustand erreicht, der näher an der Transformationskurve oder sogar auf dieser Kurve liegt. Im Gegensatz dazu erweitert *Schumpeter*'sches Entrepreneurship durch Einführung einer grundlegenden Innovation die Produktionsmöglichkeiten, wodurch sich die Transformationskurve nach außen verschiebt, und etwa ein Punkt wie C in ◼ Abb. 2.1 erreicht werden kann. Im Vergleich zum Ausgangspunkt B repräsentiert Punkt C ein höheres gesellschaftliches Wohlstandsniveau, weil hier eine größere Menge beider Güter X und Y produziert werden kann.

2.2 Entrepreneurship und Gründungen

Entrepreneurship in dem hier beschriebenen Sinne stellt eine Leitungsfunktion dar, die man auch allgemein als „Unternehmertum" beschreiben könnte. Demnach ließe sich jede unternehmerische Tätigkeit oder, ganz allgemein, berufliche Selbstständigkeit als Entrepreneurship begreifen. Mit

2

einer solchen Begriffsfassung ist allerdings entrepreneurhaftes Verhalten von abhängig Beschäftigten innerhalb eines bestehenden Unternehmens, zum Beispiel durch angestellte Manager, vom Begriff des Entrepreneurship ausgeschlossen. Solches entrepreneurhaftes Verhalten von abhängig Beschäftigten innerhalb bestehender Unternehmen wird auch als *Intrapreneurship* bezeichnet.

Entrepreneurship als eine auf Veränderungen abzielende Tätigkeit wird insbesondere neu gegründeten und jungen Unternehmen zugesprochen, obwohl grundsätzlich natürlich auch alt-etablierte Unternehmen im *Schumpeter*'schen Sinne innovativ handeln können. Der Grund für diese Einengung des Begriffs auf neu gegründete und junge Unternehmen besteht darin, dass von Newcomern in besonderer Weise dynamische Impulse für Wirtschaft und Gesellschaft ausgehen können. Versteht man die Gründung eines Unternehmens als ein mehr oder weniger risikoreiches Experiment, mit dem die ökonomische Tragfähigkeit einer Geschäftsidee getestet wird, dann stellt das Niveau der Gründungsaktivitäten in einem Land, einer Branche oder einer Region ein Maß dafür dar, inwiefern Neues ausprobiert wird. Dieser Experiment-Charakter ist bei den am Markt etablierten Unternehmen in weit geringerem Maße gegeben, da hier bereits Erfahrungen über den Erfolg des betreffenden Geschäftsmodells existieren.

Die Bedeutung von Gründungen für Entwicklungsimpulse wird durch die Beobachtung unterstrichen, dass grundlegende, radikale Innovationen in der ganz überwiegenden Anzahl der Fälle von neuen Unternehmen eingeführt werden. Ein prominentes Beispiel für eine solche radikale Innovation durch Newcomer ist die Entwicklung des Flugzeugs durch die Gebrüder Wright, die ursprünglich Fahrradhändler waren, und ihre Flugversuche neben diesem Geschäft betrieben. Andere Beispiele sind etwa die Entwicklung des Personal Computers durch Elektronik-Bastler Mitte der 1970er-Jahre sowie viele Bereiche der Internet-Ökonomie, wie etwa die Entwicklung von Browsern, Suchmaschinen, Auktionsplattformen, sozialen Netzwerken, etc.

Im Vergleich zu den Gründungen verhalten sich die bereits am Markt etablierten Firmen in Bezug auf radikale Innovationen in der Regel recht zurückhaltend. Es gibt viele Beispiele dafür, dass die Initiative von Mitarbeitern für neue Produkte in etablierten Unternehmen abgelehnt wurde und diese Mitarbeiter ihre Idee dann mittels Gründung eines eigenen Unternehmens – häufig erfolgreich – umgesetzt haben (ausführlich hierzu ► Abschn. 5.6). Diese Reserviertheit etablierter Unternehmen gegenüber neuen Ideen kann einmal mit einer risikoscheuen Haltung angesichts der unsicheren Erfolgsaussichten einer Innovation erklärt werden. Der wesentliche Grund dafür, dass alt-etablierte Unternehmen nur selten radikale Innovationen einführen, besteht aber wohl darin, dass sie davor zurückscheuen, sich selbst Konkurrenz zu machen und damit ihr etabliertes Produktprogramm zu *kannibalisieren*. Wird der Vorschlag eines Mitarbeiters für ein neues Produkt von der Unternehmensleitung abgelehnt, so besteht häufig die einzige Möglichkeit zur Verwirklichung dieser Idee in der Gründung eines eigenen Unternehmens.

2.3 Arten von Entrepreneurship

Angesichts der vielfältigen Formen von Entrepreneurship ist es sinnvoll, zwischen dessen verschiedenen Arten zu differenzieren. Der folgende Überblick über solche Einteilungen von Entrepreneurship unterscheidet zwischen Innovationsrelevanz und Motiv (► Abschn. 2.3.1), den Wirkungen von Entrepreneurship (► Abschn. 2.3.2), der Vorerfahrung und der Anzahl der Gründer (► Abschn. 2.3.3), der Phase im Gründungsprozess (► Abschn. 2.3.4) sowie nach dem Neuheitsgrad und dem rechtlich-organisatorischen Status (▶ Abschn. 2.3.5). In Übersicht 2.1 sind die verschiedenen Definitionen zusammengestellt.

2.3.1 Einteilung nach Innovationsrelevanz und Motiv

Da Entrepreneurship im Kern auf Innovation und Erneuerung abzielt, liegt es nahe, Gründungen entsprechend ihrer Relevanz für Innovationsprozesse zu unterscheiden. Demnach sind unter *innovativen Gründungen* solche neuen Unternehmen zu verstehen, die mit einem wesentlich neuen Produkt, einer neuen Produktionsweise, einem neuartigen Vertriebskonzept und/ oder einer neuen Beschaffungsmethode verbunden sind. Man spricht in diesem Zusammenhang auch von Hightech-Gründungen oder technologieorientierten Unternehmensgründungen (TOU). Empirisch grenzt man diese innovativen Gründungen häufig über ihr Produktprogramm bzw. ihre Branchenzugehörigkeit ab. Eine solche produktorientierte Definition innovativer Gründungen erweist sich im Dienstleistungssektor allerdings deshalb als problematisch, weil viele Dienstleistungsanbieter gar kein klar definiertes Produkt haben, sondern überwiegend ihr Wissen problemorientiert im Interesse der Kunden anwenden. Aus diesem Grund werden innovative Gründungen im Dienstleistungssektor als *wissensintensiv* klassifiziert. *Nicht-innovative Gründungen* bezeichnet man gelegentlich auch als *imitativ* oder *replikativ.*

Entsprechend dem Gründungsmotiv wird häufig zwischen *Opportunity Entrepreneurship* und *Necessity Entrepreneurship* unterschieden. Von *Opportunity Entrepreneurship* spricht man, wenn das wesentliche Motiv der Gründung darin besteht, eine sich bietende Chance zu ergreifen bzw. eine Idee zu realisieren, wie dies bei der Gründung eines innovativen Unternehmens in der Regel unterstellt werden kann. *Necessity Entrepreneurship* bezeichnet die Gründung bzw. Führung eines Unternehmens aus einer Notlage heraus, etwa aufgrund drohender oder tatsächlich eingetretener Arbeitslosigkeit. Mit *Ambitious Entrepreneurship* kennzeichnet man eine Gründung, die mit starker Wachstumsorientierung betrieben wird.

Der Begriff des *Social Entrepreneurship* wird zum Teil recht unterschiedlich definiert. Allgemein bezeichnet man damit ein Unternehmen, das in wesentlichem Umfang auch soziale Ziele verfolgt, wobei diese soziale Komponente unterschiedlich stark ausgeprägt sein kann. Wird der sozialen Komponente ein hoher Stellenwert beigemessen, dann ist der wirtschaftliche Erfolg lediglich ein notwendiges Mittel, um die Existenz des Unternehmens und damit die Erfüllung der sozialen Ziele zu sichern. Diese sozialen Ziele können sehr vielfältig sein und etwa den Umweltbereich, gesellschaftliche Integration von bestimmten Bevölkerungsgruppen oder die Bereitstellung als erwünscht angesehener Güter betreffen.

2.3.2 Einteilung nach den Wirkungen

Entsprechend den Wirkungen von Gründungen bzw. Entrepreneurship auf die wirtschaftliche Entwicklung unterscheidet man zwischen produktivem, unproduktivem sowie destruktivem Entrepreneurship. Damit wird der Tatsache Rechnung getragen, dass Entrepreneurship nicht per se zu Wachstum beiträgt, sondern ganz im Gegenteil auch wohlfahrtsmindernd wirken kann.

Produktives Entrepreneurship meint die Errichtung solcher Unternehmen, die einen positiven Beitrag zur Entwicklung leisten. Von *unproduktivem Entrepreneurship* spricht man, wenn lediglich eine Umverteilung von Einkommen bzw. von Marktanteilen bewirkt wird (Beispiel: Marktdynamik durch rein imitative Gründungen). Hierzu gehören

2

◘ Übersicht 2.1   Arten von Entrepreneurship

Unterteilung nach der Innovationsrelevanz

Innovative Gründungen	Die Gründung ist mit einer wesentlichen Neuerung verbunden (i. d. R. Produktinnovation). Z. B. Hightech-Gründung bzw. technologieorientierte Unternehmensgründung (TOU)
Wissensintensive Gründungen	Für die Gründung ist spezielles Wissen erforderlich bzw. es werden wissensintensive Güter produziert. Spezielle Kategorie im Dienstleistungssektor
Nicht-innovative (imitative bzw. replikative) Gründung	Die Gründung ist nicht mit einer wesentlichen Innovation verbunden

Unterteilung nach dem Motiv

Opportunity Entrepreneurship	Gründung bzw. Führung eines Unternehmens, um eine sich bietende Chance zu ergreifen bzw. eine Idee zu realisieren (z. B. innovatives Unternehmen)
Necessity Entrepreneurship	Gründung bzw. Führung eines Unternehmens aus einer Notlage heraus (z. B. aufgrund drohender oder tatsächlich eingetretener Arbeitslosigkeit)
Ambitious Entrepreneurship	Unternehmen mit starker Wachstumsorientierung
Social Entrepreneurship	Neben ökonomischen Zielen werden mit dem Unternehmen in wesentlichem Umfang auch soziale Ziele verfolgt

Unterscheidung nach den Wirkungen

Produktives Entrepreneurship	Trägt direkt oder indirekt zur Steigerung der gesamtwirtschaftlichen Wohlfahrt bei (*Schumpeter*'scher Unternehmer). Beispiel: Innovative Gründungen
Unproduktives Entrepreneurship	Bewirkt lediglich eine Umverteilung von Einkommen. Z. B. Rent-Seeking, Aufwand zur Steuervermeidung, Abschreibungsgesellschaften
Destruktives Entrepreneurship	Führt zu einer Verringerung der gesamtwirtschaftlichen Wohlfahrt. Beispiele: Raubrittertum, Korruption, Kriminalität, Krieg, Sklavenhandel

Unterteilung nach der Vorerfahrung des Gründers

Novice Entrepreneur	Jemand gründet erstmalig ein Unternehmen
Habitueller Entrepreneur, Seriengründer	Jemand gründet wiederholt Unternehmen
Portfolio-Gründer (Parallel Entrepreneur)	Jemand, der ein Unternehmen gründet und ein früher von ihm gegründetes Unternehmen parallel dazu weiterführt
Re-Starter	Ein Gründer, der vorher bereits ein Unternehmen gegründet hat und nach Schließung oder Verkauf des Unternehmens wieder gründet
Spin-off Gründung	Der Gründer war vor dem Schritt in die Selbstständigkeit in einer Organisation (Unternehmen, Hochschule, Forschungsinstitut) tätig und knüpft mit dem neuen Unternehmen direkt an diese Tätigkeit an

Unterteilung nach der Anzahl der beteiligten Personen

Einzelgründer	Der Gründer ist eine einzelne Person

◻ Übersicht 2.1 (Fortsetzung)

Team-Gründer	Mehrere Personen schließen sich zusammen und gründen ein Unternehmen, in dem sie gemeinsam tätig sind
Solo-Entrepreneur	Ein Unternehmer, der die alleinige Arbeitskraft in dem Unternehmen darstellt (Selbstbeschäftigung; evtl. einschließlich mithelfender Familienangehöriger)
Arbeitgeber (Employer)	Der Unternehmer hat bezahlte Arbeitskräfte eingestellt
Unterscheidung nach der Phase im Gründungsprozess	
Latenter oder potenzieller Entrepreneur	Person, die ein Unternehmen gründen könnte, bisher aber noch keine konkreten Schritte hierzu unternommen hat
Nascent Entrepreneur	Jemand, der dabei ist, ein Unternehmen zu gründen oder der die Gründung eines Unternehmens konkret plant
Junger Unternehmer (Young Entrepreneur)	Leiter eines jungen Unternehmens – im Global Entrepreneurship Monitor (GEM) operationalisiert als Unternehmen, das weniger als 3,5 Jahre alt ist
Unterteilung nach dem Neuheitsgrad des Unternehmens	
Originäre Gründung	Für die Gründung werden neue Kapazitäten errichtet
Derivative Gründung	Für die Gründung werden keine neuen Kapazitäten errichtet (z. B. Übernahme eines bestehenden Betriebs/Unternehmens)
Unterteilung nach dem Grad an rechtlich-organisatorischer Selbstständigkeit	
Selbstständige Gründung	Der Gründer ist unabhängig
Unselbstständige Gründung	Der Gründer steht in einem Abhängigkeitsverhältnis zu anderen Unternehmen (z. B. Übernahme einer Filiale, Franchisenehmer, etc.)

insbesondere auch Erfindungsreichtum und Initiative im Bereich der Steuervermeidung (z. B. Gründung von Abschreibungsgesellschaften) oder zur Erlangung spezieller Vergünstigungen (Rent-Seeking). Da viele Formen eines solchermaßen unproduktiven Entrepreneurship die Anreize zu effizientem Verhalten mindern, können sie langfristig destruktiv wirken.

Destruktives Entrepreneurship bezeichnet alle diejenigen Aktivitäten, die zwar den Merkmalen von entrepreneurhaftem Verhalten wie Eigenverantwortlichkeit, Initiative, Risikobereitschaft und Durchsetzungsfähigkeit entsprechen, im Ergebnis aber zu einer Verringerung der gesamtwirtschaftlichen Wohlfahrt führen. Beispiele hierfür wären etwa Raubrittertum, Kriminalität, Sklavenhandel und ähnliche Aktivitäten. Mit der Unterscheidung dieser drei Arten von Entrepreneurship ist die Vorstellung verbunden, dass die Wirkungen von entrepreneurhaftem Verhalten auf wirtschaftliche Entwicklung wesentlich von den gesellschaftlichen Rahmenbedingungen und den damit verbundenen Anreizen abhängen. Entsprechend besteht eine wichtige Aufgabe der Politik darin, die Rahmenbedingungen so zu gestalten, dass sie für produktives Entrepreneurship förderlich sind und unproduktive sowie destruktive Formen von Entrepreneurship möglichst unterbunden werden.

Der Unterschied zwischen produktivem, unproduktivem und destruktivem Entrepreneurship lässt sich wiederum anhand von Transformationskurven illustrieren. Demnach bewirkt produktives Entrepreneurship eine Erhöhung des Produktionspotenzials und damit eine Verschiebung der Transformationskurve nach außen, also etwa von Punkt B in ◻ Abb. 2.2 nach Punkt C. Unproduktives Entrepreneurship hat keinen

2

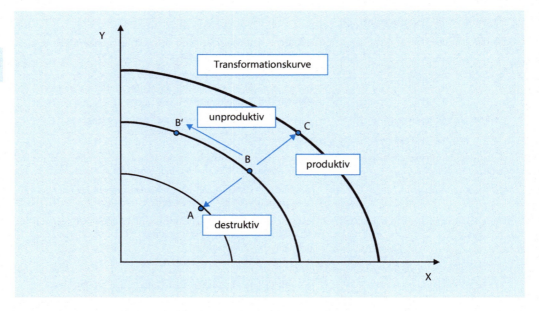

Abb. 2.2   Produktives, unproduktives und destruktives Entrepreneurship

Einfluss auf die Produktionsmöglichkeiten, sondern führt allenfalls zu einer Veränderung der hergestellten Güterkombination. Es kann als Bewegung entlang einer gegebenen Transformationskurve, etwa von Punkt B nach Punkt B', dargestellt werden. Destruktives Entrepreneurship bewirkt eine Verringerung des Produktionspotenzials, was als Verschiebung der Transformationskurve zum Ursprung hin bzw. als Veränderung von Punkt B in ◙ Abb. 2.2 nach Punkt A dargestellt werden kann. Als Ergebnis dieser Entwicklung kann von beiden Gütern nur noch eine geringere Menge als vorher hergestellt werden.

2.3.3 Einteilung nach der Vorerfahrung und der Anzahl der Gründer

Bei einer Unterteilung nach der Vorerfahrung des Gründers unterscheidet man zwischen einem *Novice Entrepreneur,* der erstmalig ein Unternehmen gründet, sowie einem *habituellen Entrepreneur* bzw.

Seriengründer, der bereits über unternehmerische Erfahrung verfügt und zum wiederholten Male als Gründer tätig wird. *Habituelle Entrepreneure* werden weiter unterteilt in *Portfolio Gründer* und *Re-Starter.* Ein *Portfolio Gründer* ist jemand, der ein Unternehmen gründet und parallel dazu ein früher von ihm gegründetes Unternehmen weiterführt. Im Gegensatz dazu gründet ein *Re-Starter* erst nachdem ein bereits früher von ihm gegründetes Unternehmen geschlossen bzw. verkauft wurde. *Spin-off Gründer* waren vor dem Schritt in die Selbstständigkeit in einer Organisation (Unternehmen oder öffentliche Forschungseinrichtung) tätig und knüpfen mit den Unternehmen direkt an diese Tätigkeit an.

Entsprechend der Anzahl der an einem Gründungsprojekt beteiligten Personen unterscheidet man zwischen *Einzelgründern* und *Team-Gründern.* Ein Unterfall eines Einzelgründers ist der *Solo-Entrepreneur,* der die alleinige Arbeitskraft in dem betreffenden Unternehmen darstellt (Selbstbeschäftigung), eventuell ergänzt um mithelfende Familienangehörige. Hat der Unternehmer bezahlte Arbeitskräfte eingestellt, so ist er *Arbeitgeber (Employer)*.

2.3.4 Einteilung nach der Phase im Gründungsprozess

Weit verbreitet ist die Unterscheidung von Unternehmern entsprechend der Phase im Gründungsprozess. Demnach bezeichnet man Personen, die ein Unternehmen gründen könnten, bisher aber noch keine konkreten Schritte hierzu unternommen haben, als *latente* oder *potenzielle Unternehmer. Nascent Entrepreneurs* sind Personen, die eine Gründung konkret planen oder bereits konkrete Schritte zu einer Gründung unternommen haben. Es handelt sich also um im Werden befindliche Unternehmer.

Junge Unternehmer (Young Entrepreneurs) sind Leiter von noch nicht am Markt etablierten Unternehmen. Der Global Entrepreneurship Monitor (GEM), ein internationaler Forschungsverbund, der weltweit Informationen zum Gründungsgeschehen erhebt, klassifiziert solche Unternehmen als jung, bei denen der Zeitpunkt der Gründung weniger als 3,5 Jahre zurück liegt. Unternehmen, die 3,5 Jahre und älter sind, werden im Rahmen des GEM-Projektes als etabliert (*Established Business Ownership*) klassifiziert. Von diesen Unternehmen wird angenommen, dass sie die Anfangsprobleme weitgehend überwunden haben.

2.3.5 Einteilung nach dem Neuheitsgrad und dem rechtlich-organisatorischen Status des Unternehmens

Nach dem Neuheitsgrad der Gründung unterscheidet man zwischen einer *originären Gründung* (für die Gründung werden neue Kapazitäten errichtet) sowie einer *derivativen Gründung,* für die bestehende Kapazitäten genutzt werden, wie etwa im Falle der Übernahme eines bestehenden Unternehmens. Man kann davon ausgehen, dass der Experiment-Charakter im Falle einer originären Gründung wesentlich stärker ausgeprägt ist als bei der Übernahme eines bereits seit längerer Zeit etablierten Unternehmens.

Entsprechend dem rechtlich-organisatorischen Status kann man zwischen *selbstständigen* und *unselbstständigen Gründungen* unterscheiden, wobei die unselbstständige Gründung durch ein Abhängigkeitsverhältnis zu anderen Unternehmen gekennzeichnet ist. Ein Beispiel für eine unselbstständige Gründung wäre die Errichtung eines Unternehmens als Franchisenehmer, der eng an Geschäftskonzept und sonstige Vorgaben des Franchisegebers gebunden ist.

2.4 Mögliche Wirkungen des Gründungsgeschehens auf die Wirtschaftsentwicklung

Die Wirkungen von Gründungen auf die wirtschaftliche Entwicklung sind vielschichtig und komplex. Aus der Entwicklung der neu gegründeten Unternehmen, also etwa die Anzahl und Qualität der entstandenen Arbeitsplätze, lassen sich allenfalls erste Hinweise zu diesen Wirkungen ableiten. Neben diesem *direkten Effekt* der Gründungen sind mindestens zwei Arten von *indirekten Wirkungen* zu berücksichtigen. Dabei handelt es sich zum einen um die Verdrängung etablierter Anbieter durch erfolgreiche Newcomer, ein Prozess, den *Schumpeter* als *kreative Zerstörung* gekennzeichnet hat. In einer genaueren Analyse der Effekte von Gründungen sind daher neben den Zuwächsen in den neuen Unternehmen auch die Verluste in den verdrängten Alt-Unternehmen zu berücksichtigen. Zum anderen induziert der Wettbewerb durch Newcomer in der Regel Reaktionen der etablierten Anbieter, wie beispielsweise Kostenreduktion, Erhöhung der Flexibilität und Veränderungen des Produktpro-

2

gramms. Solche Reaktionen können zu wesentlichen Produktivitätssteigerungen und zu verbesserter Wettbewerbsfähigkeit der etablierten Firmen führen, was sich dann auch positiv auf die Wirtschaft insgesamt auswirkt. Die durch Unternehmensgründungen ausgelösten Prozesse sind häufig eng mit Innovation und Strukturwandel verknüpft.

Für das Ausmaß der durch Gründungen ausgelösten Effekte sind zwei Faktoren von wesentlicher Bedeutung:

- *Erstens,* hängen die Wirkungen wesentlich davon ab, inwiefern die Newcomer eine Herausforderung für die etablierten Anbieter darstellen und Verbesserungen anregen. Daher ist zu vermuten, dass für die Wachstumseffekte von Gründungen weniger die Anzahl neuer Unternehmen, sondern vor allem ihre Qualität im Sinne einer Herausforderung der etablierten Anbieter von Bedeutung ist. Bestimmungsgründe dieser *Qualität der Gründungen* sind etwa die unternehmerischen Fähigkeiten des Gründers, die Intensität der Vorbereitung der Gründung sowie der Innovationsgrad des Produktprogramms und der Produktionsweise.
- *Zweitens,* werden die Wirkungen auch wesentlich dadurch bestimmt, wie stark und auf welche Weise die etablierten Anbieter auf die Herausforderung durch die neuen Wettbewerber reagieren.

Aus dieser wettbewerblichen Interaktion von neuen und etablierten Unternehmen ergeben sich die Wirkungen von Gründungen. Dabei ist es letztendlich unbedeutend, ob sich die neuen oder die etablierten Unternehmen am Markt durchsetzen. Wichtig ist der Anstoß von Veränderungen durch Gründungen und die entsprechend produktive Reaktion der etablierten Anbieter. Durch das Erzeugen von solchen wettbewerblichen Impulsen leisten Gründungen einen Beitrag zur wirtschaftlichen Entwicklung, selbst dann, wenn sie nach einiger Zeit wieder aus dem Markt ausscheiden

müssen. Die Wirkungen von Gründungen auf die wirtschaftliche Entwicklung werden in ▶ Kap. 11 ausführlich behandelt.

Eine weitere wichtige Funktion von Entrepreneurship für die Gesellschaft besteht darin, dass unternehmerische Selbstständigkeit die Möglichkeit des sozialen Aufstiegs bietet, etwa die sprichwörtliche Karriere „vom Tellerwäscher zum Millionär". Schon *Schumpeter* hat im Rahmen seiner historischen Analysen klar herausgearbeitet, dass es häufig nicht die Reichen und Wohl-Etablierten waren, die als dynamische Unternehmer gewirkt haben, sondern meist gesellschaftliche Außenseiter. Die Gründung eines eigenen Unternehmens stellt eine Möglichkeit dar, seine Talente weitgehend unabhängig von formaler Qualifikation und üblichen Karrierepfaden zu entfalten und kommerziell zum Tragen zu bringen. Dies ist nicht nur deshalb wichtig, weil es die Chancen- und Leistungsgerechtigkeit in einer Gesellschaft erhöht. Die Möglichkeit zu unternehmerischer Selbstständigkeit kann auch wesentlich dazu beitragen, dass die in einer Gesellschaft vorhandenen Fähigkeiten und Potenziale produktiver ausgeschöpft werden. Entrepreneurship in Form von unternehmerischer Selbstständigkeit stellt ein wesentliches Element einer „offenen Gesellschaft" dar, wie sie der Philosoph *Karl Popper* beschrieben hat. Offenheit für neue Unternehmen schafft nicht nur Spielräume für individuelle Entfaltung, sondern führt insbesondere auch zu wirtschaftlichem und gesellschaftlichem Fortschritt, indem Etabliertes in Frage gestellt wird.

2.5 Von der *gemanagten* zur *unternehmerischen* Gesellschaft

Die Entwicklung der modernen Industriegesellschaften war lange Zeit durch eine immer stärker werdende Stellung von marktmächtigen Großunterunternehmen gekennzeichnet. Diese ca. Mitte des 19. Jahrhunderts einsetzende Entwicklung beruhte zu einem wesentlichen Teil auf den Kostenvorteilen der industriellen Massenproduktion. Sowohl die Marktmacht als auch die politischen Einflussmöglichkeiten der großen Unternehmen waren und sind dazu geeignet, die Wirksamkeit von Markt und Wettbewerb als Koordinationsmechanismus negativ zu beeinträchtigen.

Eine von Großunternehmen geprägte Gesellschaft wird deshalb als *gemanagt* bezeichnet, weil wesentliche wirtschaftliche Entscheidungen nicht von Unternehmern, sondern von angestellten Managern getroffen werden. Diese Manager werden im Zweifel nur recht unvollständig von den Eigentümern, in der Regel den Aktionären (Großunternehmen haben heutzutage in der Regel die Rechtsform einer Aktiengesellschaft), kontrolliert. Die Organisation eines großen Unternehmens ist notwendigerweise stark hierarchisch geprägt, mit typischen Merkmalen bürokratischer Strukturen, die ein hohes Maß an Inflexibilität mit sich bringen. Eine Karriere innerhalb solcher Großunternehmen – auch als langwierige *Ochsentour* gekennzeichnet – erfordert Unterordnung und Disziplin. Diese Erfolgsfaktoren stehen in deutlichem Gegensatz zu den typischen Kennzeichen von Entrepreneurship im Sinne *Schumpeter*s, wie etwa Flexibilität, Eigeninitiative und dem Willen zur Durchsetzung eigener Ideen (siehe ▶ Abschn. 2.1).

In eigentlich allen entwickelten Industriestaaten ist der Trend zu immer größeren Unternehmen spätestens seit Beginn der 1970er-Jahre zum Stillstand gekommen. Seit dieser Zeit mussten viele ehemalige Großunternehmen massiv Beschäftigung abbauen. Ein Grund hierfür ist die durch den Trend zur Globalisierung der Wirtschaft beförderte zunehmende Preiskonkurrenz aus Schwellenländern im Bereich der standardisierten Massenproduktion. Eine weitere

Ursache wird in der steigenden Nachfrage nach mehr individuellen und damit nicht-standardisierten Gütern und Dienstleistungen gesehen, die sich nicht in großen Stückzahlen herstellen lassen. Mit diesen Entwicklungen verschob sich die Konkurrenz innerhalb der Industrieländer immer stärker hin zu wissensintensiven Tätigkeiten und innovativen Produkten in den frühen Phasen ihres Lebenszyklus.

Unter diesen Bedingungen erwiesen sich neu gegründete Unternehmen, die von ihren Eigentümern geführt wurden, vielfach als sehr erfolgreich. Prominente Beispiele für Produktbereiche, die wesentlich durch neu gegründete Unternehmen bzw. durch dynamische Unternehmerpersönlichkeiten initiiert und vorangetrieben wurden, sind der Personal Computer, die Internetwirtschaft und die Biotechnologie. Begünstigt wurde diese zunehmende Bedeutung von Neugründungen und Unternehmertum durch Entwicklungen im Bereich flexibler Fertigungstechniken (z. B. computergesteuerte Anlagen) und der Informationstechnologie. Diese Technologien haben zu einer deutlichen Reduktion der mindestoptimalen Betriebsgröße geführt, wodurch sich die Markteintrittsbarrieren in vielen Bereichen wesentlich vermindert haben.

Die Entwicklung zu einer stärker kleinteilig organisierten Wirtschaft, in der neue Unternehmen eine wesentliche Rolle spielen, wird auch als Trend zu einer stärker *unternehmerischen Gesellschaft* (Entrepreneurial Society) gekennzeichnet. Wesentliche Erfolgsfaktoren in einer solchen Gesellschaft sind die eingangs (▶ Abschn. 2.1) vorgestellten Merkmale unternehmerischen Handelns im Sinne von Entrepreneurship wie Initiative, Gestaltungswille, Eigenverantwortung, Flexibilität und Risikobereitschaft, die sich zum Teil grundlegend von den oben genannten Erfolgsfaktoren in einer gemanagten Gesellschaft unterscheiden.

2

2.6 Zusammenfassung wesentlicher Ergebnisse

Entrepreneurship bezeichnet Unternehmertum im Sinne der Gründung und Leitung eines Unternehmens. Erfolgreiches Entrepreneurship erfordert das Erkennen von unternehmerischen Gelegenheiten, Kreativität, Initiative, Gestaltungswillen, Eigenverantwortung, Durchsetzungsfähigkeit sowie die Bereitschaft und die Fähigkeit zum Tragen von Risiko. Ein wesentliches Motiv für die Beschäftigung mit dem Phänomen des Entrepreneurship besteht in der Erkenntnis, dass Innovation, Strukturwandel und Wachstum wesentlich auf dem Wirken von innovativen Unternehmerpersönlichkeiten beruhen bzw. dass ein Fehlen von innovativem Entrepreneurship eine wesentliche Ursache von Wachstumsschwäche darstellen kann.

Die Gründung eines Unternehmens im Allgemeinen und eines innovativen Unternehmens im Besonderen stellt ein Experiment dar, mit dem eine Geschäftsidee einem empirischen Test unterzogen wird. In dieser Sicht spiegelt sich in den Gründungsaktivitäten das Ausprobieren von Neuerungen wider. Entsprechend der Innovationsrelevanz, dem Gründungsmotiv, den Wirkungen, der Vorerfahrung des Gründers und weiterer Kriterien lassen sich verschiedene Arten von Entrepreneurship unterscheiden.

Die wesentlichen Wirkungen von Entrepreneurship sind indirekter Natur und ergeben sich aus dem Wettbewerbsprozess. Dabei lässt sich vermuten, dass diese Wirkungen umso stärker ausgeprägt sind, je größer die Herausforderung ist, die vom Marktzutritt eines Unternehmens auf die Wettbewerber ausgeht. Dies lässt wiederum vermuten, dass nicht alle Arten von Gründungen gleichermaßen relevant für wirtschaftliches Wachstum sind. Es kommt demnach weniger auf die Anzahl der Gründungen sondern vor allem auf ihre Qualität, im Sinne der Herausforderung der etablierten Wettbewerber, an.

Die Entwicklung vieler moderner Industriegesellschaften war über einen langen Zeitraum durch die Vorherrschaft großer, marktmächtiger Unternehmen gekennzeichnet, die vorwiegend von angestellten Managern geführt wurden. Die karriereförderlichen Eigenschaften und Verhaltensmuster in einer solchen gemanagten Gesellschaft unterscheiden sich wesentlich von den Merkmalen unternehmerischen Handelns im Sinne von Entrepreneurship. Seit Beginn der 1970er-Jahre ist in vielen Gesellschaften eine Entwicklung hin zu einer mehr durch Entrepreneurship geprägten unternehmerischen Gesellschaft *(Entrepreneurial Society)* zu verzeichnen.

2.7 Wesentliche Begriffe zu Kap. 2

- Entrepreneurship
- Arten von Entrepreneurship: produktiv, unproduktiv, destruktiv, innovativ, sozial, opportunity motiviert, necessity, Social, Solo-, *Kirzner*'scher Unternehmer, *Schumpeter*'scher Unternehmer)
- Erfindung (Invention)
- Gemanagte Gesellschaft
- Innovation
- Kreative Zerstörung
- Unternehmensgründer
- Unternehmer
- Unternehmerische Gesellschaft (Entrepreneurial Society)
- Unternehmerische Selbstständigkeit
- Unternehmerisches Verhalten

Literaturhinweise

Sehr informative Einführungen in den Themenbereich Entrepreneurship finden sich bei *Baumol* (2004) sowie bei *Parker* (2018). *Wennekers* und *Thurik* (1999) geben einen detaillierten Überblick über verschiedene Auffassungen und Definitionen von Entrepreneurship. *Baumol* (2004) hat viele

Beispiele für radikale Innovationen zusammengestellt, die im 20. Jahrhundert durch neue Unternehmen eingeführt worden sind. Die Bedeutung von Spin-off Gründungen für wirtschaftliche Entwicklung behandeln *Klepper* (2009) sowie *Acs et al.* (2009). Zur Sicht von Unternehmensgründung als Experiment siehe *Kerr, Nanda* und *Rhodes-Kropf* (2014). Zu Besonderheiten innovativer Gründungen siehe *Fritsch* (2011). Die Entwicklung von der gemanagten zur unternehmerischen Gesellschaft wird ausführlich in *Audretsch* (2007) beschrieben. Zur unternehmerischen Gesellschaft siehe insbesondere auch (2011). Eine ausführliche Diskussion von Politik-Konzepten für eine stärker unternehmerisch geprägte Gesellschaft findet sich in *Elert et al.* (2019) sowie *Sanders et al.* (2020). Zum Konzept der „offenen Gesellschaft" siehe *Popper* (2003).

Baumol (1990) hat die Unterscheidung von produktivem, unproduktivem und destruktivem Entrepreneurship eingeführt. Zur Abgrenzung verschiedener Arten von Entrepreneurship im Rahmen des GEM-Projektes siehe (2013) sowie die Website des GEM-Projektes unter ▶ www. gemconsortium.org.

Hinsichtlich der grundlegenden Arbeiten von *Joseph Schumpeter* zu dem Thema sei insbesondere auf seine Bücher „Theorie wirtschaftlicher Entwicklung" (1912) sowie „Business Cycles" (1939/1961) verwiesen. Vor allem das Buch „Business Cycles" bietet viele historische Beispiele für die vielfältigen Wirkungen der Einführung radikaler Innovationen.

Weiterführende Literatur

Zoltan J Acs Pontus Braunerhjelm B David Audretsch und Bo Carlsson, 2009 The knowledge spillover theory of entrepreneurship Small Business Economics 32 15 30 ▶ https://doi.org/10.1007/s11187-008-9157-3

Audretsch, David B. (2007): *The Entrepreneurial Society*. Oxford: Oxford University Press. ▶ https://doi.org/10.1093/acprof:oso/9780195183504.001.0001

Baumol, William J. (1990): Entrepreneurship: Productive, Unproductive and Destructive. *Journal of Political Economy*, 98, 893–921. ▶ https://doi.org/10.1086/261712

Baumol, William J. (2004): Entrepreneurial Enterprises, Large Established Firms and Other Components of the Free-Market Growth-Machine. *Small Business Economics*, 23, 9–21. ▶ https://doi.org/10.1023/B:SBEJ.0000026057.47641.a6

Bosma, Niels (2013): The Global Entrepreneurship Monitor (GEM) and Its Impact on Entrepreneurship Research. *Foundations and Trends in Entrepreneurship*, 9, 143–248. ▶ https://doi.org/10.1561/0300000033

Drucker, Peter F. (2011): *Innovation and Entrepreneurship*. London: Routledge.

Elert, Niklas, Magnus Henrekson und Mark Sanders (2019): *The Entrepreneurial Society – A Reform Strategy for the European Union*. Berlin: Springer. ▶ https://doi.org/10.1007/978-3-662-59586-2

Fritsch, Michael (2011): Start-ups in Innovative Industries – Causes and Effects. In David B. Audretsch, Oliver Falck, Stephan Heblich und Adam Lederer (Hrsg.): *Handbook of Innovation and Entrepreneurship*, Cheltenham: Elgar, 365–381.

Kerr, William R., Ramana Nanda und Matthew Rhodes-Kropf (2014): Entrepreneurship as Experimentation. *Journal of Economic Perspectives*, 28, 25–48. ▶ https://doi.org/10.1257/jep.28.3.25

Klepper, Steven (2009): Spinoffs: A review and synthesis. *European Management Review*, 6, 159–171. ▶ https://doi.org/10.1057/emr.2009.18

Parker, Simon (2018): *The Economics of Entrepreneurship*. 2nd ed., Cambridge: Cambridge University Press. ▶ https://doi.org/10.1017/9781316756706

Popper, Karl A. (2003*): Die offene Gesellschaft und ihre Feinde*. 8. Auflage, Tübingen: Mohr.

Sanders, Mark, Axel Marx and Mikael Stenkula (Hrsg.) (2020): *The Entrepreneurial Society – A Reform Strategy for Italy, Germany and the UK*. Berlin: Springer. ▶ https://doi.org/10.1007/978-3-662-61007-7

Schumpeter, Joseph A. (1912): *Theorie der wirtschaftlichen Entwicklung*. Leipzig: Duncker & Humblot.

Schumpeter, Joseph A. (1939/1961): *Konjunkturzyklen: eine theoretische, historische und statistische Analyse des kapitalistischen Prozesses*. Göttingen 1961: Vandenhoek. Englischsprachige Originalausgabe: *Business cycles: a theoretical, historical, and statistical analysis of the capitalist process*. New York 1939: McGraw-Hill.

Schumpeter, Joseph A. (1942/1946): *Capitalism, Socialism, and Democracy*. New York 1942: Harper. Zitiert nach der deutschsprachigen Ausgabe *Kapitalismus, Sozialismus und Demokratie*. Bern 1946: Francke.

Wennekers, Sander und Roy Thurik (1999): Linking Entrepreneurship and Economic Growth. *Small Business Economics*, 13, 27–55. ▶ https://doi.org/10.1023/A:1008063200484

Überblick zu unternehmerischer Selbstständigkeit, Gründungsgeschehen und Marktdynamik in Deutschland

Inhaltsverzeichnis

3.1   Wesentliche Ausprägungen von Gründungsgeschehen und Marktdynamik – 23

3.2   Die empirische Erfassung von Gründungen und unternehmerischer Selbstständigkeit – 24

3.3   Datenquellen für eine Analyse des Gründungsgeschehens in Deutschland – 25

3.4   Gründungen und unternehmerische Selbstständigkeit in Deutschland – 27

3.5   Die sektorale Struktur der Gründungen in Deutschland – 29
3.5.1   Überblick – 29
3.5.2   Gründungen in innovativen Wirtschaftszweigen – 30

3.6   Regionale Unterschiede des Gründungsgeschehens – 31

3.7   Die Gründungsaktivitäten im internationalen
        Vergleich – 34

3.8   Marktdynamik im Industrielebenszyklus – 36

3.9   Zusammenfassung wesentlicher Ergebnisse – 37

3.10   Wesentliche Begriffe zu Kap. 3 – 38

        Literaturhinweise – 38

        Weiterführende Literatur – 38

Wesentliche Fragestellungen

- Was sind die wesentlichen praktischen Ausprägungen von Entrepreneurship?
- Anhand welcher Sachverhalte kann man Entrepreneurship und Marktdynamik empirisch erfassen?
- Wie genau ist die empirische Erfassung von Entrepreneurship?
- Wie hat sich das Gründungsgeschehen während der letzten Jahre entwickelt? Welche regionalen und sektoralen Muster des Gründungsgeschehens sind erkennbar?
- Wie entwickelt sich das Gründungsgeschehen im Verlauf des Industrielebenszyklus?

Dieses Kapitel gibt einen Überblick zu wesentlichen Ausprägungen von Gründungsgeschehen und Marktdynamik sowie zu Entwicklung und Struktur der Unternehmensgründungen in Deutschland. Anknüpfend an einige grundlegende Definitionen (▶ Abschn. 3.1) wird auf Probleme der empirischen Erfassung von Gründungen und unternehmerischer Selbstständigkeit (▶ Abschn. 3.2) eingegangen. Daran anknüpfend werden wesentliche Datenquellen zu Gründungen und unternehmerischer Selbstständigkeit in Deutschland vorgestellt (▶ Abschn. 3.3). Der empirische Überblick über das Gründungsgeschehen in Deutschland betrachtet sowohl die zeitliche Entwicklung von Gründungen und unternehmerischer Selbstständigkeit (▶ Abschn. 3.4) als auch die Branchenstruktur von Gründungen (▶ Abschn. 3.5) sowie regionale Unterschiede (▶ Abschn. 3.6). ▶ Abschn. 3.7 bietet einen internationalen Vergleich des Niveaus der Gründungsaktivitäten in Deutschland. Schließlich wird der Verlauf der Gründungsaktivitäten im Industrielebenszyklus behandelt (▶ Abschn. 3.8). Die wesentlichen Ergebnisse werden dann in (▶ Abschn. 3.9) zusammengefasst.

3.1 Wesentliche Ausprägungen von Gründungsgeschehen und Marktdynamik

Durch die Gründung eines Unternehmens tritt ein neuer Anbieter in den Markt ein und ist damit Teil des Wettbewerbsprozesses. Ein Marktzutritt kann aber auch durch etablierte Unternehmen erfolgen, die neue Produkte in ihr Angebot aufnehmen und somit als zusätzliche Anbieter in dem betreffenden Markt aktiv werden. Die Kehrseite einer Gründung bzw. eines Marktzutritts ist der Marktaustritt bzw. die Stilllegung eines Unternehmens. Während eine Stilllegung immer auch einen Marktaustritt bedeutet, kann ein Marktaustritt auch ohne eine Stilllegung stattfinden, nämlich dann, wenn ein Unternehmen das Angebot eines bestimmten Produktes einstellt, als Anbieter auf anderen Märkten aber weiterhin existiert.

Unter dem Netto-Marktzutritt versteht man den Saldo der entsprechenden Bruttogrößen, also Marktzutritte abzüglich Marktaustritte. Da Informationen über Marktzutritte etablierter Unternehmen bzw. über Marktaustritte weiterhin bestehender Unternehmen in der Regel nur unvollständig verfügbar sind, operationalisiert man diesen Begriff meist als Anzahl der Gründungen abzüglich der Anzahl der Stilllegungen. Empirisch zeigt sich, dass die Anzahl der Gründungen und die Anzahl der Stilllegungen bzw. Marktzutritte und Marktaustritte häufig in etwa die gleiche Größenordnung haben, sodass der Netto-Marktzutritt im Vergleich zu den Bruttogrößen sehr gering ausfällt und die durch die Bruttogrößen bewirkte Marktdynamik nur sehr eingeschränkt widerspiegelt. Als ein Maß für die Fluktuation des Unternehmensbestandes auf einem Markt kann die Summe aus Marktzutritten und Marktaustritten bzw. Gründungen und Stilllegungen dienen, was auch als *Turbulenz* bezeichnet wird.

3

Will man das Niveau der Gründungs-aktivitäten bzw. der Marktdynamik in verschiedenen Branchen oder Regionen miteinander vergleichen, so sind Angaben zur absoluten Anzahl der Gründungen oder Stilllegungen in der Regel nur wenig hilfreich, da hierbei die unterschiedlichen Potenziale der jeweiligen Branchen bzw. Regionen unberücksichtigt bleiben. Bei-spielsweise ist die Anzahl der Gründungen in dicht besiedelten Gebieten deshalb hö-her als im vergleichsweise dünn besiedel-ten ländlichen Raum, weil dort mehr Men-schen leben, die als Gründer aktiv werden können. Um hier Vergleichbarkeit herzu-stellen, bildet man dann häufig eine Rate, indem man die absoluten Werte auf eine Größe, bezieht, in der sich die ökonomi-schen Potenziale der Region oder Branche widerspiegeln.

Zur Messung des Niveaus der Grün-dungsaktivitäten oder der unternehmeri-schen Selbstständigkeit ist es am gebräuch-lichsten, die Anzahl der Gründungen bzw. die Anzahl der Selbstständigen auf die An-zahl der Beschäftigten oder die Anzahl der Erwerbspersonen zu beziehen, den Teil der Bevölkerung also, der als potenzielle Grün-der bzw. Selbstständige in Frage kommt.[1] Man bezeichnet dies auch als den Arbeits-marktansatz (Labor Market Approach) bei der Bildung einer *Gründungsrate*. Die auf die regionalen Beschäftigten, die Erwerbs-bevölkerung oder auf die Wohnbevölke-rung bezogene Anzahl der Gründungen kann sehr anschaulich als Wahrscheinlich-keit dafür interpretiert werden, dass jemand aus dem ansässigen Potenzial an Gründern tatsächlich als Unternehmer tätig wird. Analog kann man auch für die Marktzu-tritte bzw. den Netto-Marktzutritt, für die

Anzahl der Stilllegungen bzw. Marktaus-tritte oder für die Turbulenz eine Rate bil-den, indem man deren Anzahl durch die Anzahl der Beschäftigten oder die Anzahl der Erwerbspersonen dividiert.

Eine alternative Möglichkeit der Bil-dung einer Rate besteht darin, die Anzahl der Gründungen, Stilllegungen etc. auf die Anzahl der vorhandenen Betriebe bzw. Un-ternehmen zu beziehen, was auch als öko-logischer Ansatz (Ecological Approach) bezeichnet wird.[2] Die sich ergebende Quote lässt sich vor allem für die Stilllegungen sinnvoll interpretieren, nämlich als Wahr-scheinlichkeit dafür, dass ein Betrieb in dem betreffenden Zeitraum die Tätigkeit ein-stellt. Für die Anzahl der Gründungen bzw. Marktzutritte ist der ökologische Ansatz hingegen eher ungeeignet. Dies ergibt sich daraus, dass die Anzahl der Beschäftigten und damit der potenziellen Gründer bzw. Unternehmer pro Unternehmen sehr un-terschiedlich ausfallen kann, und diese Po-tenziale durch die Anzahl der Unternehmen nur sehr unscharf wiedergegeben werden.

3.2 Die empirische Erfassung von Gründungen und unternehmerischer Selbstständigkeit

Die Identifikation von Gründungen ist mit erheblichen Abgrenzungsproblemen ver-bunden. Dementsprechend kann man im konkreten Einzelfall durchaus unterschied-licher Ansicht darüber sein, ob ein be-stimmter Vorgang eine Gründung darstellt oder nicht.

---

1   Der Unterschied zwischen der Anzahl der Be-schäftigten und der Anzahl der Erwerbspersonen besteht darin, dass die Erwerbspersonen sowohl die Beschäftigten als auch die Arbeitslosen umfas-sen.

2   Der Begriff *ökologisch* bezieht sich hierbei nicht auf den Umweltbereich, sondern auf den Ansatz der Organisationsökologie (Organizational Eco-logy). Die Organisationsökologie beschäftigt sich mit dem Entstehen, der Entwicklung und der Auf-lösung von Organisationen wie z. B. Unterneh-men.

Ein solcher Zweifelsfall ist die Aufnahme von unternehmerisch selbstständiger Tätigkeit als eine Nebenerwerbstätigkeit, die zusätzlich zu abhängiger Beschäftigung erfolgt. Insbesondere dann, wenn eine solche Nebenerwerbstätigkeit geringfügig ist (beispielsweise nur an Wochenenden durchgeführt wird) und für die Erwerbstätigkeit des Betreffenden insgesamt nur eine untergeordnete Rolle spielt, wird man die betreffende Person in der Regel nicht als Unternehmer ansehen.

Verändert ein Unternehmen die Rechtsform oder wechselt der Eigentümer eines bestehenden Unternehmens, so kann dies als die Fortführung eines bestehenden Unternehmens oder als eine Gründung verbunden mit der Stilllegung des alten Unternehmens angesehen werden. Ein weiterer Zweifelsfall wäre die Aufspaltung eines bestehenden Unternehmens in mehrere rechtlich selbstständige Unternehmen oder die abhängige Geschäftstätigkeit auf eigene Rechnung, die auch als *Scheinselbstständigkeit* bezeichnet wird.

Ebenfalls zweifelhaft kann die Einordnung solcher Fälle sein, in denen die Geschäftstätigkeit für eine Zeit lang unterbrochen wird: Stellt die Wiederaufnahme der Geschäftstätigkeit nach einer längeren Pause eine Gründung dar? Schließlich sind in diesem Zusammenhang auch die Fälle zu nennen, in denen ein Gewerbe angemeldet wird, ohne dass es jemals zur Aufnahme von Geschäftstätigkeit kommt *(Scheingründungen)*. Diese Beispiele zeigen, dass es eine objektiv richtige allgemeine Definition von Gründungen nicht gibt. Die jeweils zweckmäßige Definition einer Gründung sollte sich daher an der jeweiligen Fragestellung orientieren, wobei gewisse Ungenauigkeiten in der empirischen Praxis unvermeidbar sind.

Eine weitere Schwierigkeit bei der empirischen Erfassung von Gründungen stellt die Bestimmung des *Gründungszeitpunkts* dar. Alternativen bei der Bestimmung des Gründungzeitpunkts wären etwa

- der Zeitpunkt, zu dem der Entschluss zur Selbstständigkeit gefasst wurde,
- der Zeitpunkt der Aufstellung eines Geschäftsplanes,
- die Gewerbeanmeldung,
- der Eintrag in das Handelsregister bzw. in die Handwerksrolle,
- der Erwerb der ersten Produktionsmittel,
- die Aufnahme der Produktion, die Erstellung des ersten Angebotes bzw. der Zeitpunkt des ersten Umsatzes.

Diese verschiedenen Möglichkeiten machen deutlich, dass es keine objektiv richtige Bestimmung des Gründungszeitpunktes gibt. Da sowohl die Definition von Gründungen als auch die Bestimmung des Gründungszeitpunkts in den verschiedenen Datenquellen zum Teil sehr unterschiedlich gehandhabt werden, stimmen demzufolge auch die Angaben zur Anzahl der Gründungen nicht miteinander überein. Empirische Angaben zu den Gründungen sind daher als Näherungswerte anzusehen.

3.3 Datenquellen für eine Analyse des Gründungsgeschehens in Deutschland

Für Deutschland existieren eine Reihe von Datenquellen, die Auskunft über Gründungen und unternehmerische Selbstständigkeit geben. Als umfassende Statistiken, die sich gut für eine räumlich und sektoral differenzierte Analyse von Gründungen im Zeitablauf eignen, bieten sich insbesondere die *Betriebsdatei der Statistik der sozialversicherungspflichtig Beschäftigten* der Bundesagentur für Arbeit sowie das *Unternehmenspanel des Zentrums für europäische Wirtschaftsforschung* (ZEW Mannheim) an. Der wesentliche Vorteil dieser beiden Datenquellen besteht darin, dass die jeweilige Grundgesamtheit aller Gründungen weitgehend erfasst wird. Allerdings sind sehr

3

kleine Unternehmen bzw. Betriebe ohne einen sozialversicherungspflichtig Beschäftigten nicht in den Daten enthalten oder deutlich unterrepräsentiert. Eine Schwäche beider Datenquellen besteht auch darin, dass sie so gut wie keine Informationen über die Person des Gründers, also über sein Alter, seine Qualifikation, seinen Karriereweg etc. enthalten.

Ein wesentlicher Unterschied zwischen beiden Quellen liegt darin, dass die Angaben der Beschäftigtenstatistik auf der Ebene von Betrieben vorliegen, und damit eindeutig regional zugeordnet werden können. Die Angaben im ZEW-Unternehmenspanel beziehen sich hingegen jeweils auf das gesamte Unternehmen, sodass auch die Aktivitäten von eventuell vorhandenen Zweigbetrieben dem jeweiligen Hauptsitz zugerechnet werden und daher keine klare Regionalisierung möglich ist. Auch unterscheiden sich beide Quellen hinsichtlich des Schwerpunkts der erhobenen Informationen. Während die Beschäftigtenstatistik im Wesentlichen nur Angaben zur Anzahl und Qualifikation der Beschäftigten enthält, liegt der Schwerpunkt des ZEW-Unternehmenspanels auf finanziellen Kennziffern.

Die derzeit aussagefähigste Datenquelle für internationale Vergleiche des Gründungsgeschehens stellt der *Global Entrepreneurship Monitor* (GEM) dar. Das GEM-Projekt ist ein internationaler Forschungsverbund, im Rahmen dessen jährliche Befragungen von Haushalten und Experten zum Gründungsgeschehen in derzeit ca. 50 Ländern durchgeführt werden. Da diese Erhebungen nach einem einheitlichen Konzept erfolgen, sind die Informationen auch international miteinander vergleichbar. Ein weiterer Vorteil des GEM ist darin zu sehen, dass Länder sehr unterschiedlichen Entwicklungsstandes enthalten sind, was eine Analyse der Bedeutung von Entrepreneurship unter sehr unterschiedlichen Rahmenbedingungen erlaubt. Die Ergebnisse des GEM-Projektes werden länderweise und international vergleichend in der

Regel jährlich publiziert (siehe ▶ www.gemconsortium.org). Ältere Datensätze der Befragungen sind im Internet frei zugänglich.

Zwei weitere Datenquellen, die sich insbesondere für eine Analyse der Gründungsentscheidung auf Mikroebene gut eignen, sind der *Mikrozensus* des Statistischen Bundesamtes sowie das *Sozioökonomische Panel* (SOEP). Ein Nachteil dieser beiden Quellen ergibt sich daraus, dass sie jeweils nur Stichproben umfassen, sodass die verfügbare Anzahl an Beobachtungen für kleinräumige Untersuchungen, etwa auf der Ebene von einzelnen Städten oder Kreisen, oder für Analysen von einzelnen Branchen in der Regel zu gering ist.

Der Mikrozensus ist eine jährliche Befragung einer repräsentativen Stichprobe von ca. 820.000 Personen, die in rund 370.000 Haushalten leben. Diese Daten lassen sich anhand der verwendeten Gewichtungsfaktoren auf die Gesamtbevölkerung hochrechnen. Ein Vorteil des Mikrozensus besteht darin, dass Gründungen und unternehmerische Selbstständigkeit besonders differenziert erfasst werden. Beispielsweise unterscheidet diese Quelle zwischen Gründungen bzw. unternehmerischer Selbstständigkeit im Haupt- und Nebenerwerb. Eine Schwäche des Mikrozensus ergibt sich daraus, dass die Angaben zu einzelnen Personen nur für wenige aufeinanderfolgende Jahre erhoben werden, sodass etwa im Falle einer Gründung nur sehr begrenzt Aussagen darüber möglich sind, wie lange die Gründung besteht bzw. wie erfolgreich sie ist.

Das Sozioökonomische Panel (SOEP) ist eine jährliche repräsentative Bevölkerungsbefragung zur allgemeinen Lebenssituation, die viele Themenbereiche abdeckt und dabei auch Informationen zum Einkommen und zu unternehmerischer Selbstständigkeit umfasst (siehe ▶ http://www.diw.de/soep). Dabei lassen sich die Angaben der im SOEP enthaltenen Personen über längere Zeiträume verknüpfen, was eine entsprechende Analyse der Entwicklung der unternehmerischen Selbstständigkeit auf der personellen Ebene erlaubt. Ein wesentlicher Nachteil des SOEP besteht in der relativ geringen Anzahl an Beobachtungen, die wie bereits erwähnt kaum Analysen für einzelne, kleinräumig abgegrenzte Regionen oder für einzelne Wirtschaftszweige zulässt. Weiterhin liegen nur sehr wenige Informationen zu den Merkmalen und zur Entwicklung des betreffenden Unternehmens vor.

Weitere Datenquellen, aus denen sich Angaben zu Gründungen und unternehmerischer Selbstständigkeit ableiten lassen, sind etwa die *Gewerbeanzeigenstatistik*[3] und die *Steuerstatistik*. Die amtliche Statistik in Deutschland erstellt auf der Grundlage diverser Quellen ein *Unternehmensregister,* das für wissenschaftliche Analysen allerdings nur unter erheblichem Aufwand und mit wesentlichen Geheimhaltungsbeschränkungen zugänglich ist. Bisher können Gründungen im Unternehmensregister nicht eindeutig identifiziert werden.

3.4 Gründungen und unternehmerische Selbstständigkeit in Deutschland

Laut Mikrozensus waren in Deutschland im Jahr 2019 etwas weniger als 4 Mio. Personen im Vollerwerb unternehmerisch tätig, was rund 9,3 % aller Erwerbstätigen entspricht. Dieser Anteil stieg von 1991 bis

zum Jahr 2011 von 8 % auf knapp 11 % an und ist seitdem wieder rückläufig. Ein Teil des Anstiegs der unternehmerischen Selbstständigkeit seit Beginn der 1990er Jahre geht auf die starke Zunahme der Zahl der Selbstständigen in Ostdeutschland zurück. Seit dem Jahr 2004 liegt die Selbstständigenrate in den neuen Bundesländern über dem entsprechenden Wert für Westdeutschland. Differenziert man zwischen Selbstständigen mit und ohne abhängig Beschäftigten, so zeigt sich deutlich, dass der Anstieg der unternehmerischen Selbstständigkeit bis zum Jahr 2011 in Deutschland so gut wie ausschließlich auf die Solo-Selbstständigen zurückzuführen ist, die ihr Unternehmen ohne weitere Beschäftigte führen (◘ Abb. 3.1). Demgegenüber ging der Anteil der Selbstständigen mit abhängig Beschäftigten sogar leicht zurück.

Die Anzahl der Unternehmensgründungen schwankt über die Zeit nicht unerheblich, nämlich zwischen ca. 260 Tausend im Jahr 2004 und etwas mehr als 156 Tausend im Jahr 2016 (◘ Abb. 3.2). Dabei sind die relativ hohen Gründungsraten um das Jahr 2004 herum zum Teil durch die zu dieser Zeit besonders intensiven wirtschaftspolitischen Bemühungen zur Förderung von Gründungen durch arbeitslose Personen bedingt. Seit dem Ende der 1990er Jahre weist die Anzahl der Unternehmensgründungen in Deutschland einen rückläufigen Trend auf. Zwischen dem Jahr 1998 bis zum Jahr 2019 nahm die Anzahl der Unternehmensgründungen um etwas mehr als ein Drittel ab.

---

3   Die Gewerbeanzeigenstatistik beruht auf den obligatorischen Gewerbeanmeldungen bei den Gewerbemeldeämtern. Der Informationsgehalt der Statistik zur Person des Gründers und zum betreffenden Gewerbe ist sehr gering. Auswertungen über den Bestand an Selbstständigen liegen nicht vor. Da vielfach Gewerbe angemeldet, aber nicht ausgeübt werden, ist die Anzahl der Gründungen in der Gewerbemeldestatistik einerseits erheblich überschätzt; andererseits fehlen Informationen über nicht meldepflichtige Wirtschaftsbereiche, wie etwa die freien Berufe. Empirische Analysen

(*Fritsch et al.* 2003) haben gezeigt, dass die Anzahl der Gründungen in dieser Statistik stark überhöht ausgewiesen wird. Da erhebliche Unterschiede zwischen den Bundesländern hinsichtlich der Aufbereitung der Daten bestehen, sind die Angaben der Gewerbeanzeigenstatistik auch nur beschränkt zwischen den Bundesländern vergleichbar.

3

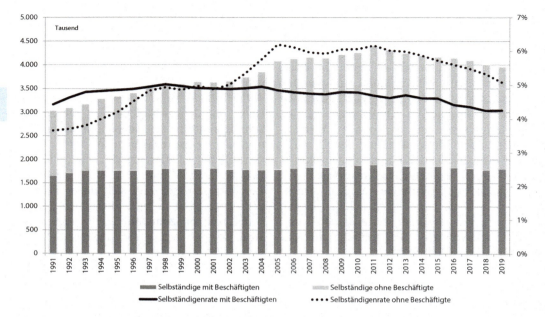

■ **Abb. 3.1**   Selbstständige mit und ohne Beschäftigte in Deutschland 1991–2019. (Quelle: Mikrozensus)

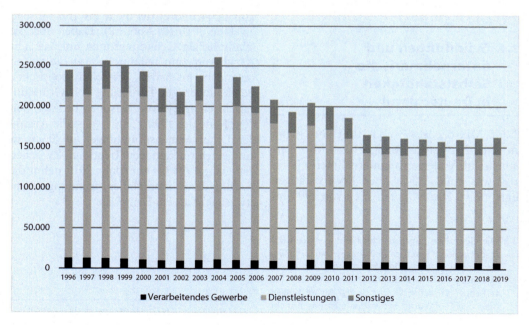

■ **Abb. 3.2**   Anzahl der Unternehmensgründungen in Deutschland 1995–2019. (Quelle: ZEW Unternehmenspanel)

◼ **Übersicht 3.1** Sektorale Struktur der Gründungen in Deutschland 2015–2019. (Quelle: ZEW Unternehmenspanel)

Sektor bzw. Branche	Durchschnittliche jährliche Anzahl der Gründungen	Anteil an der durchschnittlichen Anzahl aller Gründungen in %
Bergbau, Energie, Wasser	3.294	1,67
Verarbeitendes Gewerbe	9.347	4,74
davon:		
– Spitzentechnologie	405	0,21
– Hochwertige Technologie	1.097	0,56
– Nicht-technologieintensive Branchen	7.856	3,98
Baugewerbe	18.470	9,36
Dienstleistungen	166.205	84,23
davon:		
– Handel und Gastgewerbe	35.534	18,01
– Verkehr und Nachrichtenübermittlung	6.952	3,52
– Kredit- und Versicherungsgewerbe	5.619	3,85
– Sonstige Dienstleistungen	96.178	48,74
Insgesamt	197.746	100

3.5 Die sektorale Struktur der Gründungen in Deutschland

3.5.1 Überblick

In Deutschland entfällt der ganz überwiegende Teil der Gründungen (84,2 %) auf den Dienstleistungssektor; demgegenüber ist der Anteil der Gründungen im Verarbeitenden Gewerbe mit 4,7 % wesentlich geringer (Übersicht 3.1).

Der relativ geringe Anteil der Gründungen im Verarbeitenden Gewerbe ist zu einem wesentlichen Teil durch die relativ hohe mindestoptimale Größe in diesem Sektor bedingt, wodurch das Ausmaß der für eine erfolgreiche Gründung erforderlichen Ressourcen entsprechend hoch ausfällt (hierzu ▶ Abschn. 8.5). Demgegenüber ist die mindestoptimale Größe in vielen Bereichen des Dienstleistungssektors wesentlich niedriger, sodass der für eine erfolgreiche Gründung notwendige Ressourceneinsatz deutlich geringer ist.

Ausgesprochen innovative Unternehmensgründungen sind für die wirtschaftliche Entwicklung von besonderer Bedeutung (hierzu ▶ Abschn. 7.4.1 sowie ▶ Abschn. 12.5). Die empirische Erfassung von hoch-innovativen Gründungen ist mit erheblichen Problemen verbunden, die zu Ungenauigkeiten führen. Häufig greift man zur Erfassung innovativer Gründungen auf deren Branchenzugehörigkeit zurück, wobei bestimmte Wirtschaftszweige als innovativ angesehen werden. Entsprechend dem durchschnittlichen Anteil der F&E-Ausgaben an den Aufwendungen insgesamt unterscheidet man im Verarbeitenden Gewerbe zwischen Branchen der

3

„Spitzentechnologie", Branchen der „hochwertigen Technologie" sowie „nicht-technologieintensiven" Branchen.

Die Abgrenzung von innovativen Wirtschaftszweigen des Verarbeitenden Gewerbes beruht auf einer an deutsche Verhältnisse angepasste Klassifikation der OECD; hierzu *Fritsch* (2011). Dementsprechend werden Branchen als der „Spitzentechnologie" zugehörig angesehen, wenn der Anteil der F&E-Ausgaben an den Aufwendungen insgesamt mehr als 8,5 % ausmacht. In Branchen der hochwertigen Technologie beträgt dieser Anteil zwischen 3,5 und 8,5 %.

Eine solche Form der Identifikation von innovativen Gründungen anhand der Branchenzugehörigkeit ist mit erheblichen Unschärfen verbunden. Denn einerseits sind sicherlich nicht sämtliche Unternehmen und Unternehmensgründungen in diesen Branchen als hoch-innovativ anzusehen, andererseits finden hoch-innovative Gründungen auch in anderen Wirtschaftszweigen statt.

Der zahlenmäßige Anteil der Gründungen in Branchen der Spitzentechnologie und der hochwertigen Technologie ist in der Regel sehr gering. In Deutschland betrug dieser Anteil im Zeitraum 2015 bis 2019 lediglich 0,77 %. Wissensintensive Branchen des Dienstleistungssektors werden ebenfalls anhand des Anteils der F&E-Aufwendungen abgegrenzt. Im Unterschied zu Unternehmen in innovativen Branchen des Verarbeitenden Gewerbes haben Anbieter in Branchen der wissensintensiven Dienstleistungen häufig kein standardisiertes Produkt, sondern bieten meist Problemlösungen an, die auf die Bedürfnisse des jeweiligen Kunden zugeschnitten sind. Beispiele sind technische Beratung, Programmierung sowie Datenverarbeitung. Der Anteil der Gründungen in wissensintensiven Branchen lag in Deutschland während des Zeitraums 2015 bis 2019 bei

11,11 %. Das dieser Anteil deutlich höher ausfällt als der Anteil der Gründungen in innovativen Branchen des Verarbeitenden Gewerbes liegt unter anderem daran, dass die wissensintensiven Branchen des Dienstleistungssektors aus statistischen Gründen relativ breit abgegrenzt sind.

3.5.2 Gründungen in innovativen Wirtschaftszweigen

Die Anzahl der Unternehmensgründungen in innovativen Wirtschaftszweigen des Verarbeitenden Gewerbes ist in Deutschland seit mehr als 20 Jahren stark rückläufig und hat sich seit dem Jahr 1995 mehr als halbiert (◘ Abb. 3.3). Offenbar kann dieser deutliche Rückgang nur in geringem Maße mit dem allgemeinen Strukturwandel vom Verarbeitenden Gewerbe zum Dienstleistungssektor erklärt werden, denn auch in besonders innovativen Bereichen des Dienstleistungssektors, wie etwa den „technologieorientieren Dienstleistungen" oder den Bereich „Software" lässt sich in den letzten Jahren eher eine Abnahme als eine Zunahme der Anzahl der Gründungen feststellen.

Der starke Rückgang der Gründungen in innovativen Branchen des Verarbeitenden Gewerbes seit Mitte/Ende der 1990er Jahre ist insofern bemerkenswert, weil sich während dieses Zeitraumes die Rahmenbedingungen für innovative Gründungen in Deutschland durch die Einrichtung von Technologie-Transferstellen und ein größeres Angebot an Gründungsfinanzierung deutlich verbessert haben. Insbesondere hat es in diesem Zeitraum immer wieder große Anstrengungen der Politik gegeben, die Gründung innovativer Unternehmen zu fördern.

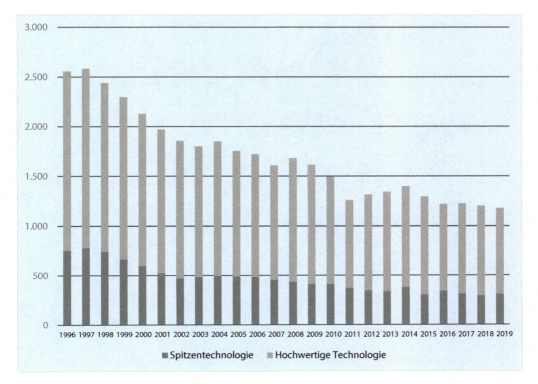

Spitzentechnologie   **Hochwertige Technologie**

Abb. 3.3 Unternehmensgründungen in Deutschland 1995–2019 in innovativen Branchen des Verarbeitenden Gewerbes (Quelle: ZEW Unternehmenspanel)

3.6 Regionale Unterschiede des Gründungsgeschehens

Bei der Bildung regionaler Gründungsraten wird die Anzahl der Gründungen in der Regel auf die Anzahl der in der Region lebenden Beschäftigten, auf die Erwerbspersonen oder auf die Wohnbevölkerung bezogen. Dies ist insbesondere deshalb sinnvoll, weil sich in empirischen Untersuchungen gezeigt hat, dass Gründungen in der Regel in unmittelbarer räumlicher Nähe zum Wohnort des Gründers stattfinden (▶ Abschn. 6.2). Die auf die regionale Erwerbsbevölkerung oder auf die Wohnbevölkerung bezogene Anzahl der Gründungen spiegelt somit die Gründungsneigung in einer Region wider und lässt sich als Wahrscheinlichkeit dafür auffassen, dass jemand aus dem regional ansässigen Potenzial an Gründern als Unternehmer tätig wird.

Die Anzahl der Gründungen pro 1.000 Beschäftigten weist zwischen den Regionen wesentliche Unterschiede auf (▶ Abb. 3.4). Während das Maximum bei ca. 8 Gründungen pro 1.000 Erwerbspersonen liegt, hat die Region mit der niedrigsten Rate einen Wert von knapp 1,5 Gründungen pro 1.000 Erwerbspersonen. Besonders hohe Gründungsraten finden sich in größeren Städten wie Berlin, München, Hamburg und deren Umfeld, in den norddeutschen Küstenregionen, im Raum Frankfurt/Main sowie im südlichen Baden-Württemberg. Relativ niedrige Gründungsraten sind für weite Teile Ostdeutschlands und Hessens, sowie im Westen von Rheinland-Pfalz zu verzeichnen.

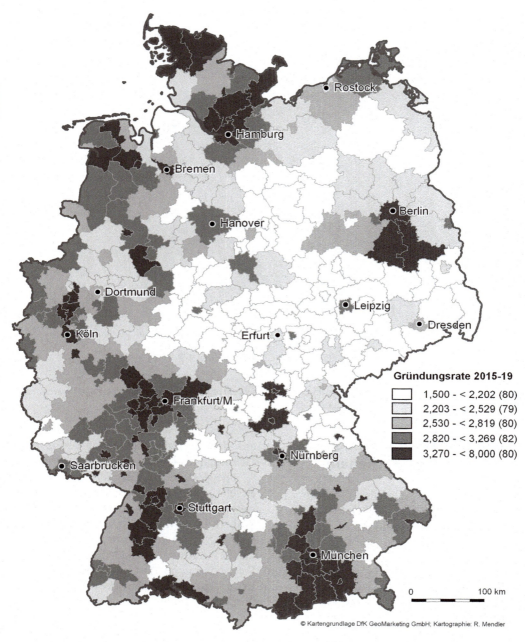

Gründungsrate 2015-19

☐	1,500 - < 2,202 (80)
☐	2,203 - < 2,529 (79)
☐	2,530 - < 2,819 (80)
☐	2,820 - < 3,269 (82)
■	3,270 - < 8,000 (80)

0   100 km

© Kartengrundlage DfK GeoMarketing GmbH; Kartographie: R. Mendler

🔲 **Abb. 3.4**   Räumliche Verteilung der durchschnittlichen jährlichen Anzahl der Gründungen pro 1.000 Beschäftigten in Deutschland 2015–2019 (Quelle: ZEW Unternehmenspanel)

Besonders stark ausgeprägt sind die regionalen Unterschiede der Gründungsraten in innovativen Branchen des Verarbeitenden Gewerbes. Wie 🔲 Abb. 3.5 zeigt, weisen hier wiederum größere Städte wie Berlin, Hamburg, München und Stuttgart, aber auch einige eher ländlich strukturierte Gebiete im südlichen Baden-Württemberg und im süd-

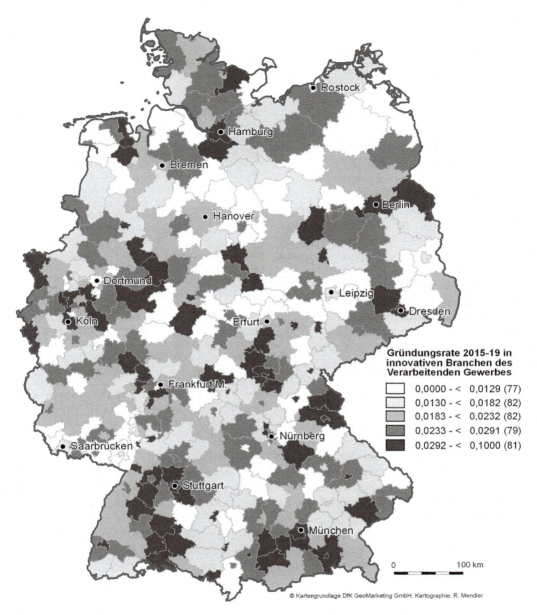

Abb. 3.5 Regionale Struktur der Gründungen in innovative Branchen des Verarbeitenden Gewerbes – Durchschnittliche jährliche Anzahl der Gründungen pro 1.000 Beschäftigten 2015–2019 (Quelle: ZEW Unternehmenspanel)

lichen Thüringen relativ hohe Gründungsraten auf. Nähere Analysen zu regionalen Unterschieden innovativer Unternehmensgründungen zeigen sehr deutlich, dass diese Gründungen vor allem auf Städte mit Standorten von Hochschulen oder von außeruniversitären Forschungseinrichtungen (z. B. Institute der Max Planck- und der Fraunhofer Gesellschaft, Einrichtungen der Leibniz-Gemeinschaft) konzentriert sind.

Insbesondere zeigt sich dabei auch ein enger statistischer Zusammenhang zwischen der Häufigkeit innovativer Gründungen und der Ausrichtung der vorhandenen Hochschulen oder Forschungseinrichtungen auf Ingenieur- und Naturwissenschaften. Dieser Befund weist sehr deutlich auf die wichtige Rolle des regional vorhandenen Wissens für innovative Gründungen hin (ausführlicher hierzu ▶ Abschn. 8.7.2 und 12.5).

Empirische Untersuchungen für verschiedene Länder, darunter die Bundesrepublik Deutschland, haben gezeigt, dass die regionale Struktur der Gründungsaktivitäten und das Niveau an unternehmerischer Selbstständigkeit über längere Zeiträume ziemlich konstant sind. Dies bedeutet, dass Regionen, die in früheren Jahren eine relativ hohe (niedrige) Gründungs- oder Selbstständigenrate hatten, auch heute relativ hohe (niedrige) Raten aufweisen.

Dieser Befund einer stark ausgeprägten Persistenz regionaler Gründungsaktivitäten kann im Wesentlichen zwei Arten von Ursachen haben. Zum einen kann es sein, dass auch die wesentlichen Determinanten regionaler Gründungsaktivitäten im Zeitablauf relativ unverändert sind. Zum anderen könnte der Befund auf das Vorhandensein einer mehr oder weniger stark ausgeprägten regionalen Kultur unternehmerischer Selbstständigkeit hindeuten. Die erstgenannte Erklärung ist insofern tragfähig, als viele der Determinanten regionaler Gründungsaktivitäten (ausführlich hierzu ▶ Abschn. 8.7), wie z. B. der Anteil der Beschäftigten in Kleinbetrieben, die Infrastrukturausstattung, das Ausmaß von Innovationsaktivitäten in der Region im Zeitablauf keine großen Schwankungen aufweisen. Auf die Wirksamkeit einer regionalen Kultur unternehmerischer Selbstständigkeit könnte man insbesondere dann schließen, wenn ein relativ hohes Niveau an unternehmerischer Selbstständigkeit auch dann festgestellt werden kann, wenn sich wesentliche Rahmenbedingungen für das Gründungsgeschehen in einer Region im Zeitablauf drastisch verändert haben.

Empirische Analysen für Deutschland ergeben deutliche Hinweise auf eine sehr langfristige Persistenz des regionalen Niveaus unternehmerischer Selbstständigkeit, obwohl verschiedene schockartige Veränderungen der regionalen Rahmenbedingungen stattfanden (ausführlich hierzu *Fritsch* und *Wyrwich* 2014, 2019). So kann man beispielsweise sowohl für ostdeutsche als auch für westdeutsche Regionen einen statistisch signifikant positiven Zusammenhang zwischen dem heutigen Niveau unternehmerischer Selbstständigkeit und der Selbstständigenquote im Jahr 1925 feststellen. Dies könnte bedeuten, dass eine einmal herausgebildete regionale Entrepreneurship-Kultur so gravierende Einschnitte wie die Weltwirtschaftskrise, die nationalsozialistische Diktatur während des Dritten Reichs, die Zerstörungen während des Zweiten Weltkriegs, die Besatzung durch die Siegermächte und den politischen Neuanfang überdauern kann. Besonders eindrucksvoll ist diese Persistenz des regionalen Niveaus unternehmerischer Selbstständigkeit in den Regionen Ostdeutschlands, die zusätzlich noch 40 Jahre lang von einem sozialistischen Regime beherrscht wurden, das nachdrücklich und auf vielfältige Weise versucht hat, privates Unternehmertum abzuschaffen. Als weitere drastische Veränderung der Rahmenbedingungen kommt in Ostdeutschland noch der schockartige Transformationsprozess nach dem Zusammenbruch des sozialistischen DDR-Regimes im Jahr 1989 hinzu. Diese Befunde sind ein sehr deutlicher Hinweis auf das Vorhandensein einer regionalen Kultur unternehmerischer Selbstständigkeit, die über lange Zeitperioden andauert (hierzu auch ▶ Abschn. 5.4.4, 8.7 sowie ▶ Abschn. 11.3.5 und 11.3.6).

Für die Politik ergibt sich aus diesen Befunden der Hinweis, dass sich das Niveau unternehmerischer Selbstständigkeit bzw. die regionale Entrepreneurship-Kultur nur auf längere Sicht verändern lassen. Eine Politik, die solche Veränderungen bewirken will, muss also langfristig angelegt sein und kann kaum darauf hoffen, auf kurze Sicht wesentliche Änderungen zu bewirken.

3.7 Die Gründungsaktivitäten im internationalen Vergleich

Für einen internationalen Vergleich von Gründungsaktivitäten bieten sich die Daten des Global Entrepreneurship Monitor (GEM 2020) an (siehe ▶ Abschn. 3.4). Ein zentraler Indikator für das Gründungsgeschehen im Rahmen des GEM ist der Total

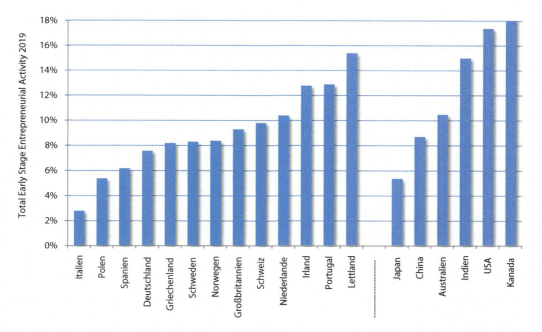

■ Abb. 3.6   Die Total Earl-Stage Entrepreneurial Activity 2019 in verschiedenen Ländern

Early-Stage Entrepreneurial Activity (TEA) Index. Dieser Indikator gibt den Anteil der Nascent Entrepreneurs und der jungen Unternehmer (Young Entrepreneurs) an der Bevölkerung im Alter von 18 bis einschließlich 64 Jahren an.

Die Nascent Entrepreneurs sind im Rahmen des GEM konkret definiert als Personen, die

- zum Zeitpunkt der Befragung versuchen allein oder mit Partnern ein neues Unternehmen zu gründen (hierzu zählt jede Art selbstständiger Tätigkeit),
- in den letzten zwölf Monaten etwas zur Unterstützung dieser Neugründung unternommen haben (z. B. durch die Suche nach Ausstattung oder Standorten, Organisation eines Gründungsteams, Erarbeitung eines Geschäftsplans, Bereitstellung von Kapital),
- die Inhaber- oder Teilhaberschaft im Unternehmen anstreben und
- während der letzten drei Monate keine Vollzeitlöhne oder -gehälter bezahlt haben.

Als junge Unternehmer (Young Entrepreneurs) gelten diejenigen 18- bis 64-jährigen, die

- Inhaber oder Teilhaber eines bereits bestehenden Unternehmens sind, bei dem sie in der Geschäftsleitung mithelfen und
- aus diesem Unternehmen nicht länger als 3,5 Jahre Gehälter, Gewinne oder Sachleistungen erhalten haben.

Im Vergleich zu den meisten Nachbarländern und zu einigen anderen entwickelten Industriestaaten fällt der Wert für die Total Early-Stage Entrepreneurial Activity (TEA) für Deutschland im Jahr 2019 mit 7,6 relativ niedrig aus (■ Abb. 3.6). Dies gilt auch, wenn man bestimmte Untergruppen von Gründungen betrachtet, wie etwa Gründungen mit hohen Wachstumsambitionen. Für die meisten anderen im GEM erfassten Länder Europas liegt der TEA-Wert deutlich über dem Wert für Deutschland. Spitzenreiter unter den entwickelten Industriestaaten sind Kanada und die USA. Höhere Werte sind nur für einige relativ wenig entwickelte Länder wie Chile (36,7), Ecuador (36,2) und Brasilien (23,3) zu verzeichnen, wobei es sich überwiegend um Gründungen aus wirtschaftlicher Not (Necessity Entrepreneurship) handelt. In den entwickelten und innovationsgetriebenen Ländern sind die Gründungsaktivitäten hingegen stärker auf die auf die Umsetzung unternehmerischer Gelegenheiten (Opportunity Entrepreneurship) gerichtet.

3.8 Marktdynamik im Industrielebenszyklus

Die Bedeutung von Gründungen für die Marktdynamik hängt wesentlich mit dem Lebenszyklus des betreffenden Produktes bzw. der jeweiligen Industrie zusammen. Marktzutritte spielen vor allem in den frühen Phasen der Marktentwicklung, der Einführungs- und der Wachstumsphase, eine wesentliche Rolle. Dabei steigt die Anzahl der Anbieter im Zeitverlauf an, sodass der Netto-Marktzutritt einen positiven Wert aufweist (siehe ◼ Abb. 3.7). Diese frühen Phasen sind durch ein hohes Maß an Innovation sowie durch Unsicherheit über die zukünftige Marktentwicklung gekennzeichnet.

Insbesondere in der Markteinführungsphase sind die meisten Anbieter Kleinunternehmen, sodass auch die F&E-Aktivitäten überwiegend von Kleinunternehmen durchgeführt werden. Da die angewandte Technologie relativ neu ist, existiert noch wenig industriespezifisches Wissen, das für einen erfolgreichen Marktzutritt erforderlich ist. Wettbewerb findet in diesem Stadium wesentlich über die Qualität der Produkte und weniger über deren Preis statt. In der Regel wird ein Produkt in einer Vielzahl von Varianten angeboten, da sich noch kein dominierendes Design durchgesetzt hat. Aufgrund der relativ großen Bedeutung von Unternehmensgründungen und von kleinen Unternehmen bezeichnet man diese Phase des Marktes als *entrepreneurhaftes technologisches Regime;* gelegentlich wird sie auch *Schumpeter Mark I-Regime* genannt.

Mit der Etablierung eines dominanten Designs ändern sich die Wettbewerbsverhältnisse auf dem Markt: Die Produkte der verschiedenen Anbieter werden nun einander ähnlicher, und da die Nachfrager zunehmend eine bestimmte Qualität als selbstverständlich voraussetzen, findet der

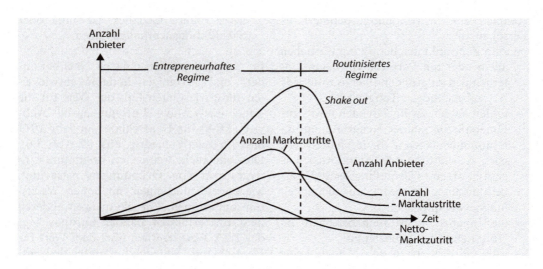

◼ **Abb. 3.7**   Marktzutritte und Marktaustritte im Verlauf des Industrielebenszyklus

◼ **Übersicht 3.2** Wesentliche Kennzeichen eines entrepreneurhaften und eines routinisierten technologischen Regimes

Entrepreneurhaftes Regime	*Routinisiertes Regime*
Frühes Stadium eines technologischen Pfades; wenig industriespezifisches Wissen	Fortgeschrittenes Stadium eines technologischen Pfades; erhebliches industriespezifisches Wissen
Kein dominierendes technologisches Paradigma	Es existiert ein dominierendes technologisches Paradigma
Eher Qualitäts- als Preiskonkurrenz	Stark ausgeprägte Preiskonkurrenz
Hoher Anteil an kleinen und jungen Firmen an der Innovationstätigkeit	Hoher Anteil großer und alt-etablierter Firmen an der Innovationstätigkeit
Marktzutritt relativ leicht möglich	Marktzutritt nur schwer möglich

Wettbewerb in immer stärkerem Maße über den Preis statt. Mit der Standardisierung der Fertigungsprozesse und intensiverem Preiswettbewerb nimmt die umgesetzte Menge zu und es entsteht ein *routinisiertes technologisches Regime* oder *Schumpeter Mark II-Regime*. Häufig findet der Übergang vom entrepreneurhaften zum routinisierten Regime relativ abrupt statt, wobei die Anzahl der Anbieter innerhalb kurzer Zeit dramatisch zurückgeht, was als *Shakeout* bezeichnet wird (siehe ◼ Abb. 3.7).

Nach dem Shakeout wird das Marktgeschehen von relativ wenigen etablierten Großunternehmen beherrscht, in denen auch die Innovationsaktivitäten und das relevante Wissen konzentriert sind. Die Innovationsaktivitäten stellen weitgehend Routinetätigkeiten dar. Aufgrund von Größenvorteilen der etablierten Anbieter ist ein Marktzutritt nur noch relativ schwer möglich, sodass Unternehmensgründungen eine untergeordnete Rolle spielen. Auch das erhebliche Ausmaß an industriespezifischem Wissen, dass für einen erfolgreichen Marktzutritt erforderlich ist, wirkt als Gründungshemmnis. In der Regel nimmt die Anzahl der Anbieter im Zeitverlauf weiter ab, sodass der Netto-Marktzutritt negativ ausfällt. Wesentliche Kennzeichen des entrepreneurhaften und des routinisierten technologischen Regimes sind in Übersicht 3.2 zusammengestellt.

Beispiele für ein entrepreneurhaftes technologisches Regime sind der Mikro-Computer in den frühen 1980er-Jahren und die Internetökonomie der 1990er-Jahre. Ein routinisiertes technologisches Regime herrscht heutzutage etwa in der Automobilindustrie sowie in der Pharmazeutischen Industrie.

3.9 Zusammenfassung wesentlicher Ergebnisse

Die genaue Identifikation von Unternehmensgründungen ist mit konzeptionellen Problemen verbunden. So kann man in einer ganzen Reihe von Konstellationen durchaus unterschiedlicher Ansicht darüber sein, ob es sich um das Fortbestehen eines etablierten Betriebs bzw. Unternehmens handelt oder ob eine neue organisatorische Einheit gegründet wurde. Auch für die Festlegung des Zeitpunktes einer Gründung bestehen Alternativen. Aufgrund solcher Abgrenzungsprobleme gibt es keine objektiv richtige Information zur Anzahl der Gründungen; vielmehr sind solche Angaben immer nur als Näherungswerte aufzufassen.

In Deutschland ist die unternehmerische Selbstständigkeit zwischen 1991 und 2011 deutlich angestiegen; insbesondere in den neuen Bundesländern hat die Anzahl

3

der privaten Unternehmen im Verlauf des mit der Wende im Jahr 1989 begonnenen Transformationsprozesses sehr stark zugenommen. Seit dem Jahr 2012 ist die Anzahl der Selbständigen in Deutschland allerdings wieder rückläufig. Der ganz überwiegende Großteil der Gründungen findet dabei im Dienstleistungssektor statt. In regionaler Hinsicht können die Gründungsraten sehr unterschiedlich ausfallen, wobei sich zeigt, dass das regionale Niveau der Gründungstätigkeit bzw. der unternehmerischen Selbstständigkeit im Zeitablauf ein hohes Maß an Persistenz aufweist, was als Indiz für die Existenz einer regionalen Entrepreneurship-Kultur angesehen werden kann. Im internationalen Vergleich fällt das Niveau der Gründungsaktivitäten in Deutschland eher gering aus. Dies ließe sich als Hinweis auf einen entsprechenden Nachholbedarf in Deutschland auffassen.

Gründungen sind vor allem in der Frühphase der Entwicklung eines Marktes unter den Bedingungen eines entrepreneurhaften technologischen Regimes von Bedeutung. In späteren Phasen des Industrielebenszyklus, wenn die Bedingungen eines routinisierten technologisches Regimes gelten, spielen Gründungen keine wesentliche Rolle mehr.

3.10   Wesentliche Begriffe zu Kap. 3

- Gewerbemeldung
- Global Entrepreneurship Monitor (GEM)
- Gründungsrate
- Gründungszeitpunkt
- Marktaustritt
- Marktzutritt
- Nebenerwerbstätigkeit
- Netto-Marktzutritt
- Persistenz von Entrepreneurship
- Industrielebenszyklus
- Selbstständigenrate
- Solo-Selbstständigkeit
- Stilllegung

- Technologisches Regime: entrepreneurhaftes und routinisiertes
- Total Early-Stage Entrepreneurial Activity (TEA)
- Turbulenz

Literaturhinweise

Verschiedene Datenquellen zu Gründungen in Deutschland werden in *Fritsch et al.* (2003) einander gegenübergestellt. Eine Übersicht über das GEM-Projekt bietet *Bosma* (2013). Zu Auswertungen des GEM siehe die Internet-Seite des Projektes ▶ https://www.gemconsortium.org. Die Angaben aus dem Mikrozensus (◘ Abb. 3.1) sind den Veröffentlichungen des *Statistischen Bundesamtes* (Fachserie 1, Reihe 4.1) entnommen.

Zur Langfristigkeit regionaler Niveaus von Entrepreneurship bzw. zu einer regionalen Entrepreneurship- Kultur in Deutschland siehe *Fritsch* und *Wyrwich* (2014 und 2019). Entsprechende Analysen für Großbritannien finden sich bei *Fotopoulos* (2014) sowie bei *Fotopoulos* und *Storey* (2017). Eine grundlegende Darstellung des Zusammenhangs zwischen Marktdynamik und Industrielebenszyklus bietet *Klepper* (1997); eine empirische Analyse von Shakeout-Prozessen in ausgewählten Industrien findet sich bei *Klepper* und *Simons* (2005). Zur Charakterisierung eines entrepreneurhaften und eines routinisierten technologischen Regimes siehe *Audretsch* (1995).

Weiterführende Literatur

Audretsch, David B. (1995): Innovation and industry Evolution. Cambridge, MA: MIT Press.
Bosma, Niels (2013): The Global Entrepreneurship Monitor (GEM) and Its Impact on Entrepreneurship Research. *Foundations and Trends in Entrepreneurship*, 9, 143–248. ▶ https://doi.org/10.1561/0300000033

Fotopoulos, Georgios (2014): On the spatial stickiness of UK new firm formation rates. *Journal of Economic Geography*, 14, 651–679. ▶ https://doi.org/10.1093/jeg/lbt011

Fotopoulos, Georgios und David Storey (2017): Persistence and Change in Interregional Differences in Entrepreneurship: England and Wales, 1921–2011. *Environment and Planning A*, 49, 670–702. ▶ https://doi.org/10.1177/0308518X16674336

Fritsch, Michael, Reinhold Grotz, Udo Brixy, Michael Niese und Anne Otto (2003): Die statistische Erfassung von Gründungen in Deutschland – Ein Vergleich von Beschäftigtenstatistik, Gewerbeanzeigenstatistik und den Mannheimer Gründungspanels. *Allgemeines Statistisches Archiv*, 87, 87–96.

Fritsch, Michael (2011): Start-ups in Innovative Industries – Causes and Effects. In David B. Audretsch, Oliver Falck, Stephan Heblich und Adam Lederer (Hrsg.): *Handbook of Innovation and Entrepreneurship*, Cheltenham: Elgar, 365–381.

Fritsch, Michael und Michael Wyrwich (2014): The Long Persistence of Regional Levels of Entrepreneurship: Germany 1925 to 2005. *Regional Studies*, 48, 955–973. ▶ https://doi.org/10.1080/00343404.2013.816414

Fritsch, Michael und Michael Wyrwich (2019): *Regional Trajectories of Entrepreneurship, Knowledge, and Growth -- The Role of History and Culture*. Cham: Springer. ▶ https://link.springer.com/book/10.1007%2F978-3-319-97782-9.

Global Entrepreneurship Monitor (GEM) (2020): *2019/2020 Global Report*. London: London Business School. ▶ https://www.gemconsortium.org/report/gem-2019-2020-global-report

Klepper, Steven (1997): Industry Live Cycles. *Industrial and Corporate Change*, 6, 145–181. ▶ https://doi.org/10.1093/icc/6.1.145

Klepper, Steven und Kenneth L. Simons (2005): Industry shakeouts and technological change. *International Journal of Industrial Organization*, 23, 23–43. ▶ https://doi.org/10.1016/j.ijindorg.2004.11.003

Statistisches Bundesamt (2021): Ergebnisse des Mikrozensus zum Arbeitsmarkt (Fachserie1, Reihe 4.1.). Wiesbaden: Statistisches Bundesamt (Destatis). ▶ https://www.destatis.de

Die Entscheidung für unternehmerische Selbstständigkeit: Theorie

Inhaltsverzeichnis

4.1   Der Ansatz des Occupational Choice – 42

4.2   Das Grundmodell – 43

4.3   Einige Erweiterungen des Grundmodells – 44

4.4   Zusammenfassung: Was die Theorie erklärt – und was nicht – 47

4.5   Wesentliche Begriffe zu Kap. 4 – 49

        Literaturhinweise – 49

        Weiterführende Literatur – 50

© Der/die Autor(en), exklusiv lizenziert durch Springer Fachmedien Wiesbaden GmbH, ein Teil von Springer Nature 2021
M. Fritsch und M. Wyrwich, *Entrepreneurship*,
https://doi.org/10.1007/978-3-658-34637-9_4

4

„Praxis ohne Theorie ist blind."(nach Immanuel Kant 1781).
„Es gibt nichts Praktischeres als eine gute Theorie." (Kurt Lewin 1951, S. 169).

Wesentliche Fragestellungen

— Auf welche Weise kann die individuelle Entscheidung für oder gegen unternehmerische Selbstständigkeit erklärt werden?

— Was sind die wesentlichen Bestimmungsgründe bei der Entscheidung zur Gründung eines eigenen Unternehmens?

— Welche nicht-monetären Einflüsse können bei der Entscheidung für oder gegen Entrepreneurship eine Rolle spielen?

Wie kann man erklären, dass jemand als Unternehmer tätig ist, während andere Personen in abhängiger Beschäftigung oder arbeitslos bleiben? Dieses Kapitel behandelt theoretische Ansätze, die sich einer Beantwortung dieser Frage widmen. Ausgangspunkt und von zentraler Bedeutung ist dabei der Ansatz des Occupational Choice, der mit anderen Erklärungen verknüpft wird.

Zunächst stellt ▶ Abschn. 4.1 den Grundansatz des Occupational Choice vor. Daran anschließend wird dann ein einfaches formales Grundmodell abgeleitet (▶ Abschn. 4.2), das den Ausgangpunkt für diverse Erweiterungen bildet (▶ Abschn. 4.3). In ▶ Abschn. 4.4 werden die wesentlichen Überlegungen zusammengefasst und Schlussfolgerungen für Weiterentwicklungen der Theorie des Occupational Choice gezogen.

4.1 Der Ansatz des Occupational Choice

Der Ansatz des Occupational Choice stellt die Person des Gründers bzw. Unternehmers in den Mittelpunkt der Betrachtung und nicht das gegründete Unternehmen. Ausgangpunkt ist die Annahme, dass jede Erwerbsperson die Wahl zwischen der Gründung eines Unternehmens bzw. unternehmerischer Selbstständigkeit, einer Tätigkeit als abhängig Beschäftigter sowie der Nicht-Beschäftigung hat. Untersucht werden die Bestimmungsgründe einer Entscheidung für oder gegen unternehmerische Selbstständigkeit. Dabei lautet die grundlegende Hypothese, dass die Gründungsentscheidung im Wesentlichen durch die subjektive Einschätzung der Vor- und Nachteile der Selbstständigkeit im Vergleich zu abhängiger Beschäftigung oder zu Nicht-Beschäftigung bestimmt wird. Im Ergebnis wird dann diejenige Erwerbsform gewählt, die im Vergleich zu den relevanten Alternativen am vorteilhaftesten erscheint.

Für den Erklärungsgehalt dieses Ansatzes ist es von zentraler Bedeutung, worin jemand die Vor- und Nachteile einer bestimmten Erwerbsform sieht. Welche Bedeutung hat in dieser Hinsicht das zu erzielende Einkommen? Wie wichtig sind die Arbeitsumstände wie etwa Arbeitszeiten, Arbeitsort, körperliche Anstrengung sowie psychische Belastung? Welche Rolle spielen Machtbefugnisse und Handlungsautonomie? Wie bedeutend ist die Sicherheit, dass Arbeitsplatz und Einkommen erhalten bleiben? Welchen Einfluss haben die Karriereaussichten? Ohne eine konkrete Antwort auf diese Fragen bliebe der Ansatz weitgehend tautologisch.

Die Sichtweise, dass die Erwerbsform das Ergebnis einer Wahlentscheidung darstellt, ist allerdings nicht ganz unproblematisch. Dies gilt insbesondere für Personen, die von Arbeitslosigkeit betroffen sind. Hier hängt es auch vom Blickwinkel des Betrachters ab, ob Arbeitslosigkeit als freiwillig oder als unfreiwillig angesehen wird. Denn wenn jemand deshalb arbeitslos wird, weil das Unternehmen, in dem er abhängig beschäftigt ist, aufgrund wirtschaftlicher Probleme schließen muss, dann kann man zumindest bezweifeln, ob hier eine freiwillige Wahl stattgefunden hat; schließlich wurde die Arbeitslosigkeit durch Entscheidungen anderer Personen herbeigeführt. Eine pragmatische Herangehensweise an dieses Problem bestünde darin, nach der Dauer der Arbeitslosigkeit zu unterscheiden. Entsprechend wäre Arbeitslosigkeit aufgrund von unverschuldeter Entlassung zunächst als unfreiwillig anzusehen; ein längerer Verbleib in Arbeitslosigkeit könnte hingegen als freiwillige Entscheidung gewertet werden.

4.2 Das Grundmodell

Im Grundmodell des Occupational Choice ergibt sich die Entscheidung für oder gegen unternehmerische Selbstständigkeit durch einen Vergleich mit dem Netto-Nutzen in abhängiger Beschäftigung oder in Erwerbslosigkeit. Formal ausgedrückt lautet die Grundgleichung

$$p^* = g(\pi - w, Z).$$

Dabei gibt p^* die Wahrscheinlichkeit für unternehmerische Selbstständigkeit an, π ist der Netto-Nutzen aus unternehmerischer Tätigkeit und w ist der Netto-Nutzen, der in abhängiger Beschäftigung erzielt wird. Der Einfachheit halber wird im Folgenden zunächst unterstellt, dass sowohl der Gewinn aus unternehmerischer Tätigkeit als auch das Einkommen in abhängiger Beschäftigung rein pekuniäre Größen, also Geldeinheiten darstellen. Ein entsprechendes Maß, das auch den Aufwand an Arbeitszeit berücksichtigt, wäre der Gewinn bzw. das Arbeitseinkommen pro Arbeitsstunde. Z repräsentiert entscheidungsrelevante Faktoren, die nicht mit dem Geldeinkommen in Zusammenhang stehen, wie etwa ein höheres Maß an Autonomie und Selbstverwirklichung in unternehmerischer Selbstständigkeit.

Je stärker der in unternehmerischer Selbstständigkeit erzielbare Gewinn (π) das Einkommen in abhängiger Beschäftigung (w) übersteigt, desto höher ist die Wahrscheinlichkeit, dass jemand als Unternehmer tätig ist. Wenn die in den verschiedenen Erwerbsalternativen erzielbaren Einkommen sicher und einkommensunabhängige Faktoren unbedeutend sind (d. h. $Z = 0$), dann wird jemand als Unternehmer tätig sein, wenn $\pi > w$.

Weiterhin sei unterstellt, dass der Gewinn aus unternehmerischer Tätigkeit π von den unternehmerischen Fähigkeiten x einer Person abhängt, d. h. $\pi = \pi(x)$ mit $\pi'(x) > 0$. Nimmt man darüber hinaus an, dass der Lohn in abhängiger Beschäftigung nicht mit den unternehmerischen Fähigkeiten variiert, so erhält man den in ◻ Abb. 4.1 dargestellten Zusammenhang, der die Grundform eines bekannten Modells von *Robert Lucas* (1978) wiedergibt. Demnach werden Personen mit einem hohen Niveau an unternehmerischen Fähigkeiten dazu neigen, als Unternehmer tätig zu sein und Personen mit relativ geringen unternehmerischen Fähigkeiten als Beschäftigte einzustellen. In ◻ Abb. 4.1 kennzeichnet x den marginalen Unternehmer, der ein Einkommen gleich dem in abhängiger Beschäftigung erzielbaren Arbeitslohn realisiert ($\pi = w$), und gegenüber beiden Erwerbsformen indifferent ist.

In diesem Zusammenhang wird häufig unterstellt, dass die Beschäftigtenzahl eines Unternehmens positiv mit dem Niveau der Fähigkeiten des betreffenden Unternehmers verknüpft ist. Demnach führen dann die fähigsten Unternehmer auch die größten Unternehmen, während der marginale Unternehmer Solo-Entrepreneur, d. h. ohne abhängig Beschäftigte tätig ist.

Entsprechend diesen Überlegungen hängt die Anzahl der Unternehmer in einem Land bzw. in einer Region von den unternehmerischen Fähigkeiten der Bevölkerung sowie von den in den beiden Erwerbsalternativen erzielbaren Einkommen ab. Wenn alle anderen Umstände unverändert bleiben, dann ist die Anzahl der Unternehmer umso geringer, je höher die Einkommen sind, die in abhängiger Beschäftigung erzielt werden können. In diesem Modell wird unterstellt, dass eine ausreichende Anzahl an

4

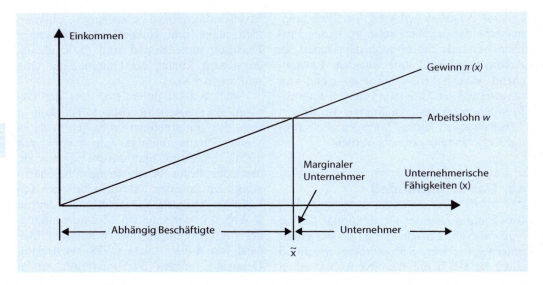

□ **Abb. 4.1**   Ein einfaches Modell der unternehmerischen Selbstständigkeit

unternehmerischen Gelegenheiten vorhanden ist. Entsprechend der Sichtweise von Joseph Schumpeter (siehe ▶ Abschn. 2.1) wird der Engpass weniger in den vorhandenen unternehmerischen Gelegenheiten als vielmehr in den unternehmerischen Fähigkeiten gesehen.

Lucas (1978) leitet aus seinem Modell die Hypothese ab, dass der Anteil der Unternehmer an den Erwerbstätigen im Zeitablauf sinkt, was – wie wir bereits aus dem vorherigen Kapitel wissen (siehe ▶ Abschn. 3.4) – der Entwicklung während der letzten Jahrzehnte in Deutschland wie auch in einer Reihe anderer Länder teilweise widerspricht. Lucas argumentiert wie folgt: Da über die Jahre immer mehr Kapital akkumuliert und kapitalintensiver produziert wird, werden die Arbeitnehmer auch entsprechend produktiver. Sofern sich – wovon die neoklassische Wirtschaftstheorie ausgeht – die Entlohnung der Arbeitnehmer an der Arbeitsproduktivität orientiert, müssen auch die Löhne ansteigen, sodass unternehmerische Selbstständigkeit im Vergleich zu einer abhängigen Beschäftigung immer weniger attraktiv wird.

Ein im Gegensatz zum *Lucas*-Modell zu verzeichnender Anstieg der Selbstständigenquoten könnte damit erklärt werden, dass eine Reihe von nicht-monetären Motiven für unternehmerische Selbstständigkeit, wie zum Beispiel Autonomiestreben und Wunsch nach Selbstverwirklichung, von vielen Menschen zunehmend stärker gewichtet werden. Es könnte auch sein, dass durch die praktischen Erfahrungen mit unternehmerischer Selbstständigkeit ein gesellschaftlicher Lernprozess stattfindet, durch den das Niveau der unternehmerischen Fähigkeiten in der Gesellschaft allgemein ansteigt.

4.3   Einige Erweiterungen des Grundmodells

Das Grundmodell des Occupational Choice stellt einen fruchtbaren Ausgangspunkt für viele Erweiterungen und Verfeinerungen dar. Eine wichtige Erweiterung des Modells besteht in der realitätsnahen Annahme, dass auch das Einkommen in abhängiger Beschäftigung mit den Fähigkeiten einer Person ansteigt; es gilt also $w = w(x)$ mit $w' > 0$. In diesem Falle weist auch die Kurve für das Lohneinkommen eine positive Steigung auf, und es hängt vom Verlauf der beiden Einkommenskurven ab, inwiefern sich bei einem bestimmten Fähigkeitsniveau ein Schritt in die Selbstständigkeit lohnt. Eine wichtige Frage in diesem Zusammenhang ist, welche Arten von Fähigkeiten für das Einkommen in abhängiger Beschäftigung und für den Gewinn als Unternehmer relevant sind. Handelt es sich hier um die gleichen Fähigkeiten oder sind in beiden Erwerbsarten jeweils unterschiedliche Qualifikationen wichtig? In dieser Hinsicht wird etwa die Hypothese vertreten, dass man als Unternehmer eher Generalist sein muss und eine Vielzahl an unterschiedlichen Kenntnissen benötigt, während sich das Einkommen als Mitarbeiter in einem Unternehmen eher an den Spezialkenntnissen orientiert (ausführlicher hierzu ▶ Abschn. 5.2.2).

Eine andere wichtige Erweiterung des Grundmodells ergibt sich dann, wenn man die Annahme aufgibt, dass die unternehmerischen Fähigkeiten fest vorgegeben und vor der Gründung bekannt sind. Deutlich realistischer ist es zu unterstellen, dass die (potenziell) Selbstständigen unsicher über ihre unternehmerischen Fähigkeiten sind und erst im Verlauf der unternehmerischen Tätigkeit lernen, wie gut sie zum Führen eines Unternehmens in der Lage sind. Plausibel wäre in diesem Zusammenhang auch die Annahme, dass ein Teil der unternehmerischen Fähigkeiten im Verlauf der Geschäftstätigkeit im Sinne eines *learning by doing* erworben wird. Übertragen auf das in ▣ Abb. 4.1 dargestellte Grundmodell bedeutet dies, dass jemand nach erfolgter Gründung auf der horizontalen Achse mit der Zeit weiter rechts platziert ist, weil seine unternehmerischen Fähigkeiten durch Lernen während der selbstständigen Tätigkeit zunehmen. Dies impliziert, dass der erzielte Gewinn mit der Zeit ansteigt und das entsprechende Unternehmen wächst.

Die Annahme, dass die Einkommenserzielungsmöglichkeiten in unternehmerischer Tätigkeit allein von den unternehmerischen Fähigkeiten abhängen, stellt eine wesentliche Vereinfachung dar, mit der von den relevanten Rahmenbedingungen abstrahiert wird. Tatsächlich sind die Möglichkeiten zur Einkommenserzielung als Unternehmer wesentlich von institutionellen Gegebenheiten geprägt, wie etwa den geltenden steuerlichen Regelungen, dem Wettbewerbsrecht und dem Arbeitsrecht. Übertragen auf das in ▣ Abb. 4.1 dargestellte Grundmodell bestimmen solche institutionellen Faktoren die Steigung der Geraden für den Gewinn aus unternehmerischer Tätigkeit. Je günstiger diese Rahmenbedingungen, desto steiler verläuft diese Gerade. Bei einem stärkeren Anstieg der Gewinn-Geraden schneidet sie die Gerade für den Arbeitslohn aus abhängiger Beschäftigung weiter links, was bedeutet, dass unternehmerische Selbstständigkeit nun für einen größeren Anteil der Erwerbsbevölkerung vorteilhaft ist.

Auch die Entstehung von besonders profitablen unternehmerischen Gelegenheiten würde in dem Modell zu einer stärkeren Steigung der Gewinn-Geraden und einem größeren Anteil an unternehmerisch tätigen Personen führen. Eine bloße Vermehrung der Anzahl unternehmerischer Gelegenheiten hat in diesem Grundmodell hingegen solange keinen Einfluss auf das Niveau der unternehmerischen Selbstständigkeit, wie die Geraden für die beiden Einkommensalternativen hiervon unberührt bleiben.

Ein wichtiger Einwand gegen das dargestellte Grundmodell des Occupational Choice besteht darin, dass Unsicherheit über den Gewinn aus unternehmerischer Tätigkeit und damit auch das Risiko eines Scheiterns des Unternehmens ausgeklammert bleibt. Damit kommen die Risikopräferenzen der potenziellen Gründer ins Spiel. In entsprechenden Erweiterungen des Grundmodells wird unterstellt, dass der Gewinn aus Unternehmertätigkeit mit einem höheren Maß an Unsicherheit behaftet ist als das Einkommen aus abhängiger Beschäftigung. Weiterhin nimmt man in der Regel an, dass die Menschen unterschiedliche Risikopräferenzen haben bzw. in unterschiedlicher Weise dazu in der Lage sind, Unsicherheit zu akzeptieren. In der eingangs angeführten Gleichung kann dies dadurch berücksichtigt werden, dass die Funktion $g(.)$ nun nicht mehr in deterministischer Weise bestimmte Einkommens- bzw. Gewinnniveaus angibt, sondern nur entsprechende Wahrscheinlichkeiten; Z beschreibt dann u. a. die individuelle Risikopräferenz. In einem solchen Modellrahmen werden vor allem solche Personen Unternehmen gründen, die über eine relativ hohe Risikotragfähigkeit verfügen, während besonders risikoscheue Personen es vorziehen, in möglichst sicherer abhängiger Beschäftigung zu verbleiben (ausführlicher zu Risikopräferenzen von Gründern ▶ Abschn. 5.3).

In einem bekannten Modell, das die Bedeutung der Risikopräferenzen analysiert, kommen *Kihlstrom* und *Laffont* (1979) zu dem Ergebnis, dass Personen mit einer relativ hohen Risikotragfähigkeit tendenziell auch relativ große Unternehmen führen. Als eine weitere Determinante des Niveaus unternehmerischer Selbstständigkeit in einer Gesellschaft wird in diesem Modell das Vorhandensein von Möglichkeiten zur Risikoteilung, wie z. B. Märkte für Beteiligungskapital oder Möglichkeiten zur Versicherung von Risiken, herausgearbeitet. Die Existenz solcher Möglichkeiten der Aufteilung von Risiken führt dazu, dass ein größerer Anteil der Erwerbsbevölkerung dazu willens und in der Lage ist, die mit unternehmerischer Selbstständigkeit verbundenen Risiken auf sich zu nehmen. Auch Regelungen, die das Scheitern als Unternehmer betreffen, wie z. B. die Bestimmungen des Insolvenzrechts, sind in diesem Zusammenhang relevant.

Neben der Bereitschaft und Fähigkeit zum Tragen von Risiken hat die psychologische Forschung eine Reihe von weiteren Persönlichkeitsmerkmalen wie z. B. Extraversion und Offenheit für Erfahrungen identifiziert (siehe ▶ Abschn. 5.3), die für eine erfolgreiche Tätigkeit als Unternehmer von Bedeutung sind und die Neigung zu unternehmerischer Selbstständigkeit u. U. erhöhen. Ein weiteres Bindeglied zwischen persönlichen Eigenschaften und Occupational Choice kann in solchen Merkmalen bzw. Fähigkeiten gesehen werden, die es jemandem ermöglichen, vorhandene unternehmerische Gelegenheiten als solche zu erkennen. Im Grundmodell können solche Eigenschaften sowohl als unternehmerische Fähigkeiten x als auch durch den Vektor der entscheidungsrelevanten Eigenschaften Z abgebildet werden.

Eine wichtige Frage ist, auf welche Weise sich die für die Gründungsentscheidung relevanten persönlichen Eigenschaften und Fähigkeiten herausbilden bzw. wie sie erworben werden. In diesem Zusammenhang kann man wohl davon ausgehen, dass Ausbildung und Berufserfahrung eine wesentliche Quelle der unternehmerischen Fähigkeiten darstellen. Darüber hinaus gibt es deutliche Hinweise darauf, dass Vorbildeffekte in der Familie und in sozialen Netzwerken (Peer-Effekte) eine signifikante Rolle spielen. Inwiefern hier auch genetischer Vererbung eine Bedeutung zukommt, ist noch weitgehend unklar (hierzu ▶ Abschn. 5.4.2).

Da das Einkommen, das in einer bestimmten Erwerbsform erzielt werden kann, die finanzielle Grundlage für die Lebenshaltung darstellt, spielt es für die Gründungsentscheidung eine wichtige, häufig die zentrale Rolle. Es ist aber in vielen Fällen nicht das einzige Motiv für unternehmerische Selbstständigkeit. Weitere wichtige Aspekte, die für eine Tätigkeit als Unternehmer sprechen können, sind etwa ein hohes Maß an Selbstbestimmung und Zeitsouveränität („sein eigener Chef sein") sowie die Möglichkeit zur Umsetzung eigener Ideen. Mit solchen vom Einkommen unabhängigen Motiven könnte erklärt werden, warum Personen in unternehmerischer Selbstständigkeit verbleiben, obwohl sie in abhängiger Beschäftigung ein höheres Einkommen erzielen könnten (ausführlicher hierzu ▶ Abschn. 10.1). Empirische Studien finden regelmäßig, dass Selbstständige unabhängig von ihrem Einkommen einen höheren Grad an Lebens- und Arbeitszufriedenheit aufweisen, was dann oftmals mit Selbstbestimmung und Zeitsouveränität erklärt wird.

Viele Autoren sind der Ansicht, dass die Bedeutung des Geld-Einkommens im Vergleich zu nicht-pekuniären Vorteilen unternehmerischer Selbstständigkeit mit steigendem Niveau des Geld-Einkommens abnimmt. Die wesentliche Begründung für diese Vermutung besteht in der Vorstellung, dass die Befriedigung der Bedürfnisse einer Hierarchie folgt, wobei immaterielle Bedürfnisse erst dann in den Vordergrund rücken, wenn die materiellen Grundbedürfnisse in befriedigender Weise abgedeckt sind. Entsprechend ist zu vermuten, dass Entrepreneurship aus finanzieller Not (Necessity Entrepreneurship) für Personen mit einem niedrigen Einkommensniveau bzw. in armen Ländern eine relativ große Rolle spielt, wohingegen unter relativ gut verdienenden Personen bzw. in wohlhabenden Ländern die Bedeutung von Opportunity Entrepreneurship dominiert.

Holmes und *Schmitz* (1990) behandeln den Zusammenhang zwischen unternehmerischen Fähigkeiten und der Qualität von Gründungen. In Anlehnung an *Schumpeter* gehen die Autoren davon aus, dass die unternehmerischen Gelegenheiten exogen vorgegeben sind. In ihrem Modell sind es die relativ fähigen Unternehmer, welche die besonders erfolgversprechenden unternehmerischen Gelegenheiten erkennen und dann auch mit relativ hoher Wahrscheinlichkeit erfolgreich umsetzen. Demgegenüber betreiben die weniger fähigen Unternehmer eher Routine-Entrepreneurship im Sinne *Kirzner*s (siehe ▶ Abschn. 2.1).

Dementsprechend stellen die unternehmerischen Fähigkeiten der Erwerbsbevölkerung die zentrale Determinante für die Qualität der Gründungen dar.

4.4 Zusammenfassung: Was die Theorie erklärt – und was nicht

Die Theorie des Occupational Choice versucht, die individuelle Entscheidung für oder gegen unternehmerische Selbstständigkeit zu erklären. Indem diese Theorie die Person des Gründers bzw. Unternehmers in das Zentrum der Betrachtung stellt, bietet sie sich insbesondere auch als wesentliche Grundlage für politische Maßnahmen an, mit denen versucht wird, Art und Ausmaß an unternehmerischer Selbstständigkeit zu beeinflussen (hierzu ▶ Kap. 12).

Theorien und Modelle stellen eine Vereinfachung der Realität dar. Der Sinn und Zweck solcher Vereinfachungen besteht darin, uns bei der Erfassung und der gedanklichen Durchdringung von realen Phänomenen zu helfen, indem wichtige Dinge hervorgehoben werden, unwichtige Aspekte hingegen ausgeblendet bleiben. Ausgehend von einem einfachen Kalkül der individuellen Vorteilhaftigkeit von unternehmerischer Selbstständigkeit im Vergleich zu abhängiger Beschäftigung bzw. Arbeitslosigkeit, zeigt der Ansatz des Occupational Choice zentrale Zusammenhänge auf. Wie sich gezeigt hat, kann das einfache Grundmodell durch verschiedene Modifikationen und Erweiterungen an die Realität angenähert werden.

Bei der Behandlung der verschiedenen Varianten des Modells des Occupational Choice ergaben sich deutliche Hinweise auf Fragen, die bisher nicht in befriedigender Weise beantwortet werden können und die durch die Forschung weiter zu klären sind. Hierbei sind insbesondere die folgenden vier Bereiche hervorzuheben:

4

- Ein zentraler Bereich, in dem Klärungsbedarf besteht, betrifft die Frage, was genau die im Rahmen des Occupational Choice relevanten unternehmerischen Fähigkeiten ausmacht (siehe hierzu ▶ Kap. 5). Inwieweit unterscheiden sich die für die erfolgreiche Tätigkeit als Unternehmer relevanten Fähigkeiten von den Qualifikationen, die für eine erfolgreiche Tätigkeit als abhängig Beschäftigter wichtig sind? Inwiefern unterscheiden sich die relevanten unternehmerischen Fähigkeiten nach dem Geschäftsfeld eines Unternehmens (z. B. entsprechend der Branche)?

- Ein zweiter wichtiger Bereich für Weiterentwicklungen des Modells betrifft die Entstehung der unternehmerischen Persönlichkeitsmerkmale und Fähigkeiten. Welche Faktoren begünstigen oder hemmen die Herausbildung von unternehmerischen Fähigkeiten? Welche Rolle spielen hierbei Faktoren im persönlichen und regionalen Umfeld einer Person? Inwieweit sind unternehmerische Einstellung und unternehmerische Fähigkeiten auch durch genetische Faktoren bedingt? Inwieweit bilden sich die unternehmerischen Einstellungen und Fähigkeiten während der Tätigkeit in unternehmerischer Selbstständigkeit heraus? Und, nicht zuletzt, was bestimmt die Fähigkeit, die vorhandenen unternehmerischen Gelegenheiten zu erkennen?

- Ein dritter Bereich ist die genauere Spezifikation derjenigen für den Occupational Choice relevanten Faktoren, die nicht mit dem Geld-Einkommen in Zusammenhang stehen. Dies umfasst diejenigen Einflüsse, die im Grundmodell in dem Symbol Z zusammengefasst sind, wie zum Beispiel Autonomie und Selbstverwirklichung. Was sind die wesentlichen Elemente unter diesen nicht-pekuniären Faktoren? Welche Bedeutung haben welche dieser nicht-pekuniären Bestimmungsgründe des Occupational Choice im Vergleich zum pekuniären Einkommen (siehe ▶ Abschn. 10.1)? Wie variiert die Gewichtung dieser beiden Arten von Einflussgrößen mit der Höhe des pekuniären Einkommens und mit dem gesellschaftlichen Wohlstandsniveau?

- Schließlich ist, viertens, der Einfluss der institutionellen, sektoralen und regionalen Rahmenbedingungen genauer zu klären. Dies ist insbesondere deshalb wichtig, weil die Ausgestaltung dieser Rahmenbedingungen einen wesentlichen Ansatzpunkt für die Entrepreneurship-Politik darstellt. So stellt sich zum einen die Frage nach der relativen Bedeutung der Rahmenbedingungen. Sind die z. T. ganz erheblichen Unterschiede im Niveau von Entrepreneurship zwischen Ländern und Regionen (siehe ▶ Abschn. 3.5 und 3.6) eher auf die Rahmenbedingungen oder mehr auf die unternehmerischen Neigungen und Fähigkeiten der Bevölkerung zurückzuführen? Zum anderen ist zu klären, welche Rahmenbedingungen sich besonders günstig auf das Niveau von Entrepreneurship auswirken, indem sie zu einem relativ starken Anstieg der Gewinn-Kurve (vgl. ◻ Abb. 4.1) führen.

Einen für den Occupational Choice u. U. wesentlichen Bereich der Rahmenbedingungen stellt die Art und Anzahl der verfügbaren unternehmerischen Gelegenheiten dar. Während das Modell des Occupational Choice unterstellt, dass die unternehmerischen Gelegenheiten in ausreichendem Maße vorhanden sind und keinen Engpass darstellen, deuten räumlich differenzierte Analysen darauf hin, dass das Niveau unternehmerischer Selbstständigkeit in einer Region wesentlich von dem in der Region vorhandenen Wissen und den sich daraus ergebenden unternehmerischen Gelegenheiten beeinflusst wird. Dies beinhaltet letztendlich die Frage, inwiefern die

Schaffung unternehmerischer Gelegenheiten (etwa durch Förderung von F&E-Aktivitäten) einen relevanten Ansatzpunkt für die Entrepreneurship-Politik darstellt (siehe hierzu auch ▶ Abschn. 8.2).

Eine wichtige Weiterentwicklung des Modells wäre die Differenzierung zwischen verschiedenen Arten von Entrepreneurship, wie z. B. zwischen produktivem vs. unproduktivem, innovativem vs. imitativem, Opportunity vs. Necessity Entrepreneurship. Ausgangspunkt hierbei wäre die Hypothese, dass die Wirkungen der Rahmenbedingungen auf die verschiedenen Arten von Entrepreneurship sehr unterschiedlich ausfallen können. Sinnvoll könnte auch sein, zwischen verschiedenen Arten von Unternehmensgründungen zu unterscheiden, also etwa zwischen dem Aufbau eines neuen Unternehmens und der Übernahme eines bestehenden Unternehmens. Wichtig wäre wahrscheinlich auch die Unterscheidung zwischen der Tätigkeit als Unternehmer mit abhängig Beschäftigten im Vergleich zu einem Solo-Entrepreneur, beispielsweise der freiberuflichen Tätigkeit.

Schließlich soll nicht unerwähnt bleiben, dass die Behandlung des Occupational Choice als einen einstufigen Wahlakt eine starke Vereinfachung gegenüber der Realität darstellt. Tatsächlich ist die Gründung eines eigenen Unternehmens in aller Regel das Ergebnis einer Abfolge mehrerer bewusster, wie wahrscheinlich auch unbewusster Entscheidungen. Bevor sich jemand tatsächlich unternehmerisch selbstständig macht, ist er häufig erst einmal mehr oder weniger *gründungsinteressiert* und dann Nascent Entrepreneur. Occupational Choice ist ein dynamischer Prozess und die eigentliche Gründungsentscheidung ist ein Teil dieses Prozesses.

Das Modell des Occupational Choice bietet einen guten Ausgangspunkt zur Beantwortung der Frage: „Wieso wird jemand Unternehmer und wieso bleibt jemand in abhängiger Beschäftigung?" Damit stellt es insbesondere eine geeignete Grundlage

für entsprechende Maßnahmen der Wirtschaftspolitik dar. Die in den folgenden Kapiteln präsentierten empirischen Befunde zu Merkmalen von Gründern und Gründungen sowie zu Einflüssen des regionalen und sektoralen Umfeldes zeigen Ansatzpunkte für wesentliche Weiterentwicklungen des Modells des Occupational Choice auf.

4.5 Wesentliche Begriffe zu Kap. 4

- Abhängige Beschäftigung
- Arbeitslosigkeit
- Einkommen
- Gewinn
- Institutionelle Rahmenbedingungen
- Nicht-pekuniäre Faktoren
- Peer-Effekte
- Occupational Choice
- Persönliche Charakteristika
- Risikoneigung
- Selbstverwirklichung
- Unsicherheit
- Unternehmerische Fähigkeiten
- Unternehmerische Selbstständigkeit

Literaturhinweise

Als ein früher Vertreter der Sicht der Erwerbsform als Ergebnis einer freiwilligen Wahlhandlung gilt der Arbeitsmarktökonom *Frank Knight* (1921). Die Darstellung des Grundmodells des Occupational Choice orientiert sich an *Parker* (2007). *Parker* (2018) gibt einen differenzierten Überblick über die wesentlichen Ansätze, wie etwa die Modelle von Lucas (1978), von *Holmes* und *Schmitz* (1990) sowie von *Kihlstrom* und *Laffont* (1979). Der Ablauf des Entscheidungsprozesses für unternehmerische Selbstständigkeit ist im Rahmen von sogenannten PSED-Studien (Panel Study of Entrepreneurial Dynamics) für eine Reihe von Ländern eingehend empirisch untersucht worden. Zu einem Überblick über PSED-Studien siehe *Davidsson* und *Gordon* (2012).

4

Weiterführende Literatur

Davidsson, Per und Scott R. Gordon (2012): Panel studies of new venture creation: a methods-focused review and suggestions for future research. *Small Business Economics*, 39, 853–876. ► https://doi.org/10.1007/s11187-011-9325-8

Holmes, Thomas und James A. Schmitz (1990): A Theory of Entrepreneurship and Its Application to the Study of Business Transfers. *Journal of Political Economy*, 98, 265–294. ► https://doi.org/10.1086/261678

Kant, Immanuel (1781/2004): *Kritik der reinen Vernunft*. Riga 1781: Hartknoch / Frankfurt am Main 2004: Suhrkamp.

Kihlstrom, Richard E. und Jean-Jaques Laffont (1979): A General Equilibrium Entrepreneurial Theory of Firm Formation Based on Risk Aversion. *Journal of Political Economy*, 87, 719–748. ► https://doi.org/10.1086/260790

Knight, Frank H. (1921): *Risk, Uncertainty and Profit*. New York: Houghton Mifflin.

Lewin, Kurt (1951): Problems of Research in Social Psychology. In D. Cartwright (Ed.): *Field Theory in Social Science; Selected Theoretical Papers*, New York: Harper & Row.

Lucas, Robert E. (1978): On the Size Distribution of Business Firms. *Bell Journal of Economics*, 9, 508–523. ► https://doi.org/10.2307/3003596

Parker, Simon (2007): Entrepreneurship as Occupational Choice. In Maria Minniti (ed.), *Entrepreneurship: The Engine of Growth*. Vol. 1, Westport (Conn.): Praeger, 81–100.

Parker, Simon (2018): *The Economics of Entrepreneurship*. 2nd ed., Cambridge: Cambridge University Press. ► https://doi.org/10.1017/9781316756706

Unternehmerische Fähigkeiten von Gründern

Inhaltsverzeichnis

5.1   Was sind unternehmerische Fähigkeiten? – 52

5.2   Gründungen und Qualifikation des Gründers – 53
5.2.1   Qualifikationsniveau – 53
5.2.2   Die Struktur der Qualifikationen (*Skill Balance*) – 54

5.3   Die unternehmerische Persönlichkeit: Für eine
        Gründung förderliche Persönlichkeitsmerkmale – 55

5.4   Wie entstehen unternehmerische Fähigkeiten? – 57
5.4.1   Der Transfer der Gründungsneigung zwischen den
        Generationen – 58
5.4.2   Genetische Faktoren, Erziehung und Familie – 59
5.4.3   Ausbildung und Beruf – 59
5.4.4   Gesellschaftliches Umfeld – 60

5.5   Was fördert und prägt das Erkennen
        unternehmerischer Gelegenheiten? – 62

5.6   Zusammenfassung wesentlicher Ergebnisse – 63

5.7   Wesentliche Begriffe zu Kap. 5 – 63

        Literaturhinweise – 64

        Weiterführende Literatur – 64

© Der/die Autor(en), exklusiv lizenziert durch Springer Fachmedien Wiesbaden GmbH, ein Teil von
Springer Nature 2021
M. Fritsch und M. Wyrwich, *Entrepreneurship*,
https://doi.org/10.1007/978-3-658-34637-9_5

5

Wesentliche Fragestellungen
- Was sind unternehmerische Fähigkeiten? Welche Komponenten der unternehmerischen Fähigkeiten lassen sich unterscheiden?
- Welche Arten von Qualifikationen sind für die unternehmerischen Fähigkeiten wichtig?
- Gibt es unternehmerische Persönlichkeitsmerkmale?
- Wie kommen unternehmerische Fähigkeiten zustande? Welchen Einfluss haben genetische Vererbung, Sozialisation, Ausbildung und Berufserfahrung auf die unternehmerischen Fähigkeiten?
- Inwiefern werden die unternehmerischen Fähigkeiten durch das persönliche Umfeld geprägt?

Im Modell des Occupational Choice (siehe ▶ Kap. 4) kommt den unternehmerischen Fähigkeiten einer Person die Schlüsselrolle für die Wahl der Erwerbsform zu. In diesem Kapitel wird erläutert, worin unternehmerische Fähigkeiten bestehen und welche Faktoren zu ihrer Entwicklung beitragen. Dabei wird Entrepreneurship als Prozess aufgefasst. Diese dynamische Sichtweise berücksichtigt die Tatsache, dass die Fähigkeit und die Bereitschaft zu unternehmerischer Selbstständigkeit in der Regel nicht plötzlich von heute auf morgen entstehen. Vielmehr entwickeln sie sich über längere Zeiträume auf der Grundlage von Veranlagungen, Ausbildung, Erfahrungen sowie gegebenenfalls auch angesichts von aufkommenden Notwendigkeiten, wie etwa dem Fehlen einer alternativen Erwerbsmöglichkeit.

Im Folgenden wird zunächst der Begriff der unternehmerischen Fähigkeiten näher erläutert (▶ Abschn. 5.1). Dabei lassen sich zwei wesentliche Komponenten unterscheiden. Zum einen handelt es sich dabei um die Qualifikationen einer Person im Sinne von Wissen und erlernten Fertigkeiten (kognitiven Fähigkeiten), die während der Erziehung, der Ausbildung und der praktischen

Tätigkeit erworben werden. Zum anderen sind es bestimmte Persönlichkeitsmerkmale (nicht-kognitive Fähigkeiten), wie etwa die Risikoneigung. Die unternehmerischen Fähigkeiten ergeben sich dann aus dem Zusammenspiel dieser beiden Komponenten. ▶ Abschn. 5.2 behandelt die für eine erfolgreiche Gründung erforderlichen Qualifikationen und ▶ Abschn. 5.3 stellt die für eine unternehmerische Tätigkeit förderlichen Persönlichkeitsmerkmale vor. ▶ Abschn. 5.4 geht der Frage nach, wie die Herausbildung von unternehmerischen Fähigkeiten erklärt werden kann. Dabei werden insbesondere Einflüsse von Veranlagung, Erziehung und Sozialisation auf die Gründungsneigung beleuchtet. Schließlich wird gefragt, welche Faktoren das Erkennen und Ergreifen von unternehmerischen Gelegenheiten (Opportunity Recognition) beeinflussen (▶ Abschn. 5.5). ▶ Abschn. 5.6 fasst die wesentlichen Ergebnisse dieses Kapitels zusammen.

5.1 Was sind unternehmerische Fähigkeiten?

Es lassen sich zwei wesentliche Komponenten der unternehmerischen Fähigkeiten unterscheiden, nämlich Qualifikationen und Persönlichkeitsmerkmale (siehe ◻ Abb. 5.1). Qualifikation umfasst das erlernte Wissen und die erlernten Fertigkeiten, was häufig

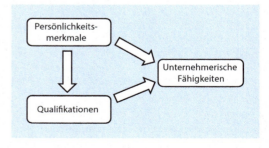

◻ **Abb. 5.1** Persönlichkeit und Qualifikationen als Determinanten unternehmerischer Fähigkeiten

auch als kognitive Fähigkeiten bezeichnet wird. Die Persönlichkeitsmerkmale bzw. die nicht-kognitiven Fähigkeiten – zum Beispiel Extraversion, Gewissenhaftigkeit und Risikoneigung – haben einen wesentlichen Einfluss auf die Interessen, die jemand entwickelt, wie zum Beispiel die Beschäftigung mit Naturwissenschaften, Wirtschaft und Management, künstlerische Tätigkeit etc. Diese Interessen haben Auswirkungen auf das, was die betreffende Person gerne lernen will bzw. als Qualifikation nachfragt. Darüber hinaus haben die Persönlichkeitsmerkmale einen Einfluss darauf, auf welche Weise sich jemand eine bestimmte Qualifikation aneignet und wieviel Aufwand hierfür erforderlich ist. Schließlich können sich die Persönlichkeitsmerkmale auch darauf auswirken, wie die erworbenen Qualifikationen eingesetzt werden, also zum Beispiel, welchen Beruf jemand ergreift und/ oder welche Erwerbsform die Person wählt. Sind bestimmte unternehmerische Persönlichkeitsmerkmale wie etwa Risikotragfähigkeit und Extraversion relativ schwach ausgeprägt, dann verringert dies die Wahrscheinlichkeit dafür, dass jemand ein Unternehmen gründet und die erworbenen Qualifikationen im Rahmen unternehmerisch selbstständiger Tätigkeit nutzt.

Während sich die Qualifikation einer Person durch den Lernprozess verändert, sind die Persönlichkeitsmerkmale – zumindest ab einem bestimmten Lebensalter – weitgehend konstant. Die unternehmerischen Fähigkeiten ergeben sich aus dem Zusammenspiel dieser beiden Komponenten.

5.2 Gründungen und Qualifikation des Gründers

5.2.1 Qualifikationsniveau

Die Gründung und das erfolgreiche Führen eines Unternehmens sind anspruchsvolle Tätigkeiten, die ein hohes Maß an Qualifikation erfordern. Misst man das Qualifikationsniveau mit dem höchsten erreichten Ausbildungsabschluss, so zeigt sich in der Regel, dass der Anteil der Selbstständigen mit dem Qualifikationsniveau ansteigt.[1] Dies könnte damit zusammenhängen, dass höher qualifizierte Personen ihre unternehmerischen Fähigkeiten höher einschätzen als geringer qualifizierte. Dabei wäre dann zu fragen, ob diese Selbsteinschätzung sachlich gerechtfertigt ist und, falls ja, welche Teilqualifikationen hier besonders relevant sind.

Eine weitere Erklärung könnte sein, dass relativ hoch qualifizierte Personen in der Regel auch ein vergleichsweise hohes Einkommen in abhängiger Beschäftigung beziehen und daher gute Möglichkeiten zur Vermögensbildung haben, was ihnen die Finanzierung eines Gründungsprojektes erleichtert. Allerdings kann sich ein relativ hohes Einkommen in abhängiger Beschäftigung auch als Gründungshemmnis erweisen, weil es das relativ sichere Einkommen darstellt, das ein Gründer mit dem Schritt in die Selbstständigkeit aufgibt (Opportunitätskosten). Die faktisch relativ hohe Gründungsneigung von höher Qualifizierten bedeutet, dass diese hohen Opportunitätskosten durch andere Faktoren überkompensiert werden, die positiv auf die Gründungsentscheidung wirken.

Der höchste erreichte Ausbildungsabschluss stellt allerdings ein recht unvollkommenes Maß für die qualifikatorische Komponente der unternehmerischen Fähigkeiten dar. Denn erfolgreiches Unternehmertum

---

1 So der Befund für Deutschland. Für einige andere Länder ist eher ein u-förmiger Zusammenhang zwischen Gründungsneigung und dem Niveau der formalen Qualifikation zu verzeichnen, d. h. die Gründungsneigung ist sowohl für Personen mit relativ geringem Qualifikationsniveau als auch für Personen mit hohen Ausbildungsabschlüssen relativ hoch. Für einen Überblick über diesen Zusammenhang siehe *Poschke* (2013).

erfordert in der Regel über einen bestimmten Ausbildungsabschluss hinaus auch praktische Erfahrungen in einem bestimmten Beruf bzw. Branchenumfeld. Dabei dürfte der *richtige Mix* von Qualifikationen wesentlich von den Charakteristika der betreffenden Branche abhängen.

Ein deutlicher Hinweis auf die Bedeutung von Qualifikationen jenseits formaler Ausbildungsabschlüsse kann in der Beobachtung gesehen werden, dass viele Unternehmensgründer vor dem Schritt in die Selbstständigkeit in Kleinunternehmen tätig waren. Die besondere Gründungsneigung von Beschäftigten in Kleinunternehmen wird unter anderem damit erklärt, dass diese Personen relativ häufigen direkten Kontakt mit dem Unternehmer als Rollenmodell haben, was es ihnen ermöglicht, unternehmerische Qualifikationen durch Anschauung zu erwerben. Ferner wird die relativ hohe Gründungsneigung von Beschäftigten in Kleinunternehmen auf die besondere Vielfalt der Tätigkeitsbereiche bzw. den geringen Spezialisierungsgrad der Arbeit zurückgeführt (ausführlicher hierzu ▶ Abschn. 6.3.2). Die Bedeutung der Qualifikationsvielfalt wird mit der Hypothese der Balanced Skills herausgearbeitet, die nachfolgend behandelt wird.

5.2.2   **Die Struktur der Qualifikationen (*Skill Balance*)**

Edward Lazear (2004, 2005) hat in seiner Theorie der *Balanced Skills* die Qualifikationsanforderungen an einen erfolgreichen Unternehmer im Vergleich zu den Anforderungen an einen abhängig Beschäftigten herausgearbeitet. Dabei lautet die Kernaussage dieses Ansatzes, dass eine erfolgreiche Gründung vielfältige Qualifikationen erfordert, während in abhängiger Beschäftigung eher Spezialkenntnisse gefragt sind. Entsprechend dieser *Jack of all*

Trades („Hansdampf in allen Gassen")-Hypothese sollten Gründer also Generalisten sein, die über eine Vielzahl unterschiedlicher Qualifikationen verfügen. Man bezeichnet die Struktur der Qualifikationen auch als *Skill Balance.*

Will ein Koch ein eigenes Restaurant eröffnen, so reicht es für den Erfolg seines Projektes nicht aus, dass er gut kochen kann. Darüber hinaus muss er auch dazu fähig sein,

- die entsprechenden Ressourcen (Kapital und eventuell Fördermittel) zu mobilisieren,
- geeignetes Personal zu finden und zu führen,
- Nahrungsmittel in geeigneter Qualität und zu einem günstigen Preis zu beschaffen,
- die Buchhaltung im Griff zu haben,
- Märkte und Konkurrenten zu analysieren,
- eine Speisekarte aufzustellen und Gäste für das Restaurant zu gewinnen.

Er kann für bestimmte Aufgaben zwar jeweils Spezialisten engagieren, an die er diese Aufgaben delegiert; die Aufgabe der Auswahl und der Führung dieser Spezialisten verbleibt aber in jedem Fall bei ihm.

Analog ist die Lage bei der Gründung eines innovativen Unternehmens durch einen Ingenieur. Grundproblem ist hier häufig das Fehlen kaufmännischer Kenntnisse (etwa in den Bereichen Kostenrechnung und Marketing), die für den Unternehmenserfolg unerlässlich sind. Eine Lösung für dieses Qualifikationsdefizit könnte in der Bildung eines Gründungsteams bestehen, in dem die wesentlichen Kenntnisse vertreten sind, also etwa eine gemeinsame Gründung eines Kaufmanns und eines Ingenieurs. Ein anderer Weg ist das Wahrnehmen von kombinierten Ausbildungsgängen, wie etwa das Studium des Wirtschaftsingenieurwesens, die sowohl technisch-naturwissenschaftliches Wissen als auch kaufmännische Kenntnisse vermitteln.

Formal lässt sich die Jack of all Trades-Hypothese wie folgt in einem einfachen Produktionsmodell darstellen. Dabei bezeichnen X_1 und X_2 spezifische Qualifikationen, also z. B. ingenieurwissenschaftliches und kaufmännisches Wissen. Als Angestellte in einem Unternehmen, insbesondere in einem Großunternehmen, das typischerweise durch ein hohes Maß an Arbeitsteilung gekennzeichnet ist, werden die Beschäftigten gemäß ihren Spezialkenntnissen entlohnt. Das Einkommen eines Spezialisten ergibt sich dann entsprechend der am stärksten ausgeprägten Qualifikation, also auf der Grundlage von X_1 oder X_2, d. h.

$$\text{Einkommen des Spezialisten} = \max[X_1, X_2].$$

Das Einkommen eines Gründers bzw. Selbstständigen wird hingegen durch den am schwächsten ausgeprägten Faktor begrenzt, also

$$\text{Einkommen des Entrepreneurs} = \lambda \min[X_1, X_2],$$

wobei der Faktor λ für den Marktwert der unternehmerischen Fähigkeiten steht. Der Koch oder der Ingenieur kann also nur dann als Unternehmer erfolgreich sein, wenn er auch über die entsprechenden kaufmännischen Kenntnisse verfügt. Ebenso muss der Kaufmann über weitere Fachkenntnisse verfügen, um ein Restaurant oder ein technologieorientiertes Unternehmen erfolgreich führen zu können. Ohne die passende Kombination von Kenntnissen besteht eine sehr hohe Gefahr des Scheiterns. Entsprechend diesem einfachen Modell, wäre die Gründung eines eigenen Unternehmens dann rational, wenn das erwartete Einkommen aus unternehmerischer Selbstständigkeit das erwartete Einkommen aus abhängiger Beschäftigung übersteigt, also wenn gilt

$$\lambda \min[X_1, X_2] > \max[X_1, X_2].$$

Empirische Untersuchungen weisen tatsächlich auf einen positiven Zusammenhang zwischen der Vielfalt an Qualifikationen einer Person und ihrer Gründungsneigung hin. Dabei ist natürlich von wesentlicher Bedeutung, dass die relevanten Qualifikationen bzw. Erfahrungsfelder zueinander passen müssen. Beispielsweise kann man davon ausgehen, dass technische Fähigkeiten und kaufmännisches Wissen häufig in einer Weise zueinander komplementär sind, die eine Gründung bzw. den Erfolg in unternehmerischer Selbstständigkeit begünstigen. Demgegenüber wäre beispielsweise die Kombination

von technischen Kenntnissen mit einer Ausbildung zum Konzertpianisten wohl nur in sehr eng begrenzten Geschäftsbereichen als komplementär für erfolgreiche unternehmerische Selbstständigkeit einzustufen.

5.3 Die unternehmerische Persönlichkeit: Für eine Gründung förderliche Persönlichkeitsmerkmale

Die psychologische Forschung hat gezeigt, dass bestimmte Persönlichkeitsmerkmale bei unternehmerisch tätigen Personen besonders stark ausgeprägt sind. Im Unterschied zu Qualifikationen, die sich durch Lernprozesse verändern, ist die Struktur der Persönlichkeitsmerkmale ab einem bestimmten Lebensalter relativ stabil. Allgemein werden folgende Persönlichkeitsmerkmale als förderlich für eine erfolgreiche Unternehmensgründung angesehen:

- Fähigkeit zum Tragen von Risiko,
- Kreativität,
- Selbstvertrauen,
- pro-aktive Handlungsbereitschaft,
- interne Kontrollüberzeugung,
- Eigenverantwortlichkeit,
- Leistungsmotivstärke,
- Stresstoleranz.

Zur Abbildung der Persönlichkeitsstruktur eines Menschen wurde das Konzept der *Big Five* entwickelt. Diesem Ansatz liegt die Annahme zugrunde, dass sich die Grundstruktur der Persönlichkeit eines Menschen mit fünf Merkmalen hinreichend erfassen lässt. Hierbei handelt es sich um:

- Offenheit für Erfahrungen,
- Extraversion (Außenorientierung),
- Gewissenhaftigkeit,
- Neurotizismus (geringe Belastbarkeit, emotionale Labilität) sowie
- Verträglichkeit im Sinne von geringer Konfliktbereitschaft.

Empirische Untersuchungen weisen darauf hin, dass sich die ersten drei dieser Big Five-Dimensionen, nämlich Offenheit für Erfahrungen, Extraversion und Gewissenhaftigkeit, positiv auf die Gründungsneigung einer Person auswirken. Demgegenüber scheinen Neurotizismus und geringe Konfliktbereitschaft eher einen negativen Einfluss auf die Gründungsneigung zu haben. Entsprechend wäre eine unternehmerische Persönlichkeitsstruktur durch hohe Werte für Offenheit für Erfahrungen, Extraversion und Gewissenhaftigkeit sowie geringe Ausprägungen für Neurotizismus und Verträglichkeit gekennzeichnet. Allerdings ist die Stärke des Einflusses der Persönlichkeitsmerkmale auf die Entscheidung für oder gegen unternehmerische Selbstständigkeit im Vergleich zu anderen Einflussfaktoren vergleichsweise gering. Es gibt auch Hinweise darauf, dass der Einfluss von einzelnen Persönlichkeitsmerkmalen auf die Gründungsentscheidung anders ausfällt als der Einfluss auf den Unternehmenserfolg.

Diese Zusammenhänge zwischen den Big Five Persönlichkeitsmerkmalen und erfolgreichem Unternehmertum lassen sich wie folgt plausibilisieren: Offenheit für Erfahrungen begünstigt den Entschluss, die Option der unternehmerischen Selbstständigkeit in die Tat umzusetzen. Außenorientierung ist für die Vermarktung erforderlich. Gewissenhaftigkeit begünstigt das rechtzeitige Abarbeiten der zu bewältigenden Aufgaben. Weiterhin erfordert das erfolgreiche Führen eines Unternehmens emotionale Stabilität (geringes Maß an Neurotizismus) sowie Konfliktfähigkeit (niedriges Maß an Verträglichkeit).

Da der Erfolg einer Unternehmensgründung mit einem hohen Maß an Unsicherheit verbunden ist, erweist sich für die Gründungsneigung auch die Fähigkeit zum Tragen von Risiken als bedeutend. Personen mit geringer Risikotragfähigkeit bzw. mit einem hohen Bedürfnis nach Sicherheit werden die Gründung eines eigenen Unternehmens bzw. unternehmerische Selbstständigkeit also eher vermeiden. Um einem möglichen Missverständnis vorzubeugen: Wenn hier von dem Erfordernis eines gewissen Maßes an Risikotragfähigkeit für eine Unternehmensgründung die Rede ist, dann geht es dabei nicht etwa darum, das Risiko gewissermaßen zu suchen. Empirische Untersuchungen zeigen klar, dass Unternehmer in aller Regel keine Spielernaturen oder Hasardeure sind. Wie fast alle Menschen sind sie eher vorsichtig und risikoscheu; allerdings sind sie tendenziell weniger risikoscheu als abhängig Beschäftigte und eher dazu bereit, kalkulierbare Risiken auf sich zu nehmen.

Es gibt eine Reihe von Möglichkeiten, die Risikopräferenzen von Menschen empirisch zu erfassen. Hinweise hierauf liefern der persönliche Fahrstil oder das Betreiben risikoreicher Sportarten. Bewährt hat sich in dieser Hinsicht auch die Frage danach, welchen Anteil eines bestimmten Betrages jemand bei vorgegebener Gewinnwahrscheinlichkeit in einer Lotterie einsetzen würde.

Menschen unterscheiden sich hinsichtlich ihres Umgangs mit Unsicherheit. Dabei bezeichnet Unsicherheit einen Zustand, in dem das Eintreten eines bestimmten Ereignisses nicht exakt vorausgesagt werden kann.

Die verschiedenen Typen von Risikopräferenzen lassen sich anhand von ◘ Abb. 5.2 veranschaulichen. Die Kurven stellen den Nutzen dar, den jemand aus einer Investition zieht, mit der er zusätzliches Einkommen erzielen kann, wobei Unsicherheit über die Höhe des hieraus tatsächlich fließenden Einkommens besteht; im schlimmsten Fall ist der Einsatz verloren. Risikoscheue Personen stellen diese Unsicherheit in Rechnung, indem sie beispielsweise einen Erwartungswert bilden und dabei den im Erfolgsfall zu erwartenden Ertrag mit der Eintrittswahrscheinlichkeit ($0 \leq$ Eintrittswahrscheinlichkeit ≤ 1) multiplizieren. Dabei nimmt der Nutzen, der einem Einkommenszuwachs beigemessen wird, mit ansteigendem Einkommensniveau ab, sodass die entsprechende Kurve – wie in ◘ Abb. 5.2 dargestellt – immer flacher verläuft. Risikoneutrale Personen ignorieren die Unsicherheit der Investition; für sie ist Einkommen gleich Nutzen. Personen, die aus der Unsicherheit einen Nutzen ziehen, der das möglicherweise zu erzielende Einkommen übersteigt, werden als risikofreudig klassifiziert.

In der Literatur herrscht keine vollständige Einigkeit darüber, inwiefern die Risikoneigung ein separates sechstes Persönlichkeitsmerkmal neben den Big Five darstellt oder ob sie sich als ein Resultat aus diesen Big Five-Charakteristika ergibt. Empirisch besteht jedenfalls zwischen den Big Five-Merkmalen und Maßen

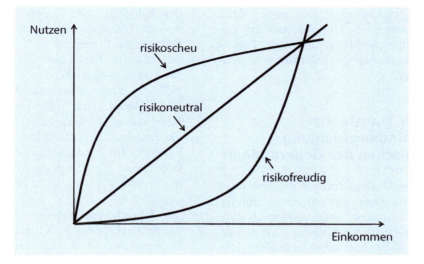

■ **Abb. 5.2**   Typen von Risikopräferenzen

für die Risikoneigung einer Person ein statistisch signifikanter Zusammenhang, sodass sich die Risikoneigung einer Person zu einem erheblichen Teil mit den Big Five erklären ließe bzw. die Big Five auf die Risikoneigung zurückgeführt werden können. Auf jeden Fall leistet die Risikoneigung – zusätzlich zu den Big Five – einen sehr deutlichen Erklärungsbeitrag bezüglich der Entscheidung für oder gegen unternehmerische Selbstständigkeit.

Verschiedene Untersuchungen haben gezeigt, dass Gründer dazu tendieren, die Erfolgsaussichten einer Gründung als zu hoch einzuschätzen. Dabei kann es zum einen sein, dass sie zum Überoptimismus neigen und generell die Wahrscheinlichkeit für ein Scheitern als unrealistisch niedrig einstufen. Zum anderen kann es sein, dass sie sich zwar der allgemeinen Wahrscheinlichkeit für ein Scheitern durchaus bewusst sind, sie aber ihre eigenen Fähigkeiten überschätzen und glauben, dass gerade sie nicht scheitern werden (Überzuversicht). Basierend auf der Annahme, dass Gründungen wachstumsfördernde Effekte haben (siehe hierzu ▶ Kap. 11), kann man dieser Überschätzung der eigenen Erfolgsaussichten durchaus eine gesellschaftspolitisch positive Wirkung zusprechen, denn würden alle

Gründer ihre Erfolgschancen vollkommen realistisch einschätzen, so wäre die Anzahl wachstumsfördernder Gründungen wahrscheinlich deutlich geringer als sie tatsächlich ist.

5.4 Wie entstehen unternehmerische Fähigkeiten?

Die Frage nach dem Zustandekommen unternehmerischer Fähigkeiten bzw. nach den relevanten Einflussfaktoren wurde besonders intensiv anhand der Übertragung der Neigung zu unternehmerischer Selbstständigkeit zwischen den Generationen, also von den Eltern auf ihre Nachkommen, diskutiert. ▶ Abschn. 5.4.1 fasst die empirischen Befunde hierzu zusammen. Daran anknüpfend behandelt ▶ Abschn. 5.4.2 den Einfluss von genetischen Faktoren und der Erziehung in der Familie. ▶ Abschn. 5.4.3 beschreibt die Bedeutung von Ausbildung und beruflichem Umfeld und in ▶ Abschn. 5.4.4 wird dann auf den Effekt des gesellschaftlichen Umfeldes eingegangen.

5

Wie sich zeigt, können eine ganze Reihe von Einflüssen des Umfelds auf die Persönlichkeitsentwicklung und den Erwerb unternehmerischer Qualifikationen identifiziert werden.

5.4.1 Der Transfer der Gründungsneigung zwischen den Generationen

Empirische Untersuchungen ergeben regelmäßig, dass Personen, bei denen mindestens ein Elternteil unternehmerisch tätig war, eine relativ hohe Neigung zu unternehmerischer Selbstständigkeit aufweisen. Dieser positive Zusammenhang ist umso stärker, je länger die unternehmerische Tätigkeit der Eltern andauerte und je größer der Unternehmenserfolg war. Am stärksten ist der Zusammenhang dann ausgeprägt, wenn beide Elternteile als Unternehmer tätig waren. War nur ein Elternteil unternehmerisch selbstständig, so ist die Gründungsneigung dann höher, wenn es sich dabei um den Vater handelt. Darüber hinaus wurde in einigen Untersuchungen auch ein positiver Zusammenhang mit einer unternehmerischen Tätigkeit der Großeltern aufgezeigt, unabhängig davon, ob auch die Eltern als Unternehmer tätig waren.

Eine mögliche Erklärung für eine Übertragung von Entrepreneurship zwischen Generationen besteht in der Vererbung eventuell relevanter genetischer Faktoren, also eines „Unternehmer-Gens". Neben einer solchen Vererbung (hierzu ▶ Abschn. 5.4.3) lassen sich fünf weitere mögliche Wege unterscheiden, auf denen ein Transfer der Neigung zu unternehmerischer Selbstständigkeit zwischen Generationen stattfinden kann. Im Einzelnen handelt es sich dabei um:

- die Übertragung von entrepreneurship-relevanten Persönlichkeitsmerkmalen, wie etwa dem Streben nach Autonomie und der Fähigkeit zum Tragen von Risiko, von den Eltern auf ihre Nachkommen im Rahmen der Erziehung.
- den Erwerb allgemeiner Geschäfts- und Management-Qualifikationen durch die Nähe zu einem Unternehmer (Peer-Effekt). Dieser „Peer"-Effekt wird in der Regel darauf zurückgeführt, dass die reale Anschauung unternehmerischer Tätigkeit in den Nachkommen den Wunsch oder sogar die Fähigkeit zu Unternehmertum fördert – und nicht etwa abschreckend wirkt!
- den Erwerb von branchen- oder unternehmensspezifischen Kenntnissen und Erfahrungen durch die Nachkommen, eventuell verbunden mit einem relativ leichten Zugang zu relevanten Netzwerken.
- die Unternehmensnachfolge, also die Weiterführung eines elterlichen Familienunternehmens durch die Nachkommen.
- die Bereitstellung günstiger Finanzierungsmöglichkeiten für eine Unternehmensgründung durch wohlhabende unternehmerisch tätige Eltern.

In entsprechenden Untersuchungen zeigt sich, dass der Transfer von Unternehmertum zwischen Generationen nur unwesentlich auf der Weitergabe eines Familienunternehmens an die nachfolgende Generation beruht. Die Höhe des Vermögens der Eltern hat zwar ebenfalls einen positiven Effekt, allerdings sind viele Unternehmer nicht wesentlich wohlhabender als abhängig Beschäftigte (ausführlich hierzu ▶ Abschn. 10.1), sodass dieser Einfluss ebenfalls nur relativ schwach ausgeprägt ist. Folglich muss der dominierende Effekt von den drei erstgenannten Faktoren ausgehen, also der Übertragung von Persönlichkeitsmerkmalen und/oder der Vermittlung von unternehmerischen Qualifikationen über das Vorbild unternehmerischer Selbstständigkeit (Peer-Effekt).

5.4.2 Genetische Faktoren, Erziehung und Familie

Es gibt unterschiedliche Ansichten dazu, inwieweit eine unternehmerische Persönlichkeit auf genetischer Veranlagung und somit auf Vererbung beruht. Die Identifikation eines solchen genetischen Einflusses auf die Entwicklung einer unternehmerischen Persönlichkeit ist unter anderem deshalb schwierig, weil dazu der Einfluss der Vererbung vom Einfluss der Erziehung im Elternhaus sowie von Einflüssen des sozialen Umfelds isoliert werden muss. Bisherige Untersuchungen haben beispielsweise versucht, den Effekt genetischer Vererbung auf die Gründungsneigung dadurch nachzuweisen, dass man die Karriereverläufe eineiiger Zwillinge verfolgt hat, die kurz nach der Geburt in verschiedenen Familien aufgewachsen sind. Dabei ergab sich ein positiver Effekt von unternehmerischer Selbstständigkeit der Adoptiveltern auf die spätere Gründungsneigung der Kinder, was angesichts der identischen genetischen Ausstattung eineiiger Zwillinge auf einen deutlichen Einfluss der Erziehung hinweist. Der Zusammenhang zwischen unternehmerischer Selbstständigkeit der leiblichen Eltern und der Gründungsneigung der in nicht-unternehmerischen Adoptivfamilien aufgewachsenen Kinder war hingegen wesentlich schwächer ausgeprägt (hierzu *Lindquist, Son* und *van Praag* 2015).

Untersuchungen zur Bedeutung des Erziehungsstils der Eltern weisen darauf hin, dass sich eine unterstützende und anregungsreiche Erziehung, die einerseits klare Grenzen aufzeigt, andererseits aber auch viele Entwicklungsoptionen bietet, über verschiedene Zwischenstationen letztendlich positiv auf die Herausbildung einer unternehmerischen Persönlichkeit auswirken kann. Wichtig ist dabei offensichtlich, dass den Kindern und Jugendlichen wesentliche Autonomiespielräume innerhalb klarer Regeln eingeräumt werden. Ein solcher Erziehungsstil kann dazu beitragen, Selbstvertrauen, Selbstständigkeit, Führungsstärke und ein Gefühl der Kontrolle zu entwickeln, was sich dann bereits in früher Kindheit und Jugend in entsprechendem Verhalten, wie z. B. der Übernahme von Führungsrollen in Schule und Freundeskreis niederschlagen kann. Weiterhin wurde festgestellt, dass spätere Unternehmer sich in ihrer Jugend eher etwas weniger angepasst verhalten und relativ häufig zu leichten Regelverstößen neigen als Personen, die als Erwachsene dann als abhängig Beschäftigte tätig sind.

5.4.3 Ausbildung und Beruf

Neben Elternhaus und Erziehung kann die Ausbildung in Schule und Hochschule sowie die Berufserfahrung eine wesentliche Bedeutung für die Herausbildung von unternehmerischen Fähigkeiten und damit auch für die Neigung zu unternehmerischer Selbstständigkeit haben. Dabei geht es neben der Vermittlung von bestimmten Qualifikationen insbesondere auch um die Stimulierung bestimmter Persönlichkeitsmerkmale wie beispielsweise die Neigung zu Eigeninitiative und Eigenverantwortlichkeit, zu Selbstkontrolle sowie den Mut und die Fähigkeit zur Umsetzung eigener Ideen.

Im Verlauf von Ausbildung und Karriere ergeben sich vielfache Wahlmöglichkeiten, sei es hinsichtlich der Entscheidung für ein bestimmtes Vertiefungsfach in der Schule, die Wahl der Fachrichtung eines Hochschulstudiums und/oder die Entscheidung für eine bestimmte Berufsausbildung. Es ist auf verschiedene Weise gezeigt worden, dass solche Wahlentscheidungen durch die Persönlichkeitsmerkmale geprägt sind. Ein besonders wichtiger Meilenstein in der Karriere einer Person ist die Berufswahl. Da bestimmte Berufsfelder durch mehr oder weniger häufige Gelegenheiten für unternehmerische Selbstständigkeit gekennzeichnet sind, stellt die Wahl eines bestimmten Berufes offenbar bereits eine gewisse Vorentscheidung für oder gegen spätere unternehmerische Tätigkeit dar.

Solche Unterschiede in den Gelegenheiten zu unternehmerischer Selbstständigkeit zwischen den Berufsfeldern schlagen sich etwa im Anteil der Selbstständigen in einem bestimmten Beruf nieder. So weisen beispielsweise Ingenieure, Mediziner, Künstler, Landwirte und die freien Berufe relativ hohe Selbstständigenquoten auf, während unternehmerische Selbstständigkeit bei Personen mit vorwiegend un- und angelernten Tätigkeiten, etwa in Bearbeitungsberufen oder in Sicherheitsberufen, relativ gering ausfällt. Auch in Sozialberufen ist der Anteil der unternehmerisch selbstständigen Personen nur unterdurchschnittlich hoch. Und: Wer die Sicherheit des öffentlichen Dienstes anstrebt, der weist in der Regel nur eine geringe Wahrscheinlichkeit dafür auf, irgendwann einmal ein eigenes Unternehmen zu gründen.

Solche berufsspezifischen Unterschiede im Anteil der Selbstständigen können auf eine Reihe unterschiedlicher Ursachen zurückzuführen sein. Mögliche Gründe sind etwa das Maß an berufsspezifischer Arbeitsplatzsicherheit, berufsspezifische Regulierungen (z. B. Voraussetzung der Meisterprüfung für die Eröffnung eines Handwerkbetriebes), Unterschiede zwischen den in Selbstständigkeit und in abhängiger Beschäftigung erzielbaren Einkommen sowie das berufsspezifische Qualifikationsprofil, das sich während der praktischen Berufstätigkeit entwickelt. Weiterhin können die Existenz standardisierter berufsspezifischer Rollenvorbilder in selbstständiger Tätigkeit (z. B. Arztpraxis, Rechtsanwalts- oder Steuerberater-Kanzlei) sowie eine geringe branchenübliche Mindestgröße für unternehmerische Selbstständigkeit in einem bestimmten Beruf förderlich sein.

5.4.4 Gesellschaftliches Umfeld

Die Persönlichkeitsmerkmale und die unternehmerischen Qualifikationen werden wesentlich durch das politische und ökonomische Umfeld sowie durch die institutionellen und sozialen Rahmenbedingungen geprägt. Hinsichtlich der institutionellen Rahmenbedingungen ist es sinnvoll, zwischen den formalen Regeln, wie zum Beispiel Gesetzen und Verordnungen, sowie den informellen Institutionen zu unterscheiden. Die informellen oder auch ‚weichen‘ Institutionen umfassen die ungeschriebenen Regeln des Umgangs miteinander sowie insbesondere auch die Werthaltungen der Bevölkerung, wie beispielsweise die Akzeptanz von privatem Unternehmertum, die Einstellung zu Individualismus, zu materiellen Werten und/oder zu Eigenvorsorge sowie zum Umfang der Staatätigkeit.

Einen wesentlichen Bestandteil der sozialen Rahmenbedingungen macht das vorhandene Sozialkapital aus. Dabei meint Sozialkapital die Häufigkeit und Qualität der sozialen Beziehungen der Menschen untereinander, was auch mit dem Begriff der sozialen Netzwerke umschrieben wird. Intensive soziale Beziehungen fördern nicht nur den Informations- und Wissenstransfer, sondern können insbesondere auch bei der Beschaffung der für eine Gründung erforderlichen Ressourcen hilfreich sein.

Entsprechende Untersuchungen zeigen, dass die für Entrepreneurship relevanten Umfeldbedingungen zwischen Ländern und Regionen sehr unterschiedlich ausfallen können. So lässt sich wohl ein wesentlicher Teil der regionalen Unterschiede im Niveau der Gründungtätigkeit und der unternehmerischen Selbstständigkeit auf das entsprechende räumliche Umfeld zurückführen (hierzu insbesondere auch ▶ Abschn. 8.6). Man kann sich den Effekt des regionalen Umfelds als eine Art Filter

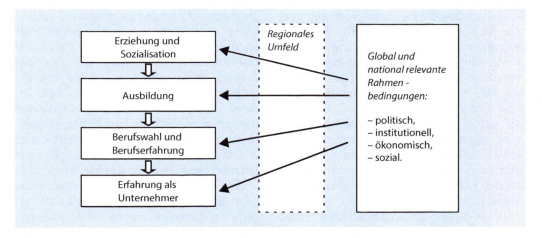

◘ Abb. 5.3　Einflussfaktoren auf die Entwicklung unternehmerischer Fähigkeiten

vorstellen, der einige der globalen und nationalen Rahmenbedingungen verstärkt, andere hingegen abschwächt (siehe hierzu ◘ Abb. 5.3). Dabei können sich diese Wirkungen des regionalen Umfelds auf sämtliche Phasen des unternehmerischen Prozesses erstrecken, von der Erziehung und Sozialisation über Ausbildung, Berufswahl und Berufserfahrung bis hin zur Entscheidung für oder gegen unternehmerische Selbstständigkeit.

Ein wesentlicher Wirkungsmechanismus, über den das soziale Umfeld prägend auf die Neigung zu unternehmerischer Selbstständigkeit wirkt, sind die Vorbild- bzw. Peer-Effekte, die durch die direkte Anschauung von Unternehmertum entstehen. Wenn jemand sieht, was ein Unternehmer tut, wie er handelt, wie er auf Probleme reagiert und wie er entscheidet, dann kann dies die Neigung dieser Person stimulieren, selbst unternehmerisch tätig zu sein. Solche Peer-Effekte, spielen sehr wahrscheinlich für die Übertragung einer unternehmerischen Einstellung bzw. der Gründungsneigung von Eltern auf ihre Nachkommen eine wichtige Rolle (▶ Abschn. 5.4.2).

Mit den Peer-Effekten, die sich aus direktem Kontakt mit einem Unternehmer ergeben, wird auch die besondere Gründungsneigung von Beschäftigten in Kleinunternehmen erklärt (hierzu ▶ Abschn. 6.3.2), wie auch die Beobachtung, dass Personen, deren Kollegen ein Unternehmen gegründet haben oder deren Freunde unternehmerisch tätig sind, eine relativ hohe Gründungsneigung aufweisen. Entrepreneurship hat also die Tendenz, über den Weg der direkten Anschauung gewissermaßen überzuschwappen und somit andere Personen zu „infizieren".

Infolge der begrenzten räumlichen Mobilität der Menschen sind die Peer-Effekte durch direkte Anschauung von Unternehmertum weitgehend auf die Region beschränkt, in der jemand lebt. Dabei hängt die Wahrscheinlichkeit dafür, dass jemand direkten Kontakt mit einem Unternehmer hat, davon ab, wie weit unternehmerische Selbstständigkeit in der betreffenden Region verbreitet ist, also von der Selbstständigenquote. Entsprechende Untersuchungen zeigen, dass die Gründungsneigung in Regionen mit einem hohen Anteil an Selbstständigen in der Regel relativ hoch ist, was vermutlich zu einem wesentlichen Teil darauf zurückzuführen ist, dass es vor Ort vergleichsweise viele unternehmerische Rollenvorbilder gibt. Wenn es relativ normal ist, unternehmerisch tätig zu sein, dann stimuliert dies die Gründungsneigung in einer Region bzw. Gesellschaft. Auch die Werthaltungen der Bevölkerung variieren in der Regel mit der Verbreitung von unternehmerischer Selbstständigkeit in einer Region. Auf diese Weise kann eine regionale Entrepreneurship-„Kultur" entstehen, die sich sowohl auf die Persönlichkeitsentwicklung als auch auf die Vermittlung unternehmerischer Qualifikationen auswirkt, und somit die Herausbildung unternehmerischer Fähigkeiten in der Bevölkerung stimuliert.

Eine Kultur unternehmerischer Selbstständigkeit stellt eine informelle Institution dar. Empirische Untersuchungen zeigen, dass solche informellen Institutionen in der Regel sehr dauerhaft sind und sich sehr viel langsamer verändern, als die formalen Institutionen. Die Bedeutung einer regionalen Entrepreneurship-Kultur zeigt sich etwa recht deutlich an der Entwicklung des regionalen Niveaus unternehmerischer Selbstständigkeit in Ostdeutschland. So besteht zwischen der regionalen Selbstständigenquote im Jahr 1925 und der Gründungs- bzw. Selbstständigenquote zu Beginn des 21. Jahrhunderts ein positiver und statistisch signifikanter Zusammenhang. Dies deutet darauf hin, dass die regionale Entrepreneurship-Kultur in Ostdeutschland sowohl den Nationalsozialismus und die Zerstörung des Landes im zweiten Weltkrieg, die Besatzung durch die sowjetische Armee und 40 Jahre Sozialismus als auch die Schock-Transformation der deutschen Wiedervereinigung überdauern konnte.

5.5 Was fördert und prägt das Erkennen unternehmerischer Gelegenheiten?

Die Identifikation von erfolgversprechenden Möglichkeiten für eine Unternehmensgründung stellt ein Kernelement im unternehmerischen Prozess dar. Inwiefern ein

gegebenes Angebot an potenziell tragfähigen unternehmerischen Gelegenheiten erkannt wird, hängt zum einen vom Informationsstand einer Person ab, also vom Zugang zu Informationen sowie von den unternommenen Suchprozessen. Zum anderen ist hier die Fähigkeit zum Erkennen unternehmerischer Gelegenheiten (Opportunity Recognition) von Bedeutung, die einen wichtigen Bestandteil der allgemeinen unternehmerischen Fähigkeiten darstellt.

Für den Informationsstand über unternehmerische Gelegenheiten spielen die allgemeine Lebenserfahrung, das Bildungsniveau sowie der Mix (Skill Balance, siehe ► Abschn. 5.2.2) der erworbenen Kenntnisse und Fähigkeiten eine wesentliche Rolle. Weiterhin wichtig sind aktive Suchprozesse sowie die Einbindung in professionelle und soziale Netzwerke. Die Fähigkeit zum Erkennen unternehmerischer Gelegenheiten wird einmal bestimmt durch die Kenntnis von wirtschaftlichen Zusammenhängen, das Wissen über Märkte und über (potenziell) vorhandene Bedürfnisse bei den Nachfragern. Somit wäre zu erwarten, dass diese Art von Wissen bei solchen Personen besonders stark ausgeprägt ist, die eine betriebswirtschaftliche Ausbildung absolviert haben, die Managementfunktionen wahrgenommen haben und/oder die im Bereich Vertrieb/Marketing tätig sind.

Weiterhin wichtig für das Erkennen unternehmerischer Gelegenheiten sind kognitive Prozesse und damit Aufmerksamkeit, Wahrnehmungsfähigkeit, Intelligenz und Kreativität. Dabei beinhaltet Kreativität insbesondere die Betrachtung der Dinge aus einem unkonventionellen Blickwinkel („out of the box") sowie assoziatives Denken, also das Erkennen bestimmter Muster und die Übertragung dieser Muster auf neue Zusammenhänge. Eine relativ gute Fähigkeit zum Erkennen unternehmerischer Gelegenheiten kann weiterhin für Personen angenommen werden, die im Bereich Forschung und Entwicklung beschäftigt und mit den technischen Möglichkeiten gut vertraut sind.

5.6 Zusammenfassung wesentlicher Ergebnisse

Es lassen sich zwei Komponenten der unternehmerischen Fähigkeiten unterscheiden, nämlich zum einen die erlernbaren Qualifikationen und zum anderen bestimmte Persönlichkeitsmerkmale, deren Struktur im Zeitablauf weitgehend stabil ist. Zwischen dem Ausbildungsniveau und der Gründungswahrscheinlichkeit besteht ein positiver Zusammenhang. Demnach weisen Personen mit einem Hochschulabschluss die höchste Gründungswahrscheinlichkeit auf. Neben dem Qualifikationsniveau ist insbesondere die Vielfalt und Struktur der Qualifikationen (Skill Balance) für erfolgreiches Unternehmertum von Bedeutung.

Die empirische Forschung hat eine Reihe von Persönlichkeitsmerkmalen identifiziert, die für Gründer charakteristisch sind und sich positiv auf den Erfolg von Gründungen auswirken. So weisen Gründer von Unternehmen häufig ein relativ hohes Maß an Außenorientierung (Extraversion) und Offenheit für Erfahrungen sowie an Gewissenhaftigkeit auf. Weiterhin sind sie in der Regel emotional relativ belastbar und gehen Konflikten nicht aus dem Weg. Eine wichtige Voraussetzung für eine Gründung stellt ein gewisses Maß an Risikotragfähigkeit dar. Viele Gründer neigen aber dazu, über-optimistisch zu sein und dabei die Erfolgswahrscheinlichkeit für ihr Projekt zu überschätzen.

Die Fähigkeit und die Bereitschaft einer Person zu unternehmerischer Selbstständigkeit entwickelt sich meist über einen längeren Zeitraum. Es gibt zahlreiche Hinweise darauf, dass das soziale Umfeld im Verlauf von Erziehung und Sozialisation, Ausbildung, Berufswahl und Berufserfahrung in dieser Hinsicht einen prägenden Einfluss hat. Ein wichtiger Weg auf dem diese Einflüsse des sozialen Umfelds wirksam werden, sind Vorbild- bzw. Peer-Effekte. Generell kann man feststellen, dass die Gründungsneigung einer Person deutlich höher ist, wenn ein direkter Kontakt zu selbstständig tätigen Personen, wie z. B. Eltern, Geschwistern, Freunden und Bekannten besteht. Die Erkenntnis, dass unternehmerische Fähigkeiten teilweise durch das soziale Umfeld geprägt sind, bedeutet, dass man sie beeinflussen kann.

Unternehmensgründungen ergeben sich aus dem Aufeinandertreffen von entsprechenden Personen und unternehmerischen Gelegenheiten. Das Erkennen solcher unternehmerischer Gelegenheiten erfordert einen gewissen Informationsstand, insbesondere auch das Wissen über wirtschaftliche Zusammenhänge sowie weitere kognitive Fähigkeiten.

5.7 Wesentliche Begriffe zu Kap. 5

- Berufserfahrung
- Branchenerfahrung
- Big Five
- Eigenverantwortlichkeit
- Extraversion
- Fähigkeiten
  - kognitive
  - nicht-kognitive
  - unternehmerische
- Generalist
- Gewissenhaftigkeit
- Jack of all Trades-Hypothese
- Kreativität
- Managementerfahrung
- Netzwerke
- Neurotizismus
- Offenheit für Erfahrungen
- Opportunity Recognition
- Peer-Effekt
- Persönlichkeitsmerkmale
- Risikoneigung

- Rollenmodell
- Skill Balance
- Sozialkapital
- Spezialist
- Stresstoleranz
- Überoptimismus
- Unternehmerische Gelegenheiten
- Unternehmerische Persönlichkeitsstruktur
- Vererbung
- Verträglichkeit
- Werthaltungen

Literaturhinweise

Eine Darstellung des Zusammenhanges zwischen unternehmerische Persönlichkeit, Qualifikationen und unternehmerischen Fähigkeiten bzw. Erfolg findet sich in *Rauch* und *Frese* (2007a). Der Zusammenhang zwischen Gründungsneigung und Ausbildungsniveau ist in empirischen Studien nicht ganz eindeutig, was vermutlich wesentlich mit der Messung des Ausbildungsniveaus zusammenhängt; zudem wird dieser Zusammenhang durch eine Reihe weiterer Faktoren (z. B. Branche, individueller Hintergrund, ökonomisches Umfeld) moderiert (hierzu *Parker* 2018). Die Balanced Skill-Theorie wurde von *Edward Lazear* aufgestellt. Zu einer ausführlichen Fassung siehe *Lazear* (2005); wesentlich kürzer ist die Darstellung in *Lazear* (2004). Empirische Tests der Jack of all Trades-Hypothese bieten *Åstebro* und *Thompson* (2011), *Bublitz* und *Noseleit* (2014) sowie *Wagner* (2003, 2006). Zu den Persönlichkeitsmerkmalen von Gründern siehe *Caliendo, Fossen* und *Kritikos* (2010, 2014), *Rauch* und *Frese* (2007b), *Zhao* und *Seibert* (2006) sowie *Zhao, Seibert* und *Lumpkin* (2010). Das Konzept der unternehmerischen Persönlichkeit wird von *Schmitt-Rodermund* (2005) herausgearbeitet. Siehe hierzu auch *Obschonka* und *Stützer* (2017).

Empirische Evidenz zu leichten Regelverstößen von späteren Unternehmern während ihrer Jugend präsentieren *Obschonka*

et al. (2013). Zum Transfer der Gründungsneigung zwischen Generationen siehe *Parker* (2018) sowie vertiefend auch *Chlosta et al.* (2012). Zum Einfluss der Erziehung und Sozialisation auf die Persönlichkeitsmerkmale siehe *Schmitt-Rodermund* (2005) sowie auch *Obschonka, Silbereisen* und *Schmitt-Rodermund* (2011). Zu empirischen Analysen der genetischen Vererbung einer Neigung zu Entrepreneurship siehe *Lindquist, Sol* und *van Praag* (2015) sowie *Vladasel et al.* (2020). Den Einfluss des beruflichen Umfeldes auf die Gründungsneigung behandeln *Sorgner* und *Fritsch* (2018).

Einen Überblick über die Bedeutung von regionalem Sozialkapital für Entrepreneurship bieten *Westlund* und *Bolton* (2003); siehe hierzu auch *Westlund, Larsson* und *Olsson* (2014). Zum Einfluss von regionalen Werthaltungen auf das Gründungsgeschehen siehe *Kibler, Kautonen* und *Fink* (2014). Speziell zu Peer-Effekten siehe *Bosma et al.* (2012). Die Persistenz von informellen Institutionen wird grundlegend bei *North* (1994) und bei *Williamson* (2000) behandelt. Zur Persistenz der Neigung zu unternehmerischer Selbstständigkeit über längere Zeiträume siehe *Fritsch* und *Wyrwich* (2014, 2019). *Welter* (2011) gibt einen ausführlichen Überblick über die mögliche Bedeutung verschiedener Typen von Kontextbedingungen für Entrepreneurship.

Eine ausführliche Behandlung der Entstehung und des Erkennens unternehmerischer Gelegenheiten bieten *Shane* (2003, 18–60) sowie *Eckhardt* und *Shane* (2010). Zur Klassifikation von Risikopräferenzen, ihrer Bedeutung für die Gründungswahrscheinlichkeit sowie auch zu Überzuversicht und Überoptimismus siehe *Parker* (2018).

Weiterführende Literatur

Åstebro, Thomas und Peter Thompson (2011): Entrepreneurs, Jacks of all Trades or Hobos? *Research Policy*, 40, 637–649. ▶ https://doi.org/10.1016/j.respol.2011.01.010

Bosma, Niels, et al. (2012): Entrepreneurship and role models. *Journal of Economic Psychology*, 33, 410–424. ► https://doi.org/10.1016/j.joep.2011.03.004

Bublitz, Elisabeth und Florian Noseleit (2014): The skill balancing act: when does broad expertise pay off? *Small Business Economics*, 42, 17–32. ► https://doi.org/10.1007/s11187-013-9474-z

Caliendo, Marco, Frank Fossen und Alexander Kritikos (2010): The impact of risk attitudes on entrepreneurial survival. *Journal of Economic Behavior & Organization*, 76, 45–63. ► https://doi.org/10.1016/j.jebo.2010.02.012

Caliendo, Marco, Frank Fossen und Alexander Kritikos (2014): Personality Characteristics and the Decision to Become and Stay Self-Employed. *Small Business Economics*, 42, 787–814. ► https://doi.org/10.1007/s11187-013-9514-8

Chlosta, Simone, Holger Patzelt, Sabine B. Klein und Christian Dormann (2012): Parental role models and the decision to become self-employed: the moderating effect of personality. *Small Business Economics*, 38, 121–138. ► https://doi.org/10.1007/s11187-010-9270-y

Eckhardt, Jonathan T. und Scott Shane (2010): An Update to the Individual-Opportunity Nexus. In Zoltan J. Acs und David B. Audretsch (eds): *Handbook of Entrepreneurship Research*. 2nd ed., New York: Springer, 47–76. ► https://doi.org/10.1007/978-1-4419-1191-9_3

Fritsch, Michael, Elisabeth Bublitz und Alina Rusakova (2012): Berufstätigkeit und Entrepreneurial Choice – Welchen Einfluss hat die Berufstätigkeit auf die Entscheidung zur unternehmerischen Selbständigkeit? In Alexandra Krause und Christoph Köhler (Hrsg.): *Arbeit als Ware? Soziologische Perspektiven*. Bielefeld 2012: transcript, 229–250.

Fritsch, Michael und Michael Wyrwich (2014): The Long Persistence of Regional Levels of Entrepreneurship: Germany 1925 to 2005. *Regional Studies*, 48, 955–973. ► https://doi.org/10.1080/00343404.2013.816414

Fritsch, Michael und Michael Wyrwich (2019): *Regional Trajectories of Entrepreneurship, Knowledge, and Growth – The Role of History and Culture*. Cham: Springer. ► https://link.springer.com/book/10.1007%2F978-3-319-97782-9

Kibler, Ewald, Teemu Kautonen und Matthisa Fink (2014): Regional Social Legitimacy of Entrepreneurship: Implications for Entrepreneurial Intention and Start-up Behaviour. *Regional Studies*, 48, 995–1015. ► https://doi.org/10.1080/00343404.2013.851373

Lazear, Edward P. (2004): Balanced Skills and Entrepreneurship. *American Economic Review*, 94, 208–211. ► https://doi.org/10.1257/0002828041301425

Lazear, Edward P. (2005): Entrepreneurship. *Journal of Labor Economics*, 23, 649–680. ► https://doi.org/10.1086/491605

Lindquist, Matthew J. Joeri Sol und Mirjam van Praag (2015): Why Do Entrepreneurial Parents Have Entrepreneurial Children? *Journal of Labour Economics*, 33, 269–296. ► https://doi.org/10.1086/678493

North, Douglass C. (1994): Economic performance through time. *American Economic Review*, 84, 359–368. ► http://www.jstor.org/stable/2118057

Obschonka, Martin, Rainer K. Silbereisen und Eva Schmitt-Rodermund (2011): Successful Entrepreneurship as Developmental Outcome – A Path Model From a Lifespan Perspective of Human Development. *European Psychologist*, 16, 174–186. ► https://doi.org/10.1027/1016-9040/a000075

Obschonka, Martin, Håkan Andersson, Rainer K. Silbereisen und Magnus Sverke (2013): Rule-breaking, crime, and entrepreneurship: A replication and extension study with 37-year longitudinal data. *Journal of Vocational Behavior*, 83, 386–396. ► https://doi.org/10.1016/j.jvb.2013.06.007

Obschonka, Martin und Michael Stützer (2017): Integrating psychological approaches to entrepreneurship: the Entrepreneurial Personality System (EPS). *Small Business Economics*, 49(1), 203–231. ► https://doi.org/10.1007/s11187-016-9821-y

Parker, Simon (2018): *The Economics of Entrepreneurship*. 2nd ed., Cambridge: Cambridge University Press. ► https://doi.org/10.1017/9781316756706

Poschke, Markus (2013): Who becomes an entrepreneur? Labor market prospects and occupational choice. *Journal of Economic Dynamics & Control*, 37, 693–710. ► https://doi.org/10.1016/j.jedc.2012.11.003

Rauch, Andreas und Michael Frese (2007a): Born to be an entrepreneur? Revisiting the personality approach to entrepreneurship. In J. Robert Baum, Michael Frese und Robert J. Baron (eds.), *The psychology of entrepreneurship*. Mahwah, NJ: Erlbaum, 41–65.

Rauch, Andreas und Michael Frese (2007b): Let's Put the Person Back into Entrepreneurship Research: A Meta-Analysis on the Relationship Between Business Owners' Personality Traits, Business Creation, and Success. *European Journal of Work and Organizational Psychology*, 16, 353–385. ► https://doi.org/10.1080/13594320701595438

Schmitt-Rodermund, Eva (2005): Wer wird Unternehmer? Persönlichkeit, Erziehungsstil sowie frühe Interessen und Fähigkeiten als Vorläufer für unternehmerische Aktivität im Erwachsenenalter. *Wirtschaftspsychologie*, H. 2, 7–23.

Shane, Scott (2003): *A General Theory of Entrepreneurship: the Individual-Opportunity Nexus*. Cheltenham: Edward Elgar.

5

Sorgner, Alina und Michael Fritsch (2018): Entrepreneurial Career Paths: Occupational Context and the Propensity to Become Self-Employed. *Small Business Economics*, 51, 129-152. ► https://doi.org/10.1007/s11187-017-9917-z

Vladasel, Theodor, Matthew J. Lindquist, Joeri Sol und Mirjam van Praag (2020): On the origins of entrepreneurship: Evidence from sibling correlations. *Journal of Business Venturing.* ► https://doi.org/10.1016/j.jbusvent.2020.106017

Wagner, Joachim (2003): Testing Lazear's Jack-of-All-Trades View of Entrepreneurship with German Micro Data. *Applied Economics Letters*, 10, 687–689. ► https://doi.org/10.1080/1350485032000133273

Wagner, Joachim (2006): Are nascent entrepreneurs 'Jacks-of-all-trades'? A test of Lazear's theory of entrepreneurship with German data. *Applied Economics*, 38, 2415–2419. ► https://doi.org/10.1080/00036840500427783

Welter, Friederike (2011): Contextualizing Entrepreneurship – Conceptual Challenges and Ways Forward. *Entrepreneurship in Theory and Practice*, 35, 165–184. ► https://doi.org/10.1111/j.1540-6520.2010.00427.x

Westlund, Hans und Roger E. Bolton (2003): Local Social Capital and Entrepreneurship. *Small Business Economics*, 21, 77–113. ► https://doi.org/10.1023/A:1025024009072

Westlund, Hans, Johan P. Larsson und Amy Rader Olsson (2014): Start-ups and Local Entrepreneurial Social Capital in the Municipalities of Sweden. *Regional Studies*, 48, 974–994. ► https://doi.org/10.1080/00343404.2013.865836

Williamson, Oliver (2000): The New Institutional Economics: Taking Stock, Looking Ahead. *Journal of Economic Literature*, 38, 595–613. ► https://www.jstor.org/stable/2565421

Zhao, Hao und Scott E. Seibert (2006): The Big-Five Personality Dimensions and Entrepreneurial Status: A Meta-Analytical Review. *Journal of Applied Psychology*, 91, 259–271. ► https://doi.org/10.1037/0021-9010.91.2.259

Zhao, Hao, Scott E. Seibert und G.T. Lumpkin (2010): The Relationship of Personality to Entrepreneurial Intentions and Performance: A Meta-Analytic Review. *Journal of Management*, 36, 381–404. ► https://doi.org/10.1177/0149206309335187

Demografische Merkmale und Berufsverläufe von Gründern

Inhaltsverzeichnis

6.1   Demografische Merkmale von Gründern – 68
6.1.1   Gründungswahrscheinlichkeit und Lebensalter – 68
6.1.2   Unterschiede der unternehmerischen Selbstständigkeit
        zwischen Männern und Frauen – 69
6.1.3   Migration und Gründungsneigung – 70

6.2   Standortwahl von Gründungen – 70

6.3   Berufliche Tätigkeit vor der Gründung – 71
6.3.1   Gründungen aus Arbeitslosigkeit – 71
6.3.2   Die relativ hohe Gründungsneigung von Beschäftigten
        in Kleinunternehmen – 72
6.3.3   Innovative Spin-offs – 73

6.4   Zusammenfassung wesentlicher Ergebnisse – 76

6.5   Wesentliche Begriffe zu Kap. 6 – 77

        Literaturhinweise – 77

        Weiterführende Literatur – 77

© Der/die Autor(en), exklusiv lizenziert durch Springer Fachmedien Wiesbaden GmbH, ein Teil von Springer Nature 2021
M. Fritsch und M. Wyrwich, *Entrepreneurship*,
https://doi.org/10.1007/978-3-658-34637-9_6

6

Wesentliche Fragestellungen

- Finden Gründungen vorwiegend in einem bestimmten Lebensalter statt? In welcher Phase der beruflichen Karriere ist die Gründung eines eigenen Unternehmens besonders wahrscheinlich?
- Weisen Frauen in Bezug auf Entrepreneurship Besonderheiten auf?
- Wieso waren viele Gründer vor dem Schritt in die Selbstständigkeit in kleinen Unternehmen tätig?
- Wie erfolgversprechend sind Gründungen aus Arbeitslosigkeit?

Dieses Kapitel beschäftigt sich mit demografischen Merkmalen und den Berufsverläufen von Gründern. Dabei geht es zunächst um das Alter von Gründern, um Unterschiede in der Gründungsneigung zwischen Männern und Frauen sowie um Besonderheiten der Gründungsaktivitäten von Migranten (▶ Abschn. 6.1). ▶ Abschn. 6.2 beschreibt die empirischen Befunde zur Standortwahl von Gründungen. Daran anschließend werden drei Typen der Berufsverläufe von Unternehmensgründern betrachtet, die von der Häufigkeit her bzw. aus der Sicht der Wirtschaftspolitik besonders relevant sind. Dabei handelt es sich erstens um Gründungen aus Arbeitslosigkeit und die Frage, inwieweit von Gründungen aus Arbeitslosigkeit eine nachhaltige Lösung von Beschäftigungsproblemen erwartet werden kann (▶ Abschn. 6.3.1). Zweitens wird den möglichen Gründen für die besonders stark ausgeprägte Gründungsneigung von Beschäftigten in Kleinunternehmen nachgegangen (▶ Abschn. 6.3.2). Drittens schließlich geht es um die Beobachtung, dass viele innovative Gründungen als Spin-offs aus etablierten innovativen Unternehmen entstehen, woran die Wissens-Spillover-Theorie des Entrepreneurship anknüpft (▶ Abschn. 6.3.3). Abschließend werden die wesentlichen Ergebnisse zusammengefasst (▶ Abschn. 6.4).

6.1 Demografische Merkmale von Gründern

6.1.1 Gründungswahrscheinlichkeit und Lebensalter

Empirisch lässt sich ein deutlich ausgeprägter Zusammenhang zwischen dem Lebensalter einer Person und der Wahrscheinlichkeit für die Gründung eines eigenen Unternehmens feststellen. Dabei steigt die Gründungswahrscheinlichkeit mit dem Lebensalter zunächst an und nimmt dann nach dem Erreichen eines Maximalwertes wieder ab. In ◘ Abb. 6.1 ist dieser Zusammenhang in schematischer Weise illustriert.

Die relativ geringe Gründungsneigung in jungen Jahren lässt sich damit erklären, dass die Kompetenz, Erfahrung und das Selbstvertrauen in die eigenen unternehmerischen Fähigkeiten zu Beginn der Berufstätigkeit noch relativ schwach ausgeprägt sind. Auch bestehen in diesem frühen Stadium kaum Möglichkeiten, um Ersparnisse zu bilden, die als Grundstock für die Finanzierung eines Gründungsprojektes dienen können. Entsprechend ist der Karriereverlauf von Gründern meist dadurch gekennzeichnet, dass sie nach Beendigung ihrer Ausbildung zunächst eine abhängige

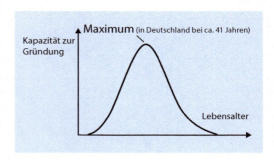

◘ **Abb. 6.1** Lebensalter und Gründungswahrscheinlichkeit

Beschäftigung aufnehmen und erst nach längerer Zeit in dieser Beschäftigung die Gründung eines eigenen Unternehmens ernsthaft in Erwägung ziehen.

Die Abnahme der Gründungsbereitschaft mit dem Alter, nachdem ein Maximalwert erreicht wurde, kann mit mindestens drei Faktoren erklärt werden. Erstens ergeben sich für viele Menschen mit dem Lebensalter durch Heirat und Familiengründung Verpflichtungen, die gegen die Übernahme des Risikos einer Unternehmensgründung sprechen. Zweitens steigt mit der Dauer der beruflichen Karriere in abhängiger Beschäftigung in der Regel auch das Einkommen an, sodass man ein immer höheres sicheres Einkommen (=Opportunitätskosten der Gründung) aufgibt, wenn man seine Stelle kündigt, um ein eigenes Unternehmen zu gründen. Drittens schließlich sinkt mit dem Alter aufgrund der Begrenztheit der Lebenszeit in der Regel auch die Bereitschaft, sich in langfristigen Projekten zu engagieren. Da eine Unternehmensgründung möglicherweise erst nach einigen Jahren Geschäftätigkeit profitabel ist, erscheint die Option, ein Unternehmen zu gründen, für Personen jenseits eines bestimmten Alters weniger attraktiv. Ferner zeigen auch psychologische Studien, dass die Bereitschaft zur Übernahme ökonomischer Risiken ab einem bestimmtem Lebensalter eher relativ gering ist.

Das Lebensalter mit der höchsten Wahrscheinlichkeit für eine Gründung weist im internationalen Vergleich nur geringe Unterschiede auf, wobei die maximale Gründungsneigung in ärmeren Ländern in jüngeren Altersgruppen erreicht wird als in den reicheren Ländern. In Deutschland liegt die maximale Gründungsneigung derzeit bei einem Alter von knapp über 40 Jahren. Aufgrund des Zusammenhangs zwischen Lebensalter und Gründungsneigung wird das Niveau der Gründungsaktivitäten in einem Land bzw. einer Region unter anderem von der Altersstruktur der Bevölkerung beeinflusst.

6.1.2 Unterschiede der unternehmerischen Selbstständigkeit zwischen Männern und Frauen

In aller Regel fällt der Anteil der Frauen unter den Gründern bzw. den unternehmerisch selbstständigen Personen relativ gering aus. Dies lässt sich auf verschiedene Gründe zurückführen. So dürfte erstens eine Rolle spielen, dass Frauen im Vergleich zu Männern im Durchschnitt ein niedrigeres Qualifikationsniveau aufweisen, was zu einem wesentlichen Teil auf die teilweise noch vorhandene Verbreitung von traditionellen Rollenmodellen in der Gesellschaft zurückzuführen ist. Da die Gründungsneigung in einem positiven Zusammenhang mit dem Bildungsniveau (vergleiche hierzu ▶ Abschn. 5.2.1) steht, ergibt sich hieraus für Frauen eine geringere Gründungswahrscheinlichkeit.

Zweitens folgt aus dem im Durchschnitt geringeren Qualifikationsniveau von Frauen ein in abhängiger Beschäftigung niedrigeres Einkommen, was geringere Möglichkeiten bietet, Ersparnisse für ein Gründungsprojekt zu bilden und sich damit ebenfalls negativ auf die Wahrscheinlichkeit für eine Gründung auswirkt. Drittens schließlich könnte auch die tendenziell schlechtere Entlohnung von Frauen für gleich qualifizierte Arbeit und die damit verbundenen geringeren Möglichkeiten zur Bildung von Ersparnissen einen negativen Effekt auf die Gründungswahrscheinlichkeit haben. Da durch geringere Entlohnung für gleiche Arbeit aber auch die Opportunitätskosten der unternehmerischen Tätigkeit sinken, steigt entsprechend dem Grundmodell des Occupational Choice andererseits der Anreiz zur Selbstständigkeit (▶ Abschn. 4.2).

Eingehende Analysen zeigen allerdings, dass Einflussfaktoren wie das Bildungs- und das Einkommensniveau das geringere Niveau an unternehmerischer Selbstständigkeit von Frauen nur zum Teil erklären

6

können. Bei einer Erklärung der relativ geringen Gründungsneigung von Frauen sind wohl auch tradierte Rollenbilder und historische Faktoren bedeutend. So entwickelte sich Lohnarbeit von Frauen außerhalb von Haus und Hof in Mitteleuropa erst relativ langsam im Verlauf des 19. Jahrhunderts. Bis Anfang des 20. Jahrhunderts war verheirateten Frauen in vielen Regionen Deutschlands die Führung eines Unternehmens per Gesetz verboten. Bis gegen Ende des 20. Jahrhunderts war in Deutschland die Gründung und Führung eines eigenen Unternehmens für verheiratete Frauen dadurch stark erschwert, dass sie größere Bankgeschäfte in der Regel nicht ohne explizite Einwilligung ihres Ehemanns tätigen konnten.

Wenn Frauen ein Unternehmen gründen, so sind diese Firmen häufig kleiner und weniger stark wachstumsorientiert als die von Männern gegründeten Unternehmen. Berücksichtigt man den Effekt der Größe einer Gründung sowie der Qualifikation des Unternehmers bzw. der Unternehmerin auf den Gründungserfolg, so sind von Frauen gegründete Unternehmen nicht weniger ökonomisch erfolgreich als Unternehmen, die von Männern gegründet worden sind (ausführlicher hierzu ▶ Abschn. 10.2.3).

6.1.3 Migration und Gründungsneigung

Empirische Untersuchungen zeigen häufig eine relativ stark ausgeprägte Neigung von Ausländern bzw. von Personen mit Migrationshintergrund zu unternehmerischer Selbstständigkeit. Eine Erklärung hierfür könnte in der Selektivität von Migration liegen: Menschen, die international mobil sind, weisen häufig ein relativ hohes Qualifikationsniveau und ein hohes Maß an Eigeninitiative auf, Eigenschaften also, die in der Regel mit einer eher hohen Gründungsneigung verbunden sind.

Eine weitere Erklärung für eine hohe Gründungsneigung von Migranten könnte sein, dass die im Herkunftsland erworbenen Ausbildungsabschlüsse nicht als gleichwertig anerkannt werden, sodass sie für ihre Qualifikationen keine adäquate Entlohnung in abhängiger Beschäftigung erhalten. Aus diesem Grunde kann es für Zuwanderer dann besonders lohnend sein, ihre Kenntnisse nicht in abhängiger Beschäftigung, sondern in unternehmerischer Selbstständigkeit zu vermarkten.

Weitere Zusammenhänge zwischen Migration und Entrepreneurship sind zu einem wesentlichen Teil vom jeweiligen Herkunftsland und der Qualifikation der Zuwanderer geprägt. So kann es etwa sein, dass gering qualifizierte Migranten aus bestimmten Ländern auf dem Arbeitsmarkt generell schlechtere Chancen haben, überhaupt eine adäquate Beschäftigung zu finden und ein relativ hoher Anteil der Gründungen dieser Migranten aus der Not heraus stattfindet, also Necessity Entrepreneurship darstellt. Ebenso kann es sein, dass relativ gut qualifizierte Zuwanderer vor allem innovative Unternehmen gründen, um sich bietende unternehmerische Gelegenheiten wahrzunehmen (Opportunity Entrepreneurship).

6.2 Standortwahl von Gründungen

Es kann als ein Stylized Fact der Gründungsforschung angesehen werden, dass der Standort für die Gründung in der ganz überwiegenden Mehrzahl der Fälle in räumlicher Nähe zum Wohnort des Gründers gewählt wird. Nicht selten findet die Gründung auch im Wohnbereich oder in der sprichwörtlichen Garage des Gründers statt. Dieser Befund ist nicht zuletzt ein Indiz dafür, dass die Gründung eines Unternehmens einen regionalen Prozess darstellt, der wesentlich durch regionale Gegebenheiten geprägt wird.

Der Grund für die starke Ortsgebundenheit von Gründern ist vermutlich vor allem darin zu sehen, dass die Gründung eines Unternehmens in der Regel mit einem sehr hohen Maß an Unsicherheit verbunden ist und der Gründer vermeiden will, diese Unsicherheit durch Wahl eines Standortes in einem unbekannten räumlichen Umfeld zu erhöhen. Einen wesentlichen Effekt können in diesem Zusammenhang auch die privaten und beruflichen Netzwerke des Gründers haben, die in der Regel in seiner Wohnregion konzentriert sind. Sofern ein Gründer räumlich mobil ist, wird er in aller Regel dazu tendieren, sich zunächst an dem neuen Standort zu etablieren und Kontakte aufzubauen bzw. sich in regionale Netzwerke zu integrieren, bevor er den Schritt in die Selbstständigkeit wagt. Die Standortverlagerung des Gründers geht somit der Gründung voraus.

6.3 Berufliche Tätigkeit vor der Gründung

Es wurde bereits verschiedentlich darauf hingewiesen, dass der Entschluss zur Gründung eines eigenen Unternehmens in der Regel wesentlich durch die im Berufsverlauf gemachten Erfahrungen geprägt ist. Dies schlägt sich etwa darin nieder, dass Gründungen nur relativ selten direkt nach Abschluss einer Ausbildung stattfinden, sondern dem Schritt in die Selbstständigkeit meist eine längere Phase der abhängigen Beschäftigung vorausgeht (▶ Abschn. 6.1.1). Entsprechend entwickeln sich die Fähigkeit und die Bereitschaft zur unternehmerischen Selbstständigkeit über längere Zeiträume auf der Grundlage von Neigungen, erworbenen Qualifikationen, Erfahrungen sowie gegebenenfalls auch angesichts von aufkommenden Notwendigkeiten wie etwa drohender oder bereits eingetretener Arbeitslosigkeit.

Im Folgenden werden drei wesentliche Aspekte dieser Dynamik behandelt, die in der Forschung bzw. in der Politik große Beachtung gefunden haben. Dabei handelt es sich zum einen um die Erklärung des Phänomens, dass Beschäftigte in Kleinunternehmen eine besonders hohe Gründungsneigung aufweisen (▶ Abschn. 6.3.2). Zum anderen geht es um die Beobachtung, dass viele innovative Gründungen als Spin-offs aus etablierten innovativen Unternehmen entstehen (▶ Abschn. 6.3.3). Ein weiteres Thema sind Gründungen aus der Arbeitslosigkeit, die in vielen Ländern massiv gefördert werden, in der Hoffnung, hierdurch zur Lösung von Beschäftigungsproblemen beizutragen (▶ Abschn. 6.3.1).

6.3.1 Gründungen aus Arbeitslosigkeit

Drohende oder tatsächliche Arbeitslosigkeit kann ein wesentlicher Anlass zur Gründung eines eigenen Unternehmens sein, wobei Gründungen durch Arbeitslose in der Regel den Gründungen aus Not (Necessity Entrepreneurship) zugerechnet werden. Inwiefern die so motivierten Gründungen die wirtschaftliche Entwicklung stimulieren können und ob eine Förderung von Gründungen aus Arbeitslosigkeit durch die Politik einen Weg zur Lösung von Beschäftigungsproblemen darstellt, ist allerdings nicht ganz klar.

Gegen einen besonderen Beschäftigungsbeitrag von Gründungen durch Arbeitslose spricht einmal, dass Überleben und Wachstum von Gründungen wesentlich von der Qualifikation des Gründers abhängen (hierzu ausführlich ▶ Kap. 10), wobei arbeitslose Personen im Durchschnitt aber meist nur ein relativ niedriges Qualifikationsniveau aufweisen. Weiterhin verfügen viele Arbeitslose aufgrund geringer Einkünfte auch nur über wenige Mittel

6

zur Finanzierung eines Gründungsvorhabens. Weiterhin zeigen empirische Untersuchungen, dass arbeitslose Personen im Durchschnitt eine geringere Gründungsneigung aufweisen als Personen in Erwerbstätigkeit. Allerdings stellen die Arbeitslosen eine durchaus heterogene Gruppe dar. Differenziert man nach der Dauer der Arbeitslosigkeit, so ergibt sich für Kurzzeitarbeitslose, verstanden als Personen, die bis zu einem Jahr arbeitslos sind, eine deutlich höhere Gründungsneigung als für Langzeitarbeitslose, also Personen, deren Arbeitslosigkeit länger als ein Jahr andauert.

Angesichts hoher Arbeitslosenquoten wurde während der letzten Jahrzehnte in vielen Ländern versucht, die Gründung von Unternehmen durch Arbeitslose zu fördern. Wesentliche Mittel hierbei waren Qualifikationsmaßnahmen sowie die Sicherung eines Mindesteinkommens während der Gründungsphase. Die entsprechenden Unternehmen sind in der Regel kleiner als Gründungen aus abhängiger Beschäftigung und konzentrieren sich häufig auf Branchen, die durch eine entsprechend geringe mindestoptimale Größe gekennzeichnet sind, wie zum Beispiel personenbezogene Dienstleistungen. Viele dieser Unternehmen haben neben dem Unternehmer selbst keinen weiteren Beschäftigten (Solo-Entrepreneurship).

In Bezug auf die Dauerhaftigkeit der aus Arbeitslosigkeit heraus gegründeten Unternehmen hat sich gezeigt, dass diese Unternehmen im Durchschnitt länger im Markt verbleiben als Unternehmen, die aus Beschäftigung heraus gegründet wurden. Es ist allerdings nicht ganz klar, inwiefern die längere Überlebensdauer von Gründungen aus Arbeitslosigkeit als besonderer Erfolg zu werten ist, denn der Grund hierfür könnte ja darin bestehen, dass ein wenig profitables Unternehmen deshalb nicht aufgegeben wird, weil als einzige Alternative zur selbstständigen Tätigkeit die Arbeitslosigkeit gesehen wird.

Trotz dieser Unklarheiten über den Erfolg von Gründungen aus Arbeitslosigkeit waren die entsprechenden politischen Programme in Deutschland insofern erfolgreich, als sie vielen arbeitslosen Personen eine dauerhafte Beschäftigungsperspektive eröffnet haben. Dabei waren die durch die Wiedereingliederung in das Erwerbsleben bewirkten Einsparungen an Arbeitslosenunterstützung in der Regel deutlich höher als die Kosten der Starthilfen für die Gründungsprojekte.

6.3.2 Die relativ hohe Gründungsneigung von Beschäftigten in Kleinunternehmen

Diverse Untersuchungen haben ergeben, dass viele Gründer vor dem Schritt in die Selbstständigkeit in kleinen Unternehmen tätig waren bzw. dass Beschäftigte in Kleinunternehmen häufig eine deutlich höhere Gründungsneigung aufweisen als Personen, die in Großunternehmen arbeiten. Für dieses Phänomen bieten sich vor allem die folgenden drei Erklärungen an:

- In Kleinunternehmen tätige Personen haben in der Regel sehr viel öfter und intensiver direkten Kontakt mit dem Unternehmer als dies in Großunternehmen der Fall ist. Sie lernen auf diese Weise das Rollenmodell unternehmerischer Tätigkeit besser kennen (▶ Abschn. 5.4.4). Dabei wird die unternehmerische Tätigkeit überwiegend als positives Vorbild wahrgenommen.
- Die Tätigkeitsfelder in Kleinunternehmen sind relativ weit gefasst, sodass die Tätigkeit der Beschäftigten vielfältiger ist als in Großunternehmen, die in der Regel ein weitaus höheres Maß an Spezialisierung aufweist. Eine solche weite Abgrenzung der Aufgabengebiete in Kleinunternehmen fördert das Denken in unternehmerischen Zusammenhängen

und somit die Qualifikation der Beschäftigten für unternehmerische Tätigkeit. Dadurch ist auch die Vielfalt der Qualifikationen bei Beschäftigten in Kleinbetrieben tendenziell höher, was dann entsprechend der *Jack of all Trades*-Hypothese (▶ Abschn. 5.2.2) ebenfalls eine relativ hohe Gründungsneigung von Beschäftigten in Kleinbetrieben erklären kann.

– Es kann sein, dass vor allem solche Personen in Kleinunternehmen tätig sind, die für eine Gründung förderliche Persönlichkeitsmerkmale aufweisen (Selbstselektionseffekt). Wie noch ausführlich erläutert wird, sind Arbeitsplätze in Kleinunternehmen aufgrund einer vergleichsweise hohen Stilllegungswahrscheinlichkeit solcher Unternehmen relativ unsicher (ausführlicher hierzu ▶ Abschn. 9.3.2). Es wäre also durchaus plausibel, wenn Personen mit einer geringen Risikoneigung eine Tätigkeit in Kleinunternehmen wegen der höheren Gefahr einer Stilllegung meiden und deshalb die Tätigkeit in einem Großunternehmen bevorzugen. Auch könnte ein höheres Maß an Eigenverantwortlichkeit und Selbstständigkeit in Kleinunternehmen auf Personen mit unternehmerischer Persönlichkeit besonders anziehend wirken.

Weiterhin könnte eine Rolle spielen, dass Arbeit in Kleinunternehmen in vielerlei Hinsicht als weniger attraktiv gelten kann als die Tätigkeit in einem Großunternehmen. Beispielsweise ist die Beschäftigung in Kleinunternehmen in der Regel finanziell schlechter dotiert als vergleichbare Beschäftigung in Großunternehmen, wobei häufig auch ein geringeres Niveau an Sozialleistungen gewährt wird. Auch sind die Arbeitsplätze in Kleinunternehmen aufgrund einer relativ hohen Stilllegungswahrscheinlichkeit besonders unsicher. Schließlich bieten Kleinunternehmen aufgrund der sehr flachen Hierarchien nur geringe interne

Aufstiegsmöglichkeiten; wer beruflich weiter kommen will, der muss in ein größeres Unternehmen oder in die unternehmerische Selbstständigkeit wechseln.

Diese relativ geringe Attraktivität der Tätigkeit in Kleinunternehmen erklärt allerdings nur den geringen Anreiz zum Verbleib, nicht aber eine höhere Gründungsneigung der Beschäftigten in Kleinunternehmen. Anknüpfend an die Erkenntnis, dass Arbeitsplätze in Kleinunternehmen in der Regel eine geringe Qualität aufweisen, wird gelegentlich argumentiert, dass viele Beschäftigte in Kleinunternehmen gerne zu einem besser bezahlten Arbeitsplatz in Großunternehmen wechseln würden, sie von Großunternehmen aufgrund tatsächlicher oder vermuteter geringer Qualifikation aber nicht eingestellt werden. Aus diesem Grunde bietet die unternehmerische Selbstständigkeit für solche Personen dann eventuell einen Weg, ihr Einkommen zu verbessern.

Welche dieser Erklärungen für die höhere Gründungsneigung von Beschäftigten in Kleinunternehmen besondere Relevanz hat, ist weitgehend ungeklärt. Zu vermuten ist, dass sowohl Kontakt mit unternehmerischen Rollenmodellen, Vielfalt der Tätigkeitsbereiche als auch die Selbstselektion von Personen mit einem unternehmerischen Persönlichkeitsprofil zu einer Erklärung beitragen können.

6.3.3 Innovative Spin-offs

Häufige Karrieremuster der Gründer innovativer Spin-offs

Anders als bekannte Beispiele wie die Firmen *Apple*, *Microsoft* oder *Google* vermuten lassen, erfolgt die Gründung innovativer Unternehmen meist nicht direkt nach einer entsprechenden – meist akademischen – Ausbildung, sondern erst nach einer längeren Phase der Berufstätigkeit. Dementsprechend unterscheidet sich das Durchschnittsalter von Gründern innovativer Unternehmen in Deutschland auch nicht vom Durchschnittsalter der Gründer nicht-innovativer Unternehmen. Innovative Gründungen stellen in der Regel Spin-offs aus bestehenden Unternehmen dar.

Eine Besonderheit von innovativen Spin-off-Gründungen ist, dass der Anlass für den Ausstieg des Gründers aus dem etablierten Unternehmen durch Gründung einer eigenen Firma häufig in Meinungsverschiedenheiten über die Umsetzung innovativer Ideen bzw. über die Geschäftspolitik besteht. Oft ist es so, dass jemand deshalb ein innovatives Unternehmen gründet, weil er seine Vorstellungen innerhalb des etablierten Unternehmens, dem Inkubator, nicht durchsetzen kann. Da innovative Ideen als solche kaum verkauft werden können, stellt die Gründung eines eigenen Unternehmens häufig den einzigen Weg dar, die Idee umzusetzen.

Das Geschäftskonzept innovativer Spin-offs beruht häufig zu einem wesentlichen Teil auf Wissen, dass der Gründer während seiner Tätigkeit im Inkubator-Unternehmen erworben hat. Mit seinem Angebot operiert das Spin-off-Unternehmen meist auf demselben oder auf einem angrenzenden Markt und macht somit dem Inkubator-Unternehmen Konkurrenz. Da der Standort der Gründung in der Regel in räumlicher Nähe zum Wohnort des Gründers gewählt wird und dieser sich meist nahe am alten Arbeitsplatz befindet, sind Spin-off-Gründungen ein wesentlicher Weg zur Herausbildung räumlicher Cluster von Unternehmen mit ähnlichem Produktprogramm. Entsprechende empirische Untersuchungen deuten darauf hin, dass sowohl die Anzahl innovativer Spin-offs, die aus einer innovativen Firma stattfinden, als auch deren Erfolg, wesentlich durch den Umfang und die Qualität des in der Inkubator-Firma vorhandenen Wissens bestimmt wird.

Im Zusammenhang mit solchen Spin-off-Prozessen stellt sich die Frage, warum die Inkubator-Firma der innovativen Idee

nicht nachgeht und das entsprechende neue Produkt nicht selbst am Markt einführt. Neben einer allgemeinen organisationalen Trägheit, die insbesondere großen, etablierten Unternehmen häufig nachgesagt wird, lassen sich hierfür im Wesentlichen zwei Gründe anführen:

— Die Inkubator-Firma verkennt häufig die Gewinnpotenziale des neuen Produktes. Ein wesentlicher Grund für eine solche Fehleinschätzung besteht darin, dass die Erfolgsaussichten von Innovationen in der Regel mit einem hohen Maß an Unsicherheit behaftet sind. Hinzu kommt, dass solche Ideen häufig nur schwer kommuniziert werden können (Problem asymmetrischer Information).

— Die Inkubator-Firma schätzt die Gewinnpotenziale einer Neuerung häufig deshalb geringer ein als der Spin-off Gründer, weil durch Einführung einer Produktvariante das vorhandene Produktprogramm durch Konkurrenz aus der eigenen Firma gewissermaßen „kannibalisiert" wird. Dieses Problem besteht für den Spin-off-Gründer nicht.

Viele Spin-off-Gründungen, die aus privaten Unternehmen hervorgehen, operieren auf den gleichen Märkten wie das jeweilige Inkubator-Unternehmen. Aufgrund dieser direkten Konkurrenzbeziehung zum Inkubator-Unternehmen sind die Anreize zu einer Kooperation zwischen diesen Unternehmen in der Regel nur schwach ausgeprägt. Darüber hinaus können die Möglichkeiten zu einer solchen Zusammenarbeit, die aus der Sicht des Wettbewerbsrechts ein Kartell darstellt, auch durch rechtliche Beschränkungen begrenzt sein.

Die Einschätzung der Gewinnpotenziale einer Innovation stellt insbesondere auch das Grundproblem bei Investitionsentscheidungen von Venture Capital-Investoren dar (siehe hierzu ▶ Abschn. 7.4). Es gibt diverse empirische Beispiele dafür, dass die Gewinnpotenziale von innovativen Konzepten falsch eingeschätzt wurden. So hat etwa *Chester Carlson*, der das moderne

Fotokopieren entwickelt hat, seine Erfindung in den 1940er Jahren der Firma *Kodak* angeboten, die damals das weltweit führende Unternehmen für fotografische Materialien war. *Kodak* lehnte ab mit der Begründung, dass niemand diese Erfindung benötigen würde und kein Markt hierfür vorhanden sei.

Anders liegen die Dinge bei einem speziellen Fall eines Spin-off, nämlich der Gründung eines innovativen Unternehmens aus einer Hochschule oder einer sonstigen öffentlichen Forschungseinrichtung, mit der das in dieser Organisation vorhandene Wissen kommerzialisiert wird. Da einer kommerziellen Vermarktung des Wissens durch die Hochschule oder die öffentliche Forschungseinrichtung selbst infolge ihres öffentlich-rechtlichen oder gemeinnützigen Status in der Regel institutionelle Beschränkungen entgegenstehen, kann eine solche Kommerzialisierung nur außerhalb dieser Organisationen in privaten Unternehmen, also beispielsweise in einem Spin-off, erfolgen. Dabei stehen die Hochschulen bzw. öffentlichen Forschungseinrichtung solchen Spin-offs in aller Regel sehr positiv gegenüber und versuchen mehr oder weniger intensiv, die Entstehung solcher Ausgründungen zu fördern (siehe hierzu ▶ Abschn. 12.5.3). Weiterhin besteht in der Regel auch ein intensives Interesse der Hochschulen am Erfolg und an der weiteren Zusammenarbeit mit diesen Gründungen etwa in Form von F&E-Kooperationen.

Die Wissens-Spillover-Theorie des Entrepreneurship

Die dargestellten empirischen Befunde werden in der Wissens-Spillover-Theorie des Entrepreneurship zusammengefasst. Kernpunkt dabei ist, dass innovative Gründungen als Wissens-Spillover aus etablierten Organisationen – Unternehmen, Hochschulen, außeruniversitären Forschungseinrichtungen – angesehen werden. Aufgrund der Hemmnisse, die einer Umsetzung dieses Wissens in der Inkubator-Organisation entgegenstehen, bliebe dieses Wissen innerhalb der Inkubator-Organisation weitgehend ungenutzt. Die Gründung eines innovativen Unternehmens stellt daher einen wesentlichen Weg dar, um dieses Wissen nutzbar zu machen.

In diesem Prozess des Wissens-Spillover durch Gründung innovativer Unternehmen ist die regionale Dimension bzw. der Standort aus mindestens zwei Gründen relevant. Erstens ist neues Wissen in der Regel nur räumlich beschränkt verfügbar. Zweitens werden Unternehmen fast immer nahe am Wohnort des Gründers errichtet (siehe ▶ Abschn. 6.4), der sich meist in der Nähe des Standortes der Inkubator-Organisation befindet. Die große Bedeutung der regionalen Dimension bei der Entstehung innovativer Gründungen zeigt sich etwa darin, dass die Standorte innovativer Gründungen stark im näheren Umkreis von Hochschulen, außeruniversitären Forschungseinrichtungen und F&E-Standorten etablierter Unternehmen konzentriert sind.

In Bezug auf Absolventen von Hochschulen kann dieser positive Zusammenhang zwischen Hochschulstandort und Standort einer innovativen Gründung allerdings nur eingeschränkt gelten, da diejenigen Absolventen, die später ein innovatives Unternehmen gründen, dies in aller Regel erst nach einer längeren Phase der abhängigen Beschäftigung tun. Da ihre Berufstätigkeit häufig mit räumlicher Mobilität verbunden ist, findet diese Gründung dann nicht am Hochschulort statt. Dementsprechend wurde in einer Studie, die Gründungsaktivitäten von ehemaligen Studenten des *Massachusetts Institute of Technology* (MIT) ermittelt hat, festgestellt, dass sich ca. zwei Drittel der von diesen Gründungen geschaffenen Arbeitsplätze in anderen Regionen befindet.

In der Wirtschaftspolitik gibt es vielfältige Ansätze, mit denen versucht wird, den Wissenstransfer aus Unternehmen, Hochschulen und außeruniversitären Forschungseinrichtungen in innovative Gründungen zu stimulieren. Die Möglichkeiten hierzu werden in ▶ Abschn. 12.5 behandelt.

6.4 Zusammenfassung wesentlicher Ergebnisse

In diesem Kapitel wurde ein Überblick über wesentliche demografische Merkmale von Unternehmensgründern sowie über die Tätigkeit vor der Gründung und die Standortwahl für Gründungsprojekte gegeben. Die größte Wahrscheinlichkeit für die Gründung eines eigenen Unternehmens besteht im mittleren Lebensalter, also etwa zwischen dem 35. und dem 45. Lebensjahr. Dies bedeutet, dass die Gründung meist nicht direkt nach Abschluss einer Ausbildung, sondern erst nach einer längeren Phase der abhängigen Beschäftigung stattfindet.

Die im Vergleich zu Männern geringere Gründungsneigung von Frauen ist wohl vor allem auf geschlechtsspezifische Rollenmodelle und das daraus häufig resultierende niedrigere Ausbildungsniveau zurückzuführen. Das niedrigere Ausbildungsniveau und entsprechend geringe Löhne führen dann dazu, dass Frauen meist über geringere finanzielle Mittel verfügen, die für ein Gründungsprojekt eingesetzt werden können. Frauen gründen tendenziell kleinere Unternehmen als Männer, insbesondere sind die von Frauen gegründeten Unternehmen meist weniger wachstumsorientiert.

Dass die Gründungsneigung von Migranten in der Regel relativ hoch ausfällt, lässt sich im Wesentlichen auf zwei Einflüsse zurückführen. Erstens sind Migranten meist vergleichsweise gut qualifiziert und weisen ein hohes Maß an Eigeninitiative auf, was für Gründungen förderlich ist. Zweitens besteht für Migranten häufig ein relativ hoher Anreiz zur Gründung, weil ihre im Heimatland erworbenen Qualifikationen oft nicht vollständig anerkannt werden oder Arbeitgeber eine Entlohnung entsprechend der Qualifikation verweigern. Insofern bietet sich häufig die Gründung eines eigenen Unternehmens als ein Weg zur adäquaten Vermarktung der vorhandenen Qualifikation an.

Der Standort von Gründungen befindet sich fast immer in räumlicher Nähe zum Wohnort des Gründers, sodass die Gründung eines Unternehmens als ein regionaler Prozess zu verstehen ist. Dies ist insbesondere damit zu erklären, dass eine Gründung mit einem hohen Maß an Unsicherheit verbunden ist und der Gründer davor zurückscheut, diese Unsicherheit durch Tätigkeit in einem ihm unbekannten räumlichen Umfeld noch zusätzlich zu erhöhen.

Gründungen von arbeitslosen Personen sind meist relativ klein und finden überwiegend in Branchen mit einer geringen mindestoptimalen Größe statt. Im Vergleich zu anderen Gründungen weisen Gründungen aus Arbeitslosigkeit jedoch häufig höhere Überlebensraten auf. Entsprechende Förderprogramme sind zumindest insoweit erfolgreich, als sie einigen Arbeitslosen eine Beschäftigungsperspektive eröffnen.

Beschäftigte in Kleinunternehmen weisen in aller Regel eine deutlich höhere Gründungswahrscheinlichkeit auf als Personen, die in Großunternehmen tätig sind. Aus diesem Grund werden Kleinunternehmen häufig als Saatbeet für Unternehmensgründungen angesehen. Eine mögliche Erklärung für diese höhere Gründungsneigung von Beschäftigten in Kleinunternehmen besteht darin, dass die typischerweise relativ weit abgegrenzten Tätigkeitsfelder in Kleinunternehmen das Denken in unternehmerischen Zusammenhängen fördern, wobei insbesondere auch der vergleichsweise häufige und enge direkte Kontakt mit dem Unternehmer Vorbildeffekte erzeugt. Hinzu kommt, dass ein Arbeitsplatz in einem Kleinunternehmen aus verschiedenen Gründen relativ unattraktiv ist, sodass die Anreize zum Verbleib verhältnismäßig gering ausfallen.

Gründungen innovativer Unternehmen finden eher selten direkt nach der Ausbildung, wie zum Beispiel einem Hochschulstudium, statt. Meist war der Gründer vor dem Schritt in die Selbstständigkeit eine Zeit lang in einem anderen Unternehmen als abhängig Beschäftigter tätig. Das Gründungsprojekt ist dann in der Regel auch durch Wissen geprägt, das der Gründer während der Tätigkeit in diesem Unternehmen erworben hat. Ein wesentliches Motiv für die Gründung besteht in der Regel darin, dass sich die innovative Idee innerhalb des Inkubator-Unternehmens nicht umsetzen lässt. Für den innovativen Spin-off-Gründer stellt die Errichtung eines eigenen Unternehmens dann in der Regel die einzige Möglichkeit dar, um seine Idee zu realisieren.

Die Ergebnisse der in ▶ Abschn. 6.3.3 erwähnten Befragung von MIT-Alumni werden in *Roberts* und *Eesley* (2011) sowie in *Roberts, Murray* und *Kim* (2015) dargestellt. Zur Standortwahl von Gründungen siehe *Dahl* und *Sorenson* (2009) sowie *Figueiredo et al.* (2002). Die Effekte von politischen Programmen zur Förderung von Gründungen durch Arbeitslose in Deutschland untersuchen *Caliendo* und *Kritikos* (2009, 2010). Allgemein zum Zusammenhang zwischen Arbeitslosigkeit und Unternehmensgründungen *Parker* (2018).

6.5 Wesentliche Begriffe zu Kap. 6

- Arbeitslose als Gründer
- Arbeitszufriedenheit
- Frauen als Gründerinnen
- Inkubator-Firma
- Kleinunternehmen
- Lebensalter
- Migranten als Gründer
- Peer-Effekte
- Spin-off-Gründung
- Standortwahl
- Tätigkeitsfelder
- Wissens-Spillover-Theorie des Entrepreneurship

Literaturhinweise

Zum Zusammenhang zwischen Lebensalter und Gründungen siehe *Lévesque* und *Minniti* (2006) sowie *Parker* (2018). Die relativ hohe Gründungsneigung von Beschäftigten in Kleinunternehmen behandelt ausführlich *Parker* (2009, 2018). Zur Arbeitszufriedenheit von Beschäftigten in kleinen und großen Unternehmen siehe *Benz* und *Frey* (2008) sowie *Fritsch, Sorgner* und *Wyrwich* (2019). Einen Überblick über die Entstehung innovativer Spin-offs bietet *Klepper* (2009). Zur Wissens-Spillover-Theorie des Entrepreneurship siehe *Acs et al.* (2009).

Weiterführende Literatur

Acs, Zoltan J., Pontus Braunerhjelm, David B. Audretsch and Bo Carlsson (2009): The knowledge spillover theory of entrepreneurship. *Small Business Economics*, 32, 15–30. ▶ https://doi.org/10.1007/s11187-008-9157-3

Benz, Matthias und Bruno S. Frey (2008): Being Independent is a Great Thing: Subjective Evaluations of Self-Employment and Hierarchy. *Economica*, 75, 362–383. ▶ https://doi.org/10.1111/j.1468-0335.2007.00594.x

Caliendo, Marco und Alexander Kritikos (2009): Die reformierte Gründungsförderung für Arbeitslose – Chancen und Risiken. *Perspektiven der Wirtschaftspolitik*, 10, 189–213. ▶ https://doi.org/10.1111/j.1468-2516.2009.00300.x

Caliendo, Marco und Alexander Kritikos (2010): Start-ups by the unemployed: characteristics, survival and direct employment effects. *Small Business Economics*, 35, 71–92. ▶ https://doi.org/10.1007/s11187-009-9208-4

Dahl, Michael S. und Olav Sorenson (2009): The Embedded Entrepreneur. *European Management Review*, 6, 172–181. ▶ https://doi.org/10.1057/emr.2009.14

Figueiredo, Octavio, Paulo Guimaraes and Douglas Woodward (2002): Home-Field Advantage: Location Decisions of Portuguese Entrepreneurs. *Journal of Urban Economics*, 52, 341–361. ▶ https://doi.org/10.1016/S0094-1190(02)00006-2

Fritsch, Michael, Alina Sorgner und Michael Wyrwich (2019): Self-Employment and Well-Being across Institutional Contexts. *Journal of Business Venturing*, 34 (2019), 105946. ▶ https://doi.org/10.1016/j.jbusvent.2019.105946

Klepper, Steven (2009): Spinoffs: A review and synthesis. *European Management Review*, 6, 159–171. ▶ https://doi.org/10.1057/emr.2009.18

Lévesque, Moren and Maria Minniti (2006): The effect of aging on entrepreneurial behavior. *Journal of Business Venturing*, 21, 177–194. ► https://doi.org/10.1016/j.jbusvent.2005.04.003

Parker, Simon (2009): Why do small firms produce the entrepreneurs? *Journal of Socio-Economics*, 38, 484–494. ► https://doi.org/10.1016/j.socec.2008.07.013

Parker, Simon (2018): *The Economics of Entrepreneurship*. 2nd ed., Cambridge: Cambridge University Press. ► https://doi.org/10.1017/9781316756706

Roberts, Edward B. und Charles E. Eesley (2011): Entrepreneurial impact: the role of MIT — an updated report. *Foundations and Trends in Entrepreneurship*, 7, 1–149. ► https://doi.org/10.1561/0300000030

Roberts, Edward B., Fiona Murray und J. Daniel Kim (2015): *Entrepreneurship and Innovation at MIT-Continuing Global Growth and Impact*. Boston, MA, USA: Massachusetts Institute for Technology. ► https://innovation.mit.edu/assets/EntrepreneurshipInnovationMIT-8Dec2015-final.pdf

6

Gründungsfinanzierung

Inhaltsverzeichnis

7.1   Kapitalausstattung von Gründern – 80

7.2   Spezielle Probleme der Gründungsfinanzierung – 81

7.3   Kreditrationierung – 83

7.4   Venture Capital als Gründungsfinanzierung – 85
7.4.1   Besonderheiten hoch-innovativer Gründungen und daraus
        resultierende Finanzierungsprobleme – 85
7.4.2   Definition und Arten von Venture Capital – 85
7.4.3   Ablauf von VC-Finanzierung und einige empirische
        Befunde – 88

7.5   Zusammenfassung wesentlicher Ergebnisse – 90

7.6   Wesentliche Begriffe zu Kap. 7 – 91

        Literaturhinweise – 91

        Weiterführende Literatur – 92

M. Fritsch und M. Wyrwich, *Entrepreneurship*,
https://doi.org/10.1007/978-3-658-34637-9_7

7

Wesentliche Fragestellungen

- Was sind die wesentlichen Finanzierungsquellen neu gegründeter Unternehmen?
- Wieso versagt der Markt für Gründungskapital?
- Inwiefern stellt Venture Capital eine Lösung für das Marktversagen bei der Gründungsfinanzierung dar?
- Welche Besonderheiten weisen hoch-innovative Unternehmensgründungen auf?
- Wie ist der Ablauf einer Gründungsfinanzierung mit Venture Capital?

Die Verfügbarkeit finanzieller Mittel ist für die Umsetzung eines Gründungsprojektes von zentraler Bedeutung. Dies gilt insbesondere dann, wenn zunächst erhebliche Investitionen erforderlich sind, bevor wesentliche Einnahmen anfallen, wie dies typischerweise bei großen Projekten und hoch-innovativen Gründungen der Fall ist. Im Folgenden gibt ▶ Abschn. 7.1 zunächst einen Überblick über typische Finanzierungsquellen von neu gegründeten Unternehmen. Daran anschließend werden dann Probleme des Marktes für Gründungskapital behandelt, die zu einem Marktversagen führen können (▶ Abschn. 7.2). Im Einzelnen geht es dabei vor allem um Probleme asymmetrischer Information und Unsicherheit. Eine wesentliche Folge dieser Probleme kann darin bestehen, dass Kreditgeber (Banken) Kredite rationieren, also finanzielle Mittel in geringerem Umfang bereitstellen, als es eigentlich dem Marktgleichgewicht entspräche. In ▶ Abschn. 7.3 wird die Rationalität eines solchen Verhaltens anhand eines einfachen Modells der Kreditrationierung erläutert.

Besonders gravierend sind diese Probleme bei der Finanzierung innovativer Unternehmen, weshalb hier nicht Kreditfinanzierung, sondern Beteiligungsfinanzierung (Venture Capital) oftmals das geeignete Mittel darstellt. ▶ Abschn. 7.4 gibt einen Überblick über Besonderheiten technologieorientierter Unternehmensgründungen

(▶ Abschn. 7.4.1), Arten von Venture Capital (VC) sowie Typen von VC-Gebern (▶ Abschn. 7.4.2); schließlich werden empirische Befunde zu VC-Partnerschaften vorgestellt (▶ Abschn. 7.4.3). ▶ Abschn. 7.5 fasst dann noch einmal die wesentlichen Punkte zusammen.

7.1 Kapitalausstattung von Gründern

Die Gründung eines eigenen Unternehmens erfordert einen mehr oder weniger großen Einsatz von Ressourcen und damit Kapital. Kapitalgeber wie Banken knüpfen ihre Kreditbereitschaft in der Regel an Sicherheiten, wozu insbesondere vorhandenes Vermögen, also Eigenkapital des Gründers, dienen kann. Falls Eigenkapital nicht in ausreichendem Maße vorhanden ist, stellt dies einen zentralen Engpass für die Bereitstellung von Fremdkapital durch Banken dar. Daher können Gründungsprojekte durch eine zu geringe Eigenkapitalausstattung des Gründers be- oder verhindert werden. Erschwerend kann hinzukommen, dass sich der Finanzierungsbedarf zum Gründungszeitpunkt nur sehr ungenau abschätzen läßt, wie dies häufig bei innovativen Vorhaben der Fall ist (hierzu ▶ Abschn. 7.4.1). Statistische Erhebungen zeigen, dass viele Gründer kein Fremdkapital von Finanzinstituten aufnehmen, sondern versuchen, die notwendigen Ressourcen aus dem eigenen Einkommen und Vermögen sowie durch Kredite von Verwandten und Freunden aufzubringen. Sprichwörtlich sind in diesem Zusammenhang die drei großen F als Finanzierungsquelle, nämlich „Family", „Friends" und „Fools", also Familie, Freunde und Dummköpfe.

Dies spiegelt sich in der durchschnittlichen Finanzierungsstruktur junger Unternehmen in Deutschland im Zeitraum 2015–2018 wider (◘ Abb. 7.1). Demnach stammt nur ca. 5 % der eingesetzten Mittel

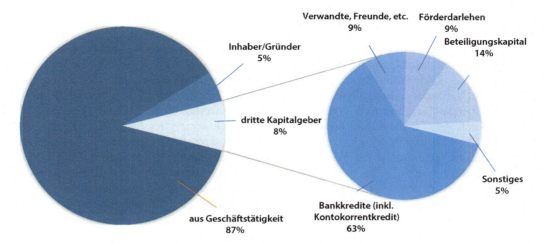

□ Abb. 7.1   Finanzierungsquellen von jungen Unternehmen in Deutschland im Zeitraum 2015–2018. (Sonderauswertungen des IAB/ZEW-Gründungspanels zur Finanzierungsstruktur von bis zu vier Jahre alten Unternehmen. Eigene Darstellung)

vom Inhaber bzw. Gründer selbst und nur 8 % von dritten Kapitalgebern; 87 % des Finanzbedarfs wird hingegen aus Einnahmen der laufenden Geschäftstätigkeit abgedeckt. Von den Mitteln Dritter stellen 63 % Bankkredite einschließlich Überziehungskredite dar, was lediglich gut fünf Prozent des Finanzierungsbedarfes insgesamt ausmacht. Der Rest setzt sich im Wesentlichen aus Förderdarlehen (neun Prozent der Mittel von Dritten bzw. deutlich weniger als ein Prozent des gesamten Finanzierungsbedarfs), Mitteln von Verwandten, Freunden etc. (neun Prozent der Finanzierung durch Dritte bzw. unter ein Prozent der insgesamt eingesetzten Mittel) sowie Beteiligungskapital (14 % der Finanzierung durch Dritte bzw. etwas mehr als ein Prozent des Gesamtbedarfs) zusammen.

Der relativ geringe Anteil an Bankkrediten an der Finanzierung junger Unternehmen dürfte im Wesentlichen die Funktionsprobleme des Marktes für Gründungskapital widerspiegeln, die in den folgenden beiden Abschnitten behandelt werden. Neben diesen Funktionsproblemen des Marktes für Gründungsfinanzierung könnte auch eine Rolle spielen, dass Gründer sich nicht in die Abhängigkeit von Finanzinstitutionen begeben wollen und deshalb keine Kredite nachfragen.

7.2 Spezielle Probleme der Gründungsfinanzierung

Der Markt für Gründungsfinanzierung ist in besonderer Weise von Problemen asymmetrischer Information und Unsicherheit gekennzeichnet. Asymmetrische Information bedeutet, dass eine der beiden Marktseiten – Anbieter oder Nachfrager – besser als die jeweils andere Marktseite über relevante Sachverhalte informiert ist. Unsicherheit meint, dass die zukünftige Entwicklung nicht genau vorhersehbar ist. Beide Probleme lassen sich durch zusätzliche Aufwendungen zur Informationsbeschaffung und Informationsverarbeitung (Screening) oder durch das Signalisieren einer relativ hohen Qualität bzw. eines geringen Risikos eines Projekts (Signaling) nur sehr eingeschränkt lösen (siehe hierzu ▶ Abschn. 7.3.).

Asymmetrische Information zu Lasten eines potenziellen Finanziers eines Gründungsprojektes besteht deshalb, weil er

- die Qualität des Geschäftsgegenstandes in der Regel schlechter einschätzen kann als der Gründer – dies dürfte insbesondere bei hoch-innovativen Gründungen relevant sein, wo die Beurteilung von Machbarkeit und Marktchancen häufig spezielles technologisches Wissen voraussetzt;
- Fähigkeiten des Gründers relativ schlecht einschätzen kann; bei etablierten Unternehmen kann ein Kapitalgeber hierzu das Verhalten bzw. den Erfolg der Unternehmensleitung in der Vergangenheit heranziehen – im Falle neuer Unternehmen bzw. von Personen, die vorher noch nicht unternehmerisch tätig waren, liegen solche Informationen nicht vor, sodass hier die Einschätzung entsprechend schwerer fällt;
- nach Vertragsabschluss erfolgsrelevante Handlungen des Kapitalnehmers (insbesondere Verstöße gegen Vereinbarungen) im Zweifel nicht ohne weiteres erkennen kann (Problem der *Hidden Action* bzw. des *Moral Hazard*).

Sofern durch die finanziellen Mittel Forschung und Entwicklung (F&E) finanziert wird, kommt erschwerend hinzu, dass solche Aufwendungen in der Regel stark ausgeprägten spezifischen Charakter haben und damit ein hohes Maß an Irreversibilität aufweisen. Dies liegt daran, dass die Ergebnisse von unvollendeten F&E-Projekten, insbesondere dann, wenn sie nicht wie erhofft ausfallen, kaum vermarktet werden können. In diesem Fall sind die bisherigen Aufwendungen für das Projekt weitgehend verloren (Sunk Cost). Aus diesem Grund ist das Ausfallrisiko für den Kapitalgeber stark vom Erfolg der F&E-Aktivitäten abhängig. Dabei kann sich für ihn insbesondere die

Frage stellen, ob er ein bisher nicht erfolgreiches F&E-Projekt aufgeben soll, womit seine bisherigen Investitionen weitgehend verloren sind oder ob er sich für eine Weiterfinanzierung entscheidet und somit den bereits investierten Mitteln weitere Ressourcen „hinterher wirft".

Auch seitens des Kapitalnehmers – hier: des potenziellen Gründers – besteht ein Problem der asymmetrischen Information insofern, als er das Geschäftsgebaren des Kapitalgebers im Voraus nur relativ ungenau einschätzen kann. Insbesonders kann er bei Vertragsabschluss nicht genau wissen, inwiefern der Kapitalgeber unklare Regelungen, die ein Kreditvertrag zwangsläufig enthält, während der Laufzeit des Vertrages in opportunistischer Weise zu seinen Lasten ausnutzen wird. Auch kann der Kreditnehmer bei Vertragsschluss kaum genau einschätzen, in welcher Weise der Kapitalgeber die in der Regel einzuräumenden Kontrollrechte wahrnimmt.

Zu diesen Problemen asymmetrischer Information kommt die hohe Unsicherheit über die Marktchancen und damit die zukünftige Entwicklung eines neuen Unternehmens hinzu. Dies gilt insbesondere für solche Gründungen, die mit einer wesentlichen Produktinnovation in den Markt eintreten. Da die Gefahr eines Scheiterns bei neuen Unternehmen im Allgemeinen deutlich höher ist als bei etablierten Unternehmen (▶ Abschn. 9.2), wäre im Falle einer Finanzierung mittels Kredit dann auch der risikoadäquate Zinssatz entsprechend höher anzusetzen. Es kann allerdings sein, dass dieser risikoadäquate Zinssatz aus der Sicht eines Kapitalgebers nicht optimal ist und er deshalb einen niedrigeren Zinssatz wählt, dafür aber das Kreditvolumen begrenzt (rationiert). Die Grundlogik einer solchen Kreditrationierung und die verschiedenen Formen der Kreditrationierung behandelt der nachfolgende Abschnitt.

7.3 Kreditrationierung

Ausgangspunkt sei ein perfekt funktionierender Markt für Kredite. Auf einem solchen Markt stellen die Anbieter von Krediten umso mehr Mittel zur Verfügung, je höher der zu erzielende Zinssatz ist; entsprechend verläuft die Angebotskurve in ◘ Abb. 7.2 von links unten nach rechts oben. Die Nachfrager wollen umso mehr Kapital zur Verfügung gestellt bekommen, je niedriger der Zinssatz ist; die Kurve für die Nachfrage nach Kredit verläuft also von links oben nach rechts unten. Aus diesem Zusammenspiel von Angebot und Nachfrage ergibt sich der Gleichgewichts-Zinssatz für Projekte einer bestimmten Risikoklasse in Punkt G in ◘ Abb. 7.2 als i^G und es wird das Kreditvolumen K^G ausgereicht.

Kreditrationierung liegt dann vor, wenn von den Kapitalgebern ein geringeres Kreditvolumen als im Gleichgewicht, also zum Beispiel K^A, bewilligt wird. Für diese Kreditvolumen liegt der Zinssatz (i^R) zwar unterhalb des Gleichgewichtszinses (i^G), allerdings besteht hier ein Nachfrage-Überhang, denn die Kreditnachfrage im Ausmaß von $K^N - K^A$ in ◘ Abb. 7.2 kommt nicht zum

Zuge, obwohl die Nachfrager bereit wären, den entsprechenden Zinssatz i^R zu zahlen. Folge dieser Kreditrationierung ist, dass gesamtwirtschaftlich eigentlich erwünschte Projekte keine Finanzierung finden und daher unterbleiben.

Man unterscheidet mehrere Formen der Kreditrationierung. *Kreditrationierung vom Typ I* liegt vor, wenn jeder Nachfrager beim Zinssatz unterhalb des Gleichgewichtswertes weniger Kredit erhält, als er nachfragt. *Kreditrationierung vom Typ II* ist dann gegeben, wenn die Kreditvergabe durch die Kapitalgeber von der Einschätzung der persönlichen Kreditwürdigkeit abhängt und bestimmte Nachfrager einen Kredit erhalten, andere jedoch nicht. Einen Unterfall der Kreditrationierung vom Typ II stellt das sogenannte *Redlining* dar. Von Redlining spricht man, wenn etwa die Bewohner bestimmter Stadtviertel oder Antragsteller mit bestimmten Eigenschaften (Staatsbürgerschaft, ethnische Zugehörigkeit, sozialer Status) keinen Kredit oder nur ein beschränktes Kreditvolumen erhalten.

Die Frage, wieso Kreditgeber bei risikobehafteten Projekten nicht den Gleichgewichtszinssatz verlangen, sondern das Kreditvolumen bei einem unter dem Gleichgewichtswert liegenden Zinssatz rationieren, kann mit Unsicherheit und Problemen asymmetrischer Information erklärt werden. Nehmen wir hierzu der Einfachheit halber an, die Akteure hätten keine besondere Risikovorliebe, sondern verhalten sich risikoneutral, d. h. sie orientieren sich allein am Erwartungswert einer Investition (zu verschiedenen Typen von Risikopräferenzen siehe ▶ Abschn. 5.3). Weiterhin sei unterstellt, dass ein Kreditgeber zwar den erwarteten Ertrag von Projekten im Voraus erkennen kann, nicht aber das Risiko eines Scheiterns des Unternehmens und damit eines teilweisen oder totalen Kreditausfalls. Allerdings weiß der Kreditgeber aus seiner Berufserfahrung, dass ein Scheitern umso wahrscheinlicher ist, je höher der erwartete Ertrag eines Projektes ist. Variiert der Kapitalgeber nun den Kreditzins entsprechend dem Projektrisiko, so kann er einerseits auf höhere Zinseinnahmen hoffen, andererseits muss er aber auch ein höheres Ausfallrisiko in Kauf nehmen. Die Gruppe derjenigen

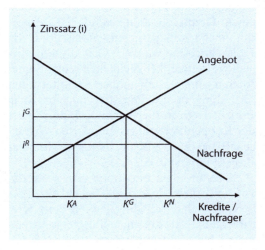

◘ **Abb. 7.2** Gleichgewicht auf dem Kreditmarkt und Kreditrationierung

Nachfrager, die bereit sind, für die Finanzierung ihrer Projekte einen relativ hohen Zinssatz zu zahlen, dürfte daher einen hohen Anteil relativ schlechter Risiken umfassen, die eine hohe Wahrscheinlichkeit des Scheiterns aufweisen.

Der Zusammenhang zwischen dem Zinssatz und dem erwarteten Ertrag des Kreditgebers ist in ◘ Abb. 7.3 dargestellt. Dabei nehmen mit ansteigendem Zinssatz zwar einerseits die Zinseinnahmen zu, andererseits steigt aber auch die Wahrscheinlichkeit für ein Scheitern des Projektes und damit das Risiko für einen Kreditausfall. In Abhängigkeit vom Anstieg dieses Kreditausfallrisikos kann es dann sein, dass – wie in ◘ Abb. 7.3 dargestellt – der erwartete Ertrag (E*) ab einem bestimmten Zinssatz abnimmt. Derjenige Zinssatz, bei dem der erwartete Ertrag des Kapitalgebers (E*) maximiert wird, stellt den für den Kreditgeber optimalen Zinssatz (i*) dar. Hieraus folgt, dass sich der Zinssatz nur beschränkt zur Kompensation von Risiken eignet, sodass der bankoptimale Zinssatz (i*) nicht dem markträumenden Zinssatz entspricht.

Zwar lassen sich die Probleme eines Kapitalgebers bei der Einschätzung eines Projektes durch Beschaffung und Verarbeitung von Informationen über das Projekt und über die Person des Kreditnehmers *(Screening)* reduzieren, allerdings ist dies aufgrund des damit verbundenen Aufwandes ökonomisch nur begrenzt sinnvoll. Da der Anteil der Screening-Kosten am erwarteten Ertrag mit dem Kreditvolumen abnimmt, lohnt sich Screening vor allem bei großen Projekten. Aus diesem Grund kann es für einen Kreditnachfrager leichter sein, eine hohe Kreditsumme im Vergleich zu einem relativ geringen Kreditvolumen zu erhalten. Folglich ist die Gefahr eines Marktversagens bei relativ geringen Kreditsummen besonders hoch. Weiterhin könnte der Kreditgeber Sicherheiten für seinen Kredit fordern, was für viele Gründer ein Problem darstellt, da sie kaum über Eigenkapital verfügen.

Die Möglichkeiten für den Kreditnachfrager, dem potenziellen Kreditgeber ein relativ geringes Risiko zu signalisieren *(Signaling)*, sind im Falle der Gründungsfinanzierung sehr begrenzt. Dies liegt – wie bereits erwähnt – vor allem daran, dass ein erstmaliger Gründer noch keine Reputation als Unternehmer und keine entsprechende Kredithistorie nachweisen kann. Entsprechende Signale könnten hier von der Qualifikation des Gründers ausgehen, weshalb sich vermuten ließe, dass Gründer mit hoher Qualifikation (z. B. gemessen am Ausbildungsniveau sowie der Berufs- und Managementerfahrung) es leichter haben, einen Kredit zu erlangen als Nachfrager mit einer relativ geringen Qualifikation. Im Falle hoch-innovativer Gründungen bestehen weitere Möglichkeiten zum Signalisieren einer relativ hohen Qualität einer Gründung in der Patentierung einer dem Projekt zugrundeliegenden Erfindung oder der Kooperation mit renommierten Wissenschaftlern (z. B. Nobelpreisträgern), die das Projekt unterstützen.

Alles in allem muss man aber wohl davon ausgehen, dass die Möglichkeiten des Screening und Signaling die mit einer Kreditvergabe verbundenen Probleme asymmetrischer Information nur teilweise lösen können, der Kreditmarkt im Bereich der Gründungsfinanzierung also versagt.

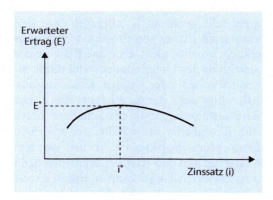

◘ **Abb. 7.3** Der bankoptimale Zinssatz bei risikoreichen Projekten

So haben denn auch eine Reihe von empirischen Untersuchungen zeigen können, dass Gründungen relativ stark von Kreditrationierung betroffen sind, was dann unter anderem dazu führt, dass viele Unternehmen erst einmal in relativ kleiner Form, gewissermaßen als „Gründung Light" bzw. Low-Budget-Variante entstehen. Mit einem Marktversagen dürfte insbesondere im Falle innovativer Gründungen zu rechnen sein, da hier die Erfolgsaussichten mit besonders hohen Unsicherheiten behaftet sind.

7.4 Venture Capital als Gründungsfinanzierung

7.4.1 Besonderheiten hochinnovativer Gründungen und daraus resultierende Finanzierungsprobleme

Unter einer hoch-innovativen Gründung versteht man ein neues Unternehmen, dessen Geschäftstätigkeit mit einer signifikanten Neuerung verbunden ist. In aller Regel handelt es sich bei dieser Neuerung um eine Produktinnovation. Die Marktchancen für solche hoch-innovativen Gründungen sind im Vergleich zu einem rein imitativen Marktzutritt mit konventionellen Produkten besonders ungewiss. Eine weitere Besonderheit hoch-innovativer Gründungen besteht darin, dass häufig noch kein vermarktungsfähiges Produkt vorliegt, sondern meist noch wesentlicher F&E-Aufwand erforderlich ist, bis das Produkt die Marktreife erlangt. Da es im Wesen von F&E-Aktivitäten liegt, dass sich ihr Ergebnis und der dafür erforderliche Aufwand nicht mit Sicherheit prognostizieren lässt, besteht dann auch Unsicherheit darüber, ob überhaupt ein marktfähiges Produkt zustande kommt, wann dieses Produkt vorliegt und welcher Aufwand

dafür erforderlich ist. Hinzu kommt, wie bereits erwähnt (▸ Abschn. 7.2), dass F&E-Aufwendungen in hohem Maße irreversibel sind, sodass der Aufwand für fehlgeschlagene oder abgebrochene F&E-Projekte weitgehend verloren ist.

Sofern hoch-innovative Gründungsprojekte noch schwer abschätzbaren F&E-Aufwand erfordern, bevor die ersten Einnahmen generiert werden, können sie auch keine Zinsen zahlen, geschweige denn einen Kredit tilgen. Nicht zuletzt aus diesem Grunde ist Kreditfinanzierung in solchen Fällen ungeeignet. Eine Lösung könnte hier die Finanzierung in Form einer Beteiligung an dem betreffenden Unternehmen darstellen. Der folgende Abschnitt beschreibt den Charakter und verschiedene Arten von Beteiligungsfinanzierung an Unternehmen (Venture Capital).

7.4.2 Definition und Arten von Venture Capital

Unter Venture Capital versteht man Beteiligungskapital (Private Equity) außerhalb des organisierten Kapitalmarktes, der Börse. Venture Capital im engeren Sinne meint die Finanzierung innovativer Unternehmensgründungen; es können damit aber auch andere Formen der nicht-börsennotierten Beteiligung, wie z. B. Finanzierung von Unternehmensübernahmen, Management Buy-outs oder der Erwerb von Gesellschafteranteilen gemeint sein (siehe ◘ Abb. 7.4). Öffentliches Beteiligungskapital (Public Equity) umfasst in dieser Einteilung sämtliche börsennotierten Beteiligungen wie etwa Aktien. Andere häufig verwendete Bezeichnungen für Venture Capital sind Wagnis- oder Risikokapital sowie Smart Capital (informiertes Kapital).

Die Kennzeichnung von Venture Capital als Smart Capital bzw. informiertes Kapital hat zweierlei Gründe:

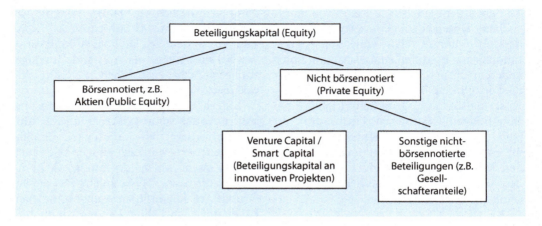

◘ **Abb. 7.4** Arten von Beteiligungskapital (Equity)

— Erfolgreiche Investitionen in innovative Projekte setzen besondere Kenntnisse des Investors zur Identifikation und Auswahl geeigneter Investitionsprojekte voraus.

— Mit einer VC-Investition sind häufig auch Betreuungsleistungen für die betreffenden Unternehmen verbunden, sodass ein Wissenstransfer stattfindet.

Ein wesentliches Kennzeichen von VC besteht darin, dass – anders als dies bei Kreditfinanzierung in der Regel der Fall ist – keine nennenswerten Sicherheiten eingefordert werden. Häufig sind entsprechende Sicherheiten nicht vorhanden und das Bestehen des Kapitalgebers auf Überlassung von Sicherheiten hätte zur Folge, dass die Finanzierung nicht zustande kommt. Gefordert werden allerdings häufig Kontroll- und Mitspracherechte für den Investor, wodurch er über eine reine Beratung hinaus aktiv in das Management des Unternehmens eingreifen kann. Da Beteiligungsfinanzierung in der Regel den Charakter von Eigenkapital hat, sind keine Aufwendungen für Kapitaldienst, also für Zinszahlungen und Tilgung eines Kredites, erforderlich. Die VC-Geber setzen vielmehr darauf, dass der Wert des Unternehmens ansteigt

und sie ihre Beteiligung bei einem Erfolg des Unternehmens mit Gewinn veräußern können. Das Zustandekommen von VC-Investitionen setzt also gute Möglichkeiten zu einer Veräußerung von Unternehmensbeteiligungen (Exit) voraus. Je einfacher es ist, Unternehmensbeteiligungen zu verkaufen, desto höher ist auch die Bereitschaft von VC-Gebern, sich an einem Unternehmen zu beteiligen.

Entsprechend der Entwicklungsphase hochinnovativer Unternehmensgründungen unterscheidet man zwischen einem Early Stage, einer Expansionsphase (Expansion Stage) sowie einer späten Phase (Late Stage) (siehe Übersicht 7.1). Zwar kann Venture Capital durchaus eine Lösung von Finanzierungsproblemen hoch-innovativer Gründungen darstellen, allerdings erweist sich auch diese Finanzierungsform in der Praxis als nur eingeschränkt funktionsfähig. Insbesondere in einem frühen Stadium eines Projektes, der sogenannten Seed-Phase, in der lediglich ein Produktkonzept vorliegt und Marktanalyse sowie Grundlagenentwicklungen noch bevorstehen, sind private VC-Geber in der Regel recht zurückhaltend, da hier das Projektrisiko besonders hoch ist. Üblicherweise investieren private VC-Geber vor allem im Verlauf der Start-up-Phase und in der

Übersicht 7.1　Entwicklungsphasen hoch-innovativer Unternehmensgründungen und Finanzierungsquellen

Finanzierungs- phase	Early Stage		Expansion Stage	Late Stage
	Seed	Start-up	Expansion	Bridge oder MBO/MBI
Typische Unternehmens- aktivitäten	– Produkt- konzept – Marktanalyse – Grundlagen- entwicklung	– Unternehmens- gründung – Entwicklung bis zur Produktions- reife – Marketing- konzept	– Produktions- beginn – Marktein- führung oder – Wachstums- finanzierung	– Vorbereitung eines Börsen- ganges oder eines Verkaufs an industriellen Investor oder – Übernahme durch vorhan- denes (MBO) oder externes (MBI) Management
Gewinn/Ver- lusterwartung des Portfolio- unternehmens				
Typische Finanzierungs- quellen	- - - - - Eigene Mittel - - - - - -> <- - - - Fremdfinanzierung - - - - - - - - - - Öffentliche Fördermittel - - - -> <- - - - Börse - - - - - - - <- - - - - - - - - - - - - - - Venture Capital - - - - - - - - - - - - - - - - - - -			

Expansionsphase, wenn sich die erfolgreiche Entwicklung des Produkts bis zur Marktreife bereits absehen lässt. Fremdfinanzierung durch Kredite kommt in der Regel erst nach Markteinführung des Produktes, also in der Expansionsphase oder in einer späteren Phase der Unternehmensentwicklung, infrage. Das Versagen des VC-Marktes in der Seed-Phase macht entsprechende staatliche Eingriffe wünschenswert.

Eine Alternative kann in bestimmten Fällen die sogenannte Experiment-basierte Strategie darstellen. Hierbei geht es darum, eine experimentelle Minimalversion *(minimal viable product)* des angestrebten Produktes zu entwickeln, mit dem sich dessen Realisierbarkeit abschätzen lässt. Der offenkundige Vorteil dieser Strategie besteht darin, dass zur Finanzierung der experimentellen Minimalversion nur ein Bruchteil des für die Entwicklung des geplanten Endprodukts erforderlichen Investitionsvolumens benötigt wird. Erweist sich das Experiment als Fehlschlag, so kann der Investor auf diese Weise größere Verluste vermeiden. Als Beispiel hierfür kann man die Firma Amazon ansehen, die sich ursprünglich auf den Verkauf von Büchern spezialisierte.

Als sich dieses auf minimalen Entwicklungskosten basierende Modell als erfolgreich erwies, begann das Unternehmen die Produktpalette schrittweise zu erweitern und bietet heutzutage Produkte aller Art auf seiner Plattform an.

Folgende Typen von VC-Gebern, die jeweils spezifische Merkmale aufweisen, lassen sich unterscheiden:

– *Renditeorientierte VC-Gesellschaften* sind Finanzunternehmen, die sich an ausgesuchten wachstums- und gewinnträchtigen hoch-innovativen Unternehmen beteiligen. Dabei kann der Kapitaleinsatz relativ hoch sein, wobei auch intensive nicht-finanzielle Unterstützung im technischen und/oder im kaufmännischen Bereich geleistet wird. Nicht selten sind diese VC-Investoren auf bestimmte Branchen bzw. Technologiebereiche konzentriert, in denen sie über ausgeprägte fachliche Expertise in Bezug auf die zugrundeliegende Technologie bzw. hinsichtlich der Marktgegebenheiten verfügen.

7

- *Corporate VC-Gesellschaften* sind in der Regel eng mit großen, etablierten Firmen, die nicht dem Finanzsektor angehören, verknüpft. Mit den Beteiligungen an hoch-innovativen Start-ups werden meist vorwiegend strategische Motive verfolgt, wie etwa die enge Beobachtung technologischer Entwicklungen und die Sicherung des Zugangs zu wichtigen Innovationen bzw. neuen Wissensbereichen. Die Finanzierung innovativer Gründungen kann für die Firmen auch ein Weg sein, um grundlegende Neuentwicklungen außerhalb der etablierten Unternehmensstrukturen auszuprobieren. Für junge Unternehmen kann ein Vorteil der Finanzierung durch Corporate VC-Gesellschaften darin bestehen, dass sie die Möglichkeit haben, technologische Entwicklungen großer, etablierter Unternehmen zu beobachten. Allerdings sind mit dieser Art der Finanzierung auch Risiken für die Gründungen verbunden. So kann es sein, dass der VC-Geber sich in der Gründung generiertes Wissen aneignet, für eigene Zwecke einsetzt und somit eventuell die Erfolgschancen des neuen Unternehmens mindert. Insofern kann diese Art der Finanzierung auch als ein strategisches Mittel eingesetzt werden, um das Entstehen von neuen Konkurrenzunternehmens zu be- oder verhindern.
- *Informelle VC-Geber* bzw. *Business Angels* sind Privatpersonen, die renditeorientiert in innovative Unternehmen investieren. Da die finanzielle Grundlage für die Beteiligung in der Regel das persönliche Vermögen des privaten Investors ist, sind die Investitionen vom Betrag her meist recht begrenzt. Solche Investitionen gehen oft mit relativ intensiver Betreuung durch den VC-Geber einher. Informelle VC-Geber beteiligen sich häufiger bereits in der Seed-Phase und der frühen Start-up-Phase an Gründungsprojekten als VC-Gesellschaften.

- *Förderorientierte VC-Geber* haben in der Regel einen öffentlichen Förderauftrag und sollen sich an solchen Unternehmensgründungen beteiligen, die kein privates Beteiligungskapital erhalten. Insbesondere sollen sie mit ihrem Engagement auch dazu beitragen, den Mangel an VC in der frühen Entwicklungsphase von Projekten zu überwinden. Viele der förderorientierten VC-Geber sind im Auftrag von regionalen Gebietskörperschaften – meist auf der Ebene eines Bundeslandes – tätig und die Beteiligungen sind auf die betreffende Region bzw. das jeweilige Bundesland begrenzt. In der Regel ist der Kapitaleinsatz limitiert und das Niveau nicht-finanzieller Unterstützungsleistungen ist relativ gering. Förderorientierte VC-Geber orientieren sich meist weniger an starkem Wachstum und hoher Rendite der betreffenden Unternehmen, sondern sind eher an deren Überleben bzw. einer stabilen Entwicklung interessiert. Die Etablierung förderorientierter VC-Geber durch politische und institutionelle Entscheidungsträger ist ein wichtiges Mittel, um Marktversagen in der frühen Seed-Phase zu beheben.

Gelegentlich sind auch Geschäftsbanken und Sparkassen als VC-Geber tätig, wobei die Sparkassen ihr Engagement nicht selten auch mit einer gewissen Absicht der Wirtschaftsförderung verbinden, sodass sie tendenziell den förderorientierten VC-Gebern zuzurechnen sind.

7.4.3 Ablauf von VC-Finanzierung und einige empirische Befunde

Am Beginn einer VC-Partnerschaft steht ein intensives Screening des betreffenden Unternehmens bzw. Projektes durch den potenziellen Finanzier, was als Due Dilligence bezeichnet wird. Entscheidet sich der VC-Geber für eine Beteiligung, so findet die Investition in aller Regel in mehreren aufeinanderfolgenden Runden statt, um so das Risiko für den Kapitalgeber in Grenzen zu halten. Mit jeder Investitionsrunde werden bestimmte Ziele als Meilensteine gesetzt, die erfüllt sein sollen, bevor die nächste Investitionsrunde beginnt. Zu Beginn des Prozesses ist die Investitionssumme noch relativ gering; verläuft die Entwicklung erfolgreich, so werden in weiteren Finanzierungsrunden weitere Mittel, häufig in größer werdenden Tranchen investiert.

In der ganz überwiegenden Mehrzahl der Fälle zieht der VC-Finanzierer, der sich als Erster zu einer Beteiligung entschlossen hat (Lead-Investor), früher oder später weitere Investoren hinzu, was als Syndizierung einer Investition bezeichnet wird. Häufige Gründe für die Beteiligung mehrerer VC-Gesellschaften an einem Unternehmen sind insbesondere die Begrenzung des Risikos für einen einzelnen Investor durch Verteilung der Investition auf mehrere Mittelgeber, die Einbeziehung der Expertise der anderen VC-Gesellschaften für das Investment sowie größere räumliche Nähe einer der VC-Gesellschaften zum Beteiligungsunternehmen. Räumliche Nähe zum Investitionsobjekt erleichtert eine Betreuung vor Ort. Bei Syndizierung einer Beteiligung übernimmt häufig derjenige VC-Geber die wesentlichen Betreuungsleistungen, dessen Standort sich relativ nahe beim Portfoliounternehmen befindet.

Empirische Analysen haben gezeigt, dass Unternehmensgründungen, an denen sich eine private VC-Gesellschaft beteiligt hat, meist eine relativ gute Entwicklung aufweisen. Hierfür sind im Wesentlichen zweierlei Gründe denkbar: Erstens kann es sein, dass ein Unternehmen infolge der privaten Beteiligung, insbesondere auch aufgrund der Beratungsleistungen des VC-Gebers, eine positive Entwicklung aufweist. Zweitens sind VC-Geber im Rahmen ihrer intensiven Screening-Aktivitäten darum

bemüht, besonders erfolgsträchtige Projekte auszuwählen, sodass sich in dem positiven statistischen Zusammenhang zwischen VC-Beteiligung und Unternehmensentwicklung im Zweifel vor allem dieser Selektionseffekt widerspiegelt. Besonders stark ausgeprägt ist der positive statistische Zusammenhang zwischen VC-Beteiligung und Unternehmensentwicklung, wenn der VC-Geber auf bestimmte Technologiebereiche bzw. Märkte spezialisiert ist, was wiederum sowohl mit einer besonders erfolgreichen Selektion der Investitionsprojekte als auch mit qualitativ relativ hochwertigem Wissenstransfer durch den VC-Geber erklärt werden kann.

Der Befund verschiedener empirischer Untersuchungen, dass syndizierte Projekte besonders erfolgreich sind, kann ähnlich interpretiert werden. Denn zum einen kann man davon ausgehen, dass Projekte, die von mehreren VC-Gebern positiv evaluiert wurden, mit besonders hoher Wahrscheinlichkeit erfolgsträchtig sind. Zum anderen dürfte der gemeinsame Wissenspool mehrerer VC-Geber zu einem besonders reichhaltigen Wissenstransfer in das finanzierte Unternehmen führen.

Für die Beteiligung durch förderorientierte VC-Geber (z. B. öffentliche Förderbanken) lässt sich in der Regel kein positiver Zusammenhang mit der Entwicklung des betreffenden Gründungsprojektes feststellen. Der Grund hierfür könnte sein, dass die Intensität der Betreuung durch öffentliche VC-Geber, und damit der Wissenstransfer in die Unternehmen, meist relativ schwach ausgeprägt ist. Eine weitere Erklärung könnte in Unterschieden zwischen privaten und öffentlichen VC-Gebern hinsichtlich der mit der Beteiligung primär verfolgten Ziele bestehen. In diesem Zusammenhang wird häufig genannt, dass öffentliche VC-Geber vorwiegend an dem Überleben bzw. der Stabilität einer Gründung und weniger an deren Wachstum sowie der Erwirtschaftung von Gewinnen interessiert sind.

7

Schließlich könnte eine Erklärung für Unterschiede in der Entwicklung von Firmen mit privater und förderorientierter VC-Beteiligung darin bestehen, dass öffentliche VC-Investoren sich vielfach an solchen Projekten beteiligen, die von kommerziellen VC-Gebern abgelehnt worden sind, was sich als Indiz für eine relativ geringe Qualität der Projekte auffassen ließe. Sofern öffentliche VC-Geber sich tatsächlich an solchen innovativen Projekten beteiligen, die den relativ hohen Anforderungen von privaten VC-Investoren nicht vollständig genügen, ist dies nicht unbedingt als Hinweis auf mangelnde Expertise öffentlicher VC-Gesellschaften zu deuten, sondern es entspräche vielmehr ihrem Förderauftrag. Denn bei vielen förderorientierten VC-Gebern steht die (regionale) Wirtschaftsförderung im Mittelpunkt und weniger die Frage, ob das entsprechende Gründungsprojekt sich tatsächlich in einer Phase befindet, in der die Funktionsfähigkeit des Marktes für VC-Finanzierung eingeschränkt ist.

Betrachtet man die regionale Verteilung von VC-Investitionen und vergleicht diese mit den Standorten der privaten VC-Geber, so findet sich in der Regel ein hohes Maß an Übereinstimmung. Diese Korrespondenz der Standorte beruht zum einen darauf, dass VC-Geber sich bevorzugt dort niederlassen, wo relativ viele innovative Gründungen stattfinden, um auf diese Weise Vorteile räumlicher Nähe zu diesen Investitionsgelegenheiten zu nutzen. Solche Vorteile können vor allem in relativ geringen Transaktionskosten bei der Überwachung und Betreuung von Investments bestehen, die häufig persönliche Face-to-Face Kontakte und damit Anwesenheit vor Ort erfordern. Ferner kann es sein, dass das Wissen über lohnenswerte Investitionsprojekte räumlich beschränkt ist und räumliche Nähe eine wesentliche Voraussetzung dafür darstellt, frühzeitig Kenntnis von potenziell lohnenswerten Investitionsprojekten zu erlangen.

Eine weitere Erklärung für die Standortkorrespondenz zwischen VC-Gebern und ihren Investments könnte darin gesehen werden, dass sich VC-Geber aufgrund hoher entfernungsbedingter Transaktionskosten vor allem auf Projekte beschränken, die in räumlicher Nähe zu ihnen angesiedelt sind. In diesem Falle bestünde eine regionale VC-Lücke, die dann auf eine Benachteiligung der von den Standorten der VC-Geber weiter entfernten Regionen hindeutet und eventuell politische Interventionen wünschenswert macht.

Empirische Untersuchungen für Deutschland haben gezeigt, dass von einer wesentlichen regionalen VC-Lücke nicht die Rede sein kann. VC-Gesellschaften in Deutschland (wie auch in den USA) investieren auch an weit entfernten Standorten. Bei solchen Engagements in räumlich weiter entfernt gelegenen Projekten besteht dann die Neigung, die Investition mit einem Partner zu syndizieren, der über einen Standort in räumlicher Nähe zum Investment verfügt und daher die Betreuungsleistungen vor Ort mit relativ geringen Mobilitätskosten erbringen kann. Allerdings gibt es Hinweise darauf, dass bei Anwesenheit weniger VC-Geber am Standort die Finanzierungsvolumina relativ gering ausfallen.

7.5 Zusammenfassung wesentlicher Ergebnisse

In Bezug auf die Finanzierung von Gründungen erweist sich der Kapitalmarkt als nur beschränkt funktionsfähig. Dies gilt insbesondere für die Finanzierung von Gründungen mit Krediten. Der wesentliche Grund für die nur eingeschränkte Funktionsfähigkeit von Kapitalmärkten bei der Gründungsfinanzierung liegt darin, dass zum einen die Kapitalgeber die Qualität von Gründungsprojekten nur ungenau einschätzen können und zum anderen – insbesondere bei hoch-innovativen Gründungen – Unsicherheit über den Markterfolg des neuen Unternehmens besteht. Eine wesentliche Folge ist dann, dass Kapitalgeber zu Kreditrationierung neigen, d. h. ein geringeres Kreditvolumen anbieten als es gesamtwirtschaftlich sinnvoll und wünschenswert wäre. Für solche innovativen Gründungen, bei denen noch erheblicher F&E-Aufwand erforderlich ist, um das Produkt bis zur Marktreife zu entwickeln, ist Kreditfinanzierung besonders schlecht geeignet, da solche Unternehmen, solange sie keine Rückflüsse realisieren, auch keine Zinsen zahlen, geschweige denn Tilgungszahlungen leisten können.

Insbesondere für hoch-innovative Gründungen ist die Finanzierung über Beteiligungskapital (VC) sehr viel besser geeignet. Dabei erwirbt ein Investor Anteile an einem Unternehmen in der Hoffnung, diese später gewinnbringend veräußern zu können. Beteiligungsfinanzierung ist häufig mit intensiver Managementunterstützung und Beratungsleistungen verbunden. Allerdings ist auch der Markt für Beteiligungsfinanzierung in der Realität nur eingeschränkt funktionsfähig, denn auch hier wird ein Engagement von Kapitalgebern in relativ frühe Entwicklungsstadien eines Projektes, insbesondere in der Seed-Phase, durch Probleme asymmetrischer Information und vor allem durch hohe Unsicherheit über die Erfolgsaussichten des Projektes beeinträchtigt. Dieses Marktversagen stellt eine Begründung für entsprechende staatliche Eingriffe dar, was aber nicht notwendig bedeutet, dass sich jede Förderung von Gründungsprojekten mit öffentlichem VC mit Marktversagen rechtfertigen lässt!

VC-Investitionen finden in der Regel in mehreren Runden statt. Dabei besteht eine ausgeprägte Tendenz dazu, das Engagement zu syndizieren, d. h. andere VC-Geber an dem Projekt zu beteiligen. Große räumliche Entfernung zu einem Gründungsprojekt mindert nicht die Investitionsbereitschaft eines VC-Gebers. VC-finanzierte Gründungsprojekte sind im Allgemeinen wirtschaftlich relativ erfolgreich.

Dies könnte darauf zurückzuführen sein, dass VC-Geber sich vor allem an besonders erfolgversprechenden Projekten beteiligen. Ein weiterer Grund für den besonderen Erfolg von VC-finanzierten Gründungen könnten die Betreuungsleistungen des VC-Gebers sein.

7.6 Wesentliche Begriffe zu Kap. 7

- Asymmetrische Information
- Bankoptimaler Zinssatz
- Beteiligungsfinanzierung
- Business Angels
- Coaching
- Corporate VC
- Equity, private und public
- Exit-Optionen
- Family, Friends and Fools
- Förderorientiertes VC
- Fremdkapital
- Kreditfinanzierung
- Kreditrationierung
- Late Stage
- Lead Investor
- Screening
- Seed-Phase
- Signaling
- Smart Capital
- Start-up-Phase
- Syndizierung
- Venture Capital (VC)

Literaturhinweise

Einen Überblick über Finanzierungsprobleme von Gründungen, insbesondere auch über empirische Untersuchungen zu der Frage, inwiefern Gründungen kreditrationiert sind, siehe *Parker* (2018). Das hier dargestellte Grundmodell der Kreditrationierung geht auf die grundlegende Arbeit von *Stiglitz* und *Weiss* (1981) zurück. Eine allgemeine Behandlung der Funktionsprobleme von Märkten unter asymmetrischer Information und Unsicherheit findet sich bei *Fritsch*

(2018, ▶ Kap. 11). *Lerner* (2009) beschäftigt sich eingehend mit geeigneten Rahmenbedingungen für einen funktionsfähigen VC-Markt. Zu der Frage, inwiefern VC-Investitionen räumliche Nähe von Investor und Investment erfordern bzw. inwiefern regionale VC-Lücken bestehen, siehe *Fritsch* und *Schilder* (2008, 2012). Zur experiment-basierten Strategie der Produktentwicklung ist *Nanda* und *Rhodes-Kropf* (2016) zu empfehlen.

Weiterführende Literatur

Fritsch, Michael und Dirk Schilder (2008): Does Venture Capital Investment really require Spatial Proximity? An Empirical Investigation. *Environment and Planning A*, 40, 2114–2131. ▶ https://doi.org/10.1068/a39353

Fritsch, Michael und Dirk Schilder (2012): The Regional Supply of Venture Capital—Can Syndication Overcome Bottlenecks? *Economic Geography*, 88, 59–76. ▶ https://doi.org/10.1111/j.1944-8287.2011.01139.x

Fritsch, Michael (2018): *Marktversagen und Wirtschaftspolitik – Mikroökonomische Grundlagen staatlichen Handelns.* 10., überarbeitete und ergänzte Auflage, München: Vahlen ▶ https://doi.org/10.15358/9783800656448

IAB/ZEW-Gründungspanel: ▶ https://www.zew.de/de/publikationen/zew-gutachten-und-forschungsberichte/forschungsberichte/unternehmen/iab-zew-gruendungspanel/

Lerner, Josh (2009): *Boulevard of Broken Dreams.* Stanford: Stanford University Press. ▶ https://doi.org/10.1515/9781400831630

Nanda, Ramana und Matthew Rhodes-Kropf (2016), Financing Entrepreneurial Experimentation, *Innovation Policy and the Economy*, 16, 1–23, ▶ https://doi.org/10.1086/684983.

Parker, Simon (2018): *The Economics of Entrepreneurship.* 2nd edn., Cambridge: Cambridge University Press. ▶ https://doi.org/10.1017/9781316756706

Stiglitz, Joseph und A. Weiss (1981): Credit rationing in markets with imperfect competition. *American Economic Review*, 71, 393–410. ▶ http://www.jstor.org/stable/1802787

Determinanten der Gründungsentscheidung im gesamtwirtschaftlichen, sektoralen und regionalen Kontext

Inhaltsverzeichnis

8.1   Persönliche Charakteristika und Gründungsneigung – 95

8.2   Institutionelle Rahmenbedingungen – 97

8.3   Gründungsbarrieren: Der administrative Gründungsaufwand im internationalen Vergleich – 99

8.4   Wie entstehen unternehmerische Gelegenheiten und wie kann man sie fördern? – 100

8.5   Gesamtgesellschaftliche Rahmenbedingungen: Wohlstandsniveau, Konjunktur, Arbeitslosigkeit und Kosten – 101

8.6   Marktspezifische Gegebenheiten – 103

8.7   Die Bedeutung des regionalen Kontext – 105
8.7.1 Zur Identifikation eines regionalen Einflusses – 105
8.7.2 Die Bedeutung von regionalen Gegebenheiten im Einzelnen – 106

8.8   Die systemische Sichtweise – 109

© Der/die Autor(en), exklusiv lizenziert durch Springer Fachmedien Wiesbaden GmbH, ein Teil von Springer Nature 2021
M. Fritsch und M. Wyrwich, *Entrepreneurship*,
https://doi.org/10.1007/978-3-658-34637-9_8

8.9   Zusammenfassung wesentlicher Ergebnisse – 110

8.10   Wesentliche Begriffe zu Kap. 8 – 111

       Literaturhinweise – 111

       Weiterführende Literatur – 112

Wesentliche Fragestellungen

- Welche institutionellen Rahmenbedingungen haben einen wesentlichen Einfluss auf die Gründungstätigkeit?
- Inwiefern wird das Niveau der Gründungstätigkeit durch die vorhandenen unternehmerischen Gelegenheiten begrenzt?
- Lassen sich Zusammenhänge zwischen dem Wohlfahrtsniveau eines Landes und dem Entrepreneurship feststellen?
- Welche marktspezifischen und regionalen Faktoren wirken sich günstig auf Gründungen und unternehmerische Selbstständigkeit aus?

In ▶ Kap. 3 wurden große Unterschiede im Niveau der Gründungsaktivitäten zwischen Branchen, Regionen und Ländern aufgezeigt. Gegenstand dieses Kapitels sind die Determinanten solcher Unterschiede. Die genaue Kenntnis dieser Determinanten stellt eine wichtige Voraussetzung für effektive Maßnahmen zur Beeinflussung des Niveaus der Gründungsaktivitäten dar.

Die Entscheidung einer Person zur Gründung eines Unternehmens ergibt sich zum einen aus ihren individuellen Eigenschaften, zum anderen kommt hier dem jeweiligen Kontext eine wesentliche Rolle zu. Als Ausgangspunkt der Behandlung der Determinanten von Gründungsaktivitäten werden daher in ▶ Abschn. 8.1 zunächst die bereits weitgehend in vorherigen Kapiteln (insbesondere ▶ Kap. 4 und 5) behandelten Hypothesen und empirische Ergebnisse zu den Bestimmungsgründen der individuellen Gründungsentscheidung zusammengefasst. ▶ Abschn. 8.2 gibt dann einen Überblick über die für unternehmerische Tätigkeit wesentlichen Bereiche der formalen institutionellen Rahmenbedingungen und geht dabei auch auf die Rolle des administrativen Aufwands ein, der mit einer Gründung verbunden ist. Gegenstand von ▶ Abschn. 8.4 sind dann solche Faktoren, die zum Entstehen

und zum Erkennen unternehmerischer Gelegenheiten beitragen.

Empirische Analysen der Determinanten des Gründungsgeschehens haben unterschiedliche Arten von Kontextfaktoren untersucht. ▶ Abschn. 8.5 gibt einen Überblick über die Ergebnisse zum Einfluss des gesamtwirtschaftlichen Umfelds. ▶ Abschn. 8.6 behandelt dann den Einfluss des marktspezifischen Kontexts und ▶ Abschn. 8.7 ist der Bedeutung des regionalen Umfelds gewidmet. ▶ Abschn. 8.8 behandelt die systemische Sichtweise. Die wesentlichen Ergebnisse dieses Kapitels werden in ▶ Abschn. 8.9 zusammengefasst.

8.1 Persönliche Charakteristika und Gründungsneigung

In empirischen Untersuchungen haben sich eine Reihe von persönlichen Eigenschaften gezeigt, die in einem Zusammenhang mit der Wahrscheinlichkeit der Gründung eines Unternehmens stehen (siehe hierzu ▶ Kap. 5 und 6). Übersicht 8.1 zeigt die wesentlichen persönlichen Charakteristika, für die ein empirisch gesicherter Zusammenhang mit der Gründungsneigung besteht. Dabei ist jeweils auch die Richtung des Zusammenhanges angegeben.

Gründer haben häufig eine ausgeprägte *unternehmerische Einstellung*, die sich insbesondere darin niederschlägt, dass sie nach Unabhängigkeit, Selbstverwirklichung und wirtschaftlichem Erfolg streben. Sie verfügen meist über eine vergleichsweise hohe *Bereitschaft bzw. Fähigkeit zum Tragen von Risiko* und weisen eher eine *unternehmerische Persönlichkeitsstruktur* auf, die durch ein hohes Maß an Offenheit für Erfahrungen, Außenorientierung und Gewissenhaftigkeit sowie durch ein eher geringes Maß an Neurotizismus und Verträglichkeit gekennzeichnet ist. Gibt es in der Familie oder im *Bekanntenkreis* Unternehmer, dann ist die Gründungsneigung in der Regel

◻ Übersicht 8.1 Empirische Befunde zur Bedeutung von persönlichen Charakteristika für die Gründungsentscheidung

Persönliche Charakteristika	Empirischer Befund
Unternehmerische Einstellung (Streben nach Unabhängigkeit, Selbstverwirklichung und wirtschaftlichem Erfolg)	+
Bereitschaft / Fähigkeit zum Tragen von Risiko	+
Unternehmerische Persönlichkeitsstruktur (Big Five)	+
Familienmitglieder unternehmerisch tätig	+
Bekanntschaft mit einem Unternehmer	+
Qualifikationsniveau des Gründers (z. B. höchster formaler Bildungsabschluss)	+
Vielfalt der Kenntnisse (Balanced Skills)	+
Berufserfahrung in der betreffenden Branche	+
Tätigkeit in kleinen und jungen Unternehmen	+
Intensität der Einbindung in Unterstützungs–Netzwerke (z. B. Familie, Berufsorganisationen)	+ (Qualität der Netzwerk-Partner wichtig!)
Lebensalter des Gründers	Umgekehrt u-förmiger Verlauf
Opportunitätskosten der Selbstständigkeit (Einkommen und Karriereaussichten in abhängiger Beschäftigung)	–
Eigenkapitalausstattung des Gründers	+ (Zusammenhang meist nur schwach ausgeprägt)
Arbeitslosigkeit	+ / – (Kurzfrist-Arbeitslosigkeit evtl. positiv; relativ geringe Gründungswahrscheinlichkeit bei Langzeitarbeitslosen)
Geschlecht des Gründers	Höhere Gründungswahrscheinlichkeit für Männer
Migrationshintergrund des Gründers	Häufig + (wesentlicher Einfluss des Herkunftslandes)

Anmerkung: +: positiver Zusammenhang; –: negativer Zusammenhang

relativ hoch. Die Gründungsneigung einer Person steigt in vielen Ländern mit dem *Qualifikationsniveau* tendenziell an, wobei die *Vielfalt der Kenntnisse (Skill Balance)* sowie die *Berufserfahrung* in der betreffenden Branche einen positiven Einfluss haben.

Beschäftigte in kleinen und jungen Unternehmen weisen eine relativ hohe Gründungsneigung auf, sodass Kleinbetriebe auch als Saatbeet für Gründer bezeichnet werden. Als förderlich für die Gründung erweist sich die *Einbindung in Unterstützungsnetzwerke* wie etwa Familie, Freundeskreis und Berufsorganisationen, wobei hier die Qualität bzw. Intensität der Beziehungen wichtig ist. Zwischen dem *Lebensalter* und der Gründungswahrscheinlichkeit zeigt sich empirisch ein umgekehrt u-förmiger Verlauf, wobei die höchste Gründungsneigung bei einem Alter zwischen 35 und 45 Jahren zu verzeichnen ist; in Deutschland liegt das Lebensalter mit der maximalen Gründungsneigung derzeit bei ca. 41 Jahren.

Der Einfluss des *Einkommens* als abhängig Beschäftigter bzw. der *Eigenkapitalausstattung* des Gründers ist zwiespältig. Einerseits erleichtert ein hohes Einkommen die Bildung von Ersparnissen, die dann als Sicherheit für die Einwerbung von Fremdkapital eingesetzt werden können. Andererseits verzichtet man durch Gründung eines eigenen Unternehmens auf das in abhängiger Beschäftigung erzielbare Einkommen (Opportunitätskosten der unternehmerischen Selbstständigkeit), weshalb erwartet werden kann, dass die Gründungsneigung mit zunehmendem Einkommen aus abhängiger Beschäftigung sinkt. Entsprechend finden empirische Untersuchungen in der Regel nur einen schwach ausgeprägten oder gar keinen Zusammenhang zwischen dem Einkommen bzw. der Eigenkapitalausstattung einer Person und ihrer Gründungsneigung. Dies deckt sich mit der bereits von *Joseph Schumpeter* gemachten Feststellung, dass die dynamischen Unternehmer in der Regel nicht aus dem gutsituierten Establishment kommen, sondern eher relativ arme Außenseiter sind. Gründung setzt also nicht zwangsläufig das Vorhandensein von großen finanziellen Ressourcen voraus und kann als eine wesentliche Quelle von gesellschaftlicher Mobilität angesehen werden.

Arbeitslosigkeit und das damit verbundene meist geringe Einkommen kann die Entscheidung für die Gründung eines eigenen Unternehmens (häufig im Sinne von Necessity Entrepreneurship) stimulieren. Dabei ist ein solcher stimulierender Effekt häufig nur für Personen feststellbar, die erst kurze Zeit arbeitslos sind; Langzeitarbeitslosigkeit (z. B. länger als ein Jahr) steht eher in einem negativen Zusammenhang mit der Gründungsneigung. *Frauen* weisen eine geringere Gründungsneigung auf als Männer und für Personen mit *Migrationshintergrund* ist die Gründungsneigung relativ hoch.

Anhand der persönlichen Merkmale der Bevölkerung in einer Region lässt sich das Niveau der Gründungen bereits bis zu einem gewissen Grad prognostizieren. So kann man davon ausgehen, dass sich die Gründungsneigung entsprechend der Entwicklung des Durchschnittsalters oder des allgemeinen Qualifikationsniveaus der Bevölkerung verändert. Die persönlichen Merkmale stellen dementsprechend den Ausgangspunkt einer Analyse der Determinanten des Gründungsgeschehens in einem Land oder in einer Region dar.

8.2 Institutionelle Rahmenbedingungen

Die institutionellen Rahmenbedingungen sind die Spielregeln für das gesellschaftliche Zusammenleben im Allgemeinen und für das Wirtschaften im Besonderen. In diesem Abschnitt geht es insbesondere um die formalen institutionellen Rahmenbedingungen, den Teil der Regeln also, der in Gesetzen und Verordnungen schriftlich fixiert ist. Die informellen Institutionen, d. h. nicht schriftlich fixierte Regeln, wurden bereits in ▶ Abschn. 5.4.4 angesprochen und sind insbesondere auch Gegenstand von ▶ Abschn. 8.7.

Die formalen institutionellen Rahmenbedingungen haben einen wesentlichen Einfluss auf die ökonomische Vorteilhaftigkeit der Entscheidung für oder gegen unternehmerische Selbstständigkeit (▶ Kap. 4). Inwiefern ein Unternehmen von bestimmten Regelungen betroffen ist, hängt unter anderem vom Wirtschaftszweig und dem Unternehmenstyp (z. B. Solo-Entrepreneur vs. Unternehmen mit abhängig Beschäftigten) ab. Es kann also sein, dass bestimmte Bestandteile des institutionellen Rahmens für einige Unternehmen sehr wichtig sind, während sie für andere Unternehmen kaum Relevanz besitzen.

8

Bereiche des formalen institutionellen Rahmens, die wesentlichen Einfluss auf die meisten Unternehmen haben, sind

- die Handlungsrechte (Property Rights), insbesondere das Recht auf Privateigentum und das Recht, ein Unternehmen zu gründen (Regulierung des Marktzutritts),
- das Steuersystem und die Kosten der sozialen Absicherung (z. B. Krankenversicherung und Altersvorsorge),
- das Unternehmensrecht (z. B. Insolvenzrecht),
- die Arbeitsmarktregulierung (z. B. Kündigungsschutz),
- das Wettbewerbsrecht, die Marktzutrittsregulierung und die Regulierungen zum Schutz intellektueller Eigentumsrechte (z. B. das Patentrecht).

Von wesentlicher Bedeutung ist in diesem Zusammenhang insbesondere auch, inwieweit man sich auf die Gültigkeit und die Durchsetzbarkeit der gesetzlichen Regeln verlassen kann. Dies umfasst insbesondere Rechtssicherheit und Rechtsschutz (etwa Schutz des Privateigentums), Faktoren also, die häufig unter Begriffen wie Rechtsstaatlichkeit und Rule of Law subsumiert werden. Dies impliziert insbesondere auch ein möglichst geringes Maß an Korruption.

Das *Steuersystem* (z. B. die Höhe der Unternehmenssteuern und der persönlichen Einkommenssteuer) hat direkte Auswirkungen auf die in den verschiedenen Erwerbsalternativen erzielbaren Netto-Einkommen und damit auf die finanzielle Vorteilhaftigkeit von unternehmerischer Selbstständigkeit. Aus dem *Unternehmensrecht* ergeben sich Rechte und Pflichten als Unternehmer, insbesondere auch Haftungsregeln, die bei der Entscheidung zur Gründung eines eigenen Unternehmens berücksichtigt werden sollten. Aus dem Insolvenzrecht bestimmen sich wesentliche Kosten, die mit dem Scheitern eines Unternehmens verbunden sind. Die *Arbeitsmarktregulierung* begrenzt – etwa in Form

des Kündigungsschutzes – direkt die Handlungsmöglichkeiten als Unternehmer.

Das *Wettbewerbsrecht* hat Auswirkungen auf die Zulässigkeit von Geschäftsmodellen und die sich daraus ergebenden Gewinnerzielungsmöglichkeiten. Hierbei ist für Unternehmensgründungen insbesondere die Regulierung des Marktzutritts von grundlegender Bedeutung (siehe hierzu den folgenden ► Abschn. 8.3). Dies betrifft etwa die Frage, ob ein Marktzutritt überhaupt rechtlich zulässig ist (objektive Marktzutrittsbeschränkungen) bzw. welche persönlichen Voraussetzungen hierfür erfüllt sein müssen (subjektive Marktzutrittsbeschränkungen). Beispiele für persönliche Voraussetzungen für einen Marktzutritt sind etwa der Zwang zu einer Qualifikation als Meister (der sogenannte große Befähigungsnachweis) in vielen Handwerksberufen oder das Staatsexamen als Voraussetzung für die Zulassung als Arzt oder Rechtsanwalt. Von den Regelungen zum *Schutz intellektuellen Eigentums* (z. B. Patentrecht) hängt es ab, inwiefern Informationen, Wissen und Ideen kommerziell vermarktet werden können.

Ein vor allem in den USA viel diskutiertes Beispiel für eine gründungsrelevante Regulierung sind Konkurrenzschutz-Klauseln (*Covenants to Compete*) in Arbeitsverträgen, die es einem Arbeitnehmer (in der Regel für einen bestimmten Zeitraum) untersagen, nach einem Ausscheiden aus dem Unternehmen für Konkurrenten tätig zu sein oder ein konkurrierendes Unternehmen zu gründen. Seitens des bindenden Unternehmens besteht das Motiv für eine solche Regelung darin, seine Wissensbasis zu schützen. Eine nachteilige Wirkung von Konkurrenzschutz-Klauseln ist allerdings, dass hierdurch viele der grundsätzlich erwünschten Spin-off-Gründungen (siehe hierzu ► Abschn. 6.3.3) verhindert werden. Da solche Klauseln nur in einem Teil der Bundesstaaten der USA rechtlich durchsetzbar sind, konnte dieser nachteilige Effekt der Verhinderung von

Spin-off-Gründungen durch Vergleich zwischen den Bundesstaaten empirisch gut belegt werden. In diesem Zusammenhang wird etwa die Ansicht vertreten, dass die Nicht-Einklagbarkeit von Konkurrenzklauseln im Bundesstaat Kalifornien die Entwicklung des Silicon Valley mit seinen vielen Spin-off-Gründungen wesentlich begünstigt hat.

Der ganz überwiegende Teil der für Entrepreneurship relevanten institutionellen Rahmenbedingungen ist landesweit einheitlich gestaltet; regionale Unterschiede solcher Regelungen innerhalb eines Landes, wie sie etwa hinsichtlich der rechtlichen Durchsetzbarkeit von Konkurrenzschutz-Klauseln in den USA bestehen, stellen eher eine Ausnahme dar. Gelten institutionelle Rahmenbedingungen einheitlich in allen Regionen und Sektoren eines Landes, so lassen sich ihre Wirkungen auf Entrepreneurship nur durch einen internationalen Vergleich umfassend ermitteln.

8.3 Gründungsbarrieren: Der administrative Gründungsaufwand im internationalen Vergleich

Der für eine Gründung erforderliche administrative Aufwand ergibt sich sowohl aus entsprechenden Vorschriften (formale Institutionen) als auch aus der Art und Weise ihrer Implementation. In einer Reihe empirischer Untersuchungen wurde die Bedeutung des Gründungsaufwands im internationalen Vergleich analysiert. Dabei dienten als Maße für den Gründungsaufwand in der Regel

- die Anzahl der erforderlichen Verfahren, wie zum Beispiel die Beantragung und Erteilung einer Gewerbeerlaubnis, die hierfür vorzulegenden Nachweise, die steuerliche Anmeldung beim Finanzamt, die Eröffnung eines Bankkontos und Einzahlung von Stammkapital,

die Ausarbeitung und Beurkundung eines Gesellschaftervertrages und/oder die Eintragung in das Handelsregister und deren Veröffentlichung,
- die Zeitdauer der verschiedenen Verfahren bzw. der dafür erforderliche Zeitaufwand sowie
- der in Geldeinheiten ausgedrückte Aufwand (Gebühren, entgangenes Arbeitseinkommen etc.), der mit diesen Verfahren verbunden ist.

Ein wesentliches Ergebnis der entsprechenden Untersuchungen besteht darin, dass sich – wie zu erwarten – ein relativ hoher administrativer Aufwand für die Durchführung einer Gründung negativ auf das Niveau der Gründungsaktivitäten in einem Land auswirkt. Da dieser Aufwand für kleine Gründungsvorhaben, wie zum Beispiel Gründungen im Nebenerwerb oder als Solo-Entrepreneur, in Relation zum erwarteten Ertrag stärker ins Gewicht fällt als bei großen Gründungsprojekten, ist die abschreckende Wirkung für solche kleineren Gründungsprojekte auch besonders stark ausgeprägt.

Führt ein hoher administrativer Gründungsaufwand zu einer Verringerung der Anzahl der Gründungen, so mindert dies auch die Intensität des Wettbewerbs in der Wirtschaft, was Wachstumseinbußen zur Folge haben kann. Allerdings könnte ein positiver Effekt eines relativ hohen Gründungsaufwandes darin bestehen, dass wenig aussichtsreiche Gründungen hierdurch von vornherein abgeschreckt werden, was dann zur Folge hat, dass diejenigen Gründungen, die den erforderlichen Aufwand auf sich nehmen, eine gewisse Mindestqualität aufweisen. Dies könnte etwa als ein Vorteil des in einigen Zweigen des Handwerks bestehenden Zwangs zum Bestehen der Meisterprüfung als Voraussetzung für die Eröffnung eines Betriebes in diesem Handwerk angesehen werden.

Da ein hoher administrativer Gründungsaufwand sowohl positive Wirkungen (erhöhte Qualität der Gründungen) als auch negative Effekte (verminderter Wettbewerb und somit geringeres Wachstum) haben kann, ist die Ausprägung des Gesamteffektes somit eine empirische Frage. Entsprechende international vergleichende Untersuchungen kommen zu dem Ergebnis, dass von einem hohen Gründungsaufwand eindeutig ein negativer Effekt auf die Wettbewerbsintensität und die Produktivitätsentwicklung in dem betreffenden Land ausgeht. Hieraus ergibt sich die Handlungsempfehlung für die Politik, den administrativen Gründungsaufwand auf ein notwendiges Minimum zu beschränken.

Internationale Vergleiche zeigen ferner, dass der administrative Gründungsaufwand in der Bundesrepublik Deutschland deutlich höher ausfällt als in einer ganzen Anzahl anderer Länder. Dies ist ein deutlicher Hinweis darauf, dass in Deutschland erhebliche Potenziale zur Abschaffung von institutionellen Gründungsbarrieren und zur Vereinfachung der entsprechenden administrativen Abläufe vorhanden sind.

8.4 Wie entstehen unternehmerische Gelegenheiten und wie kann man sie fördern?

Joseph Schumpeter vertrat die Ansicht, dass unternehmerische Gelegenheiten im Sinne bisher kommerziell nicht genutzter Ideen jederzeit vorhanden sind und der entscheidende Entwicklungsengpass in einer Gesellschaft in der Existenz von unternehmerischen Persönlichkeiten besteht, die diese Gelegenheiten erkennen und durch Gründung eines Unternehmens erfolgreich umsetzen (siehe hierzu ▶ Abschn. 2.1). Zwar gibt es durchaus Beispiele dafür, dass unternehmerische Gelegenheiten „einfach da sind" und nur erkannt und wahrgenommen werden müssen, so, wie man etwa einen Geldschein aufhebt, den man auf der Straße findet. Häufig ist es aber so, dass

unternehmerische Gelegenheiten durch intensive Suchprozesse – etwa durch erheblichen Aufwand in Forschung und Entwicklung (F&E) – ganz bewusst gesucht und geschaffen werden. Entsprechend zeigen empirische Untersuchungen einen deutlichen Zusammenhang zwischen den F&E-Anstrengungen in einer Region und der Anzahl sowie der Innovativität der dort stattfindenden Unternehmensgründungen. Beispielsweise sind innovative Gründungen stark auf Standorte von Forschungseinrichtungen wie etwa Hochschulen konzentriert, was auf eine wichtige Rolle des an diesen Forschungseinrichtungen vorhandenen Wissens als Grundlage für innovative Gründungen hindeutet. Dies kann als Bestätigung der Wissens-Spillover-Theorie des Entrepreneurship (siehe hierzu ▶ Abschn. 6.3.3) angesehen werden.

Entsprechend den auf *Schumpeter* und *Kirzner* zurückgehenden Konzeptionen von Entrepreneurship (siehe ▶ Abschn. 2.3), kann man zwischen *Schumpeter*'schen und *Kirzner*'schen unternehmerischen Gelegenheiten unterscheiden. *Kirzner*'sche unternehmerische Gelegenheiten ergeben sich aus Markt-Ungleichgewichten oder den Fehlern anderer Akteure; die Wahrnehmung solcher Gelegenheiten führt dann zu einer Annäherung der Wirtschaft an das Gleichgewicht. *Schumpeter*'sches Entrepreneurship erzeugt solche Ungleichgewichte und schafft damit wiederum *Kirzner*'sche Gelegenheiten. Auf diese Weise können beide Formen von unternehmerischen Gelegenheiten eng miteinander verzahnt sein.

Die möglichen Quellen für unternehmerische Gelegenheiten sind vielfältig. Dabei handelt es sich insbesondere um:

- *Forschungs- und Entwicklungsaktivitäten,* die zu Erfindungen und Innovationen führen, die etwa neue Marktfelder eröffnen oder durch neuartige Produktionsverfahren eine wettbewerbsfähige Herstellung auch in relativ kleinen Unternehmen mit geringer mindestoptimaler Größe ermöglichen und damit das

Potenzial zu einer Intensivierung der gesellschaftlichen Arbeitsteilung bieten.

▬ *Wachstum und* damit einhergehender *Strukturwandel* führen zur Entstehung neuer Marktfelder.

▬ *Soziodemografischer Wandel.* Zum Beispiel führt der in vielen Industriestaaten zu beobachtende Anstieg des Anteils der älteren Bevölkerung zu wachsenden Marktfeldern für Gesundheits- und Pflegedienstleistungen.

▬ *Politische Veränderungen,* insbesondere Veränderungen in der Form der Marktregulierung, wie z. B. eine Abschaffung oder Verringerung von Markteintrittsbarrieren.

▬ *Veränderungen der Umweltbedingungen* wie etwa der Klimawandel führen zu Nachfrage nach neuen Produkten und Produktionsverfahren.

▬ *Variation der Knappheitsverhältnisse* (beispielsweise bei bestimmten Rohstoffen wie Rohöl) und damit einhergehende Änderungen der relativen Preise machen bestimmte Geschäftsfelder profitabel.

▬ *Veränderungen durch unvorhergesehene Schocks* wie etwa die COVID-19-Pandemie stimulieren die Impfstoffentwicklung und die Digitalisierung.

Ansatzpunkt für eine auf die Entstehung und Nutzung unternehmerischer Gelegenheiten gerichteten Politik können zum einen gründungs- und unternehmerfreundliche institutionelle Rahmenbedingungen sein, wie etwa die Abschaffung unnötiger Regulierungen von bestimmten Produktmärkten oder die Verringerung von Gründungsbarrieren. Zum anderen können alle Maßnahmen geeignet sein, durch die Wissen erzeugt bzw. verfügbar gemacht wird, womit eine Reihe von klassischen Handlungsfeldern der Innovationspolitik angesprochen sind. Dies umfasst neben der Stimulierung von F&E-Aktivitäten insbesondere auch die Einbindung in globale Wissensströme sowie die Förderung der absorptiven

Kapazität, also der Fähigkeit, relevantes Wissen zu identifizieren und für die eigenen Zwecke einzusetzen.

Empirische Untersuchungen zeigen, dass sowohl die F&E-Aktivitäten als auch die Verfügbarkeit von Wissen und die absorptive Kapazität regional sehr unterschiedlich ausgeprägt sein können. Die Tatsache, dass solche Unterschiede wesentlich zur Erklärung des regionalen Gründungsgeschehens, insbesondere hinsichtlich der Gründung innovativer Unternehmen, beiträgt, macht deutlich, dass die Förderung von F&E-Aktivitäten und die Entwicklung der Wissensbasis in einer Region wirksame Ansatzpunkte zur Stimulierung der Gründungsaktivitäten sein können (siehe hierzu auch ► Abschn. 12.5).

8.5 Gesamtgesellschaftliche Rahmenbedingungen: Wohlstandsniveau, Konjunktur, Arbeitslosigkeit und Kosten

Neben den Analysen zu individuellen Charakteristika und der Rolle marktspezifischer Faktoren auf die individuelle Gründungsneigung gibt es eine Vielzahl an Studien, die einen Einfluss des gesamtwirtschaftlichen und des regionalen Kontexts auf das Niveau von Gründungstätigkeit belegen.

Internationale Vergleiche des Niveaus der Gründungsaktivitäten anhand von Daten des Global Entrepreneurship Monitors (GEM) ergeben einen deutlichen Zusammenhang zwischen Gründungsaktivitäten und dem *nationalen Wohlstandsniveau.* Dabei zeigte sich, dass dieser Zusammenhang für Gründungen aus Not (Necessity Entrepreneurship) auf der einen Seite und Opportunity Entrepreneurship auf der anderen Seite sehr unterschiedlich verläuft. Während das Niveau des Necessity Entrepreneurship bei niedrigem Wohlstandsniveau relativ hoch ist und dann mit zunehmendem Pro-Kopf-Einkommen sinkt, steigt das Niveau des Opportunity Entrepreneurship mit dem nationalen Wohlfahrtsniveau an.

Mittel- und langfristig expandierende *gesamtwirtschaftliche Nachfrage* wirkt sich aus zwei Gründen positiv auf Gründungsaktivitäten aus. Zum einen schafft zunehmende Nachfrage unternehmerische Gelegenheiten. Zum anderen bilden viele Menschen ihre Erwartungen über die zukünftige Entwicklung mittels Trendextrapolation, d. h. sie schreiben die Entwicklung der Vergangenheit in die Zukunft fort, sodass beispielsweise aus einer positiven Entwicklung in der Vergangenheit auf eine auch zukünftig positive Entwicklung geschlossen wird. Die Erwartung einer auch zukünftig expandierenden Nachfrage führt zu entsprechend positiven Gewinnerwartungen und wirkt sich somit günstig auf die Entscheidung für die Gründung eines eigenen Unternehmens aus (siehe Übersicht 8.2).

Ein hohes Niveau bzw. ein Anstieg der *Arbeitslosigkeit* kann stimulierend auf die Gründungsaktivität wirken, indem die Arbeitslosigkeit den Anstoß zur Gründung eines eigenen Unternehmens gibt. In diesem Zusammenhang wird häufig vermutet, dass es sich dabei überwiegend um Gründungen aus der Not (Necessity Entrepreneurship) handelt. Empirische Studien haben demgegenüber gezeigt, dass bei hoher Arbeitslosigkeit gerade auch die Zahl der Gründungen in innovativen Branchen ansteigt, was eher auf Opportunity Entrepreneurship hindeutet. Geht die Arbeitslosigkeit zurück, dann sinkt nicht nur die Anzahl der Gründungen aus Not, sondern es gibt auch Anzeichen dafür, dass einige Necessity-Unternehmer ihr Unternehmen stilllegen, wenn sie eine geeignete abhängige Beschäftigung finden. Entsprechend steigt während eines *konjunkturellen Abschwungs* die Anzahl der Necessity-Gründungen an und geht im *Aufschwung* zurück. Da im Aufschwung die Anzahl der Opportunity-Gründungen tendenziell ansteigt, zeigt sich für den statistischen Zusammenhang zwischen *Konjunkturentwicklung* und Gründungsgeschehen insgesamt häufig kein klares Bild.

🔹 **Übersicht 8.2**   Empirische Befunde zur Wirkung von Wohlstandsniveau, Konjunktur, Arbeitslosigkeit und Kosten auf das Niveau der Gründungsaktivitäten

Einflussfaktor	*Empirischer Befund*
Gesamtwirtschaftliches Wohlfahrtsniveau	Necessity Entrepreneurship: – Opportunity Entrepreneurship: +
Niveau der Arbeitslosigkeit (konjunkturell und längerfristig)	+ (Überwiegend Necessity Entrepreneurship)
Konjunkturelle Situation	
– Abschwung	+ (Necessity Entrepreneurship?)
– Aufschwung	– (Necessity Entrepreneurship) + (Opportunity Entrepreneurship)
Höhe und Entwicklung des Kapitalnutzungspreises	–
Höhe und Entwicklung der Lohnkosten	–
Steuerliche Behandlung von Gründungen und Verfügbarkeit von Subventionen	+
Nationale Entrepreneurship-Kultur	+ (Definition und Messung von „Kultur" uneinheitlich)

Anmerkung: + : positiver Zusammenhang; –: negativer Zusammenhang

Da der *Kapitalnutzungspreis* einen Kostenfaktor darstellt, hat die aktuelle sowie die erwartete Höhe der Kosten für Fremdkapital einen negativen Effekt. Gleiches gilt für die Entwicklung der *Lohnkosten.* Allgemein wird vermutet, dass die Höhe der *Staatsquote,* also der Anteil staatlicher Tätigkeit am Sozialprodukt, einen negativen Einfluss auf das Niveau der Gründungsaktivitäten hat. Hintergrund ist die Vermutung, dass ein hohes Niveau der Staatstätigkeit private Initiative und damit auch Entrepreneurship verdrängt. Empirisch ist dieser Zusammenhang weitgehend ungeklärt. Es ist zu vermuten, dass es nicht allein auf den Anteil der Staatstätigkeit am Sozialprodukt ankommt, sondern insbesondere auch auf die Art und Weise der staatlichen Aktivität.

8.6 Marktspezifische Gegebenheiten

Einen wesentlichen Einfluss auf die Gründungsneigung hat auch das marktliche Umfeld, d. h. die Branche, in der man tätig ist. Dieser Einfluss spiegelt sich auch in großen Unterschieden von branchen- und sektorspezifischen Gründungsraten wider (siehe hierzu ▶ Abschn. 3.4).

Eine zentrale Ursache für Unterschiede des Niveaus unternehmerischer Selbstständigkeit bzw. von Gründungsraten zwischen Branchen stellt das Ausmaß der für die Gründung eines wettbewerbsfähigen Unternehmens erforderlichen Ressourcen, also die *mindestoptimale Größe* dar. Da der Ressourcenbedarf für eine Gründung mit der mindestoptimalen Größe ansteigt, ist zu erwarten, dass die Gründungsraten in Branchen mit hoher mindestoptimaler Größe relativ niedrig ausfallen. Analog ist die Argumentation für die *Kapitalintensität.* Beide Zusammenhänge sind empirisch gut bestätigt (Übersicht 8.3). Die relativ geringe mindestoptimale Größe und auch niedrige Kapitalintensität in vielen

Bereichen des Dienstleistungssektors, insbesondere bei personenbezogenen Dienstleistungen, könnte die relativ hohen Gründungsraten im Dienstleistungssektor erklären (siehe hierzu Übersicht 3.2). Es ließe sich vermuten, dass eine hohe mindestoptimale Größe bzw. eine hohe Kapitalintensität zu einer Selbstselektion in dem Sinne führt, dass vor allem solche Personen eine Gründung wagen, die hierfür gut qualifiziert und vorbereitet sind. Dies müsste sich dann in einer vergleichsweise hohen Qualität der Gründungen in diesen Branchen und entsprechend niedrigen Stilllegungsraten niederschlagen. Empirisch kann ein solcher Effekt allerdings nicht bestätigt werden; vielmehr steigen die Stilllegungsraten mit der mindestoptimalen Unternehmensgröße bzw. der Kapitalintensität in einer Branche an.

Ein weiterer wichtiger Faktor in diesem Zusammenhang, der insbesondere von der Theorie der bestreitbaren Märkte (*Contestable Markets*) herausgearbeitet wurde, ist das *Ausmaß an spezifischen bzw. irrreversiblen Investitionen.* Irreversible Investitionen sind Ausgaben für solche Wirtschaftsgüter, die nur in einem eng definierten Einsatzbereich eine hohe Produktivität entfalten, in anderen Verwendungen hingegen deutlich weniger produktiv oder sogar ökonomisch völlig wertlos sind. Folglich können für die betreffenden Güter bei einem Marktaustritt nur entsprechend geringe oder gar keine Erlöse erzielt werden, sodass zumindest ein Teil der Investitionen in diese Güter „versunken" ist. Diese versunkenen Kosten (Sunk Costs) repräsentieren in besonderer Weise die Kosten des Scheiterns einer Gründung und dürften dazu führen, dass die Gründungsrate in der betreffenden Branche relativ niedrig ausfällt. Die empirische Evidenz zu dieser Hypothese ist allerdings recht bruchstückhaft, was wohl wesentlich auf das Problem der empirischen Erfassung von irreversiblen Investitionen bzw. von Sunk Costs zurückzuführen ist.

▣ Übersicht 8.3   Empirische Befunde zur Wirkung von markt- bzw. branchenspezifischen Faktoren auf das Niveau der Gründungsaktivitäten und die individuelle Gründungsneigung

Einflussfaktor	Empirischer Befund
Mindestoptimale Unternehmensgröße	–
Kapitalintensität	–
Ausmaß an irreversiblen Investitionen	Kaum Evidenz verfügbar (Messprobleme?)
Technologisches Regime	Entrepreneurhaft: +; routinisiert: –
Tragfähigkeit (*Carrying Capacity*) eines Marktes	– (Nur plausibel für nicht-innovative Gründungen)
Anbieterkonzentration	–/+
Entwicklung der Branchen-Nachfrage	+

Anmerkung: +: positiver Zusammenhang; –: negativer Zusammenhang

Ein Beispiel für eine irreversible Investition ist die Anschaffung spezifischer Werkzeuge, die nur für bestimmte Abnehmer eingesetzt werden können. Andere Beispiele sind Aufwendungen für Forschung und Entwicklung sowie für Marketing, da bei einem Marktaustritt in der Regel allenfalls ein geringer Teil der entsprechenden Ausgaben wieder erlöst werden kann.

Viele Branchen bzw. Produkte folgen einem Lebenszyklus, der sich in verschiedene Phasen, wie z. B. eine Markteinführungs-, Wachstums-, Stagnations- und Schrumpfungsphase einteilen lässt. Entsprechend den spezifischen Marktbedingungen in diesen Phasen ordnet man die Markteinführungs- und Wachstumsphase dem *entrepreneurhaften technologischen Regime* zu, während in der Stagnations- und Schrumpfungsphase ein *routinisiertes Regime* vorherrscht (siehe hierzu ▶ Abschn. 3.8). Dabei wird allgemein davon ausgegangen, dass ein entrepreneurhaftes Regime, das durch wenig standardisierte Produktion, intensive Qualitätskonkurrenz sowie einen hohen Anteil an F&E-Aktivitäten in Kleinunternehmen gekennzeichnet ist, relativ gute Bedingungen für den Marktzutritt neuer Unternehmen bietet, weshalb die Gründungsraten relativ hoch ausfallen. In einem routinisierten Regime wird der Markt durch einige große Anbieter dominiert, die über wesentliche Wettbewerbsvorteile verfügen, sodass ein erfolgreicher Marktzutritt hier relativ schwer möglich ist und die Gründungsraten entsprechend gering ausfallen. Diese Hypothesen sind empirisch gut belegt.

Das Konzept der *Tragfähigkeit eines Marktes* (Carrying Capacity) geht davon aus, dass bei gegebener Nachfrage nur eine bestimmte Anzahl an Anbietern dauerhaft profitabel sein kann. Eine wesentliche Begründung für diese Behauptung ist die Annahme einer marktspezifischen mindestoptimalen Unternehmensgröße. Entsprechend lässt sich die Tragfähigkeit eines Marktes im Sinne der maximalen Anzahl an überlebensfähigen Unternehmen ermitteln, indem man das Marktvolumen (etwa gemessen am Umsatz) durch die mindestoptimale Unternehmensgröße dividiert. Hieraus ließe sich die Hypothese ableiten, dass eine Übersetzung eines Marktes aufgrund der daraus resultierenden geringen Erfolgsaussichten abschreckend auf weitere Gründungen wirkt, während eine noch nicht ausgeschöpfte Carrying Capacity Gründungen anzieht. Folglich müssten die Überlebensraten von Gründungen auf übersetzten Märkten aufgrund intensiven Wettbewerbs vergleichsweise gering sein und auf unterbesetzten Märkten entsprechend höher ausfallen.

Empirische Untersuchungen deuten darauf hin, dass auf vielen Märkten die Anzahl der Anbieter um einen bestimmten Wert herum fluktuiert, was man als Hinweis darauf ansehen könnte, dass auf dem betreffenden Markt nur eine gegebene Anzahl an Unternehmen erfolgreich tätig sein kann. Allerdings ist die Erklärung hierfür mit der Argumentation einer gegebenen Carrying Capacity nur für nicht-innovative Marktzutritte plausibel. Tritt nämlich ein neuer Anbieter mit einer signifikanten Produktinnovation in den Markt ein und führt diese Produktinnovation zu einer Ausweitung der Nachfrage, so nimmt die Tragfähigkeit des Marktes zu. Gleiches gilt für eine Prozessinnovation, die ein wesentlich preisgünstigeres Angebot ermöglicht, wodurch bei normaler Reaktion der Nachfrage die umgesetzte Menge steigt.

Herrscht auf einem Markt ein hohes Maß an *Anbieterkonzentration,* so dürften es Newcomer schwer haben, sich gegenüber den etablierten Großunternehmen zu behaupten. Folglich ist zu vermuten, dass in diesem Fall die Anzahl der Gründungen relativ gering ausfällt. Im Gegensatz zu diesen Überlegungen steht die Beobachtung, dass es auf Märkten mit einer hohen Anbieterkonzentration durchaus auch zu einer Symbiose zwischen kleinen und großen Unternehmen kommen kann, im Rahmen derer die Kleinunternehmen Marktnischen belegen, die von den großen, etablierten Firmen nicht bedient werden. Eine solche geschützte Existenz im Windschatten bzw. unter dem „Schirm" der Großunternehmen *(Umbrella-Hypothese)* kann durchaus attraktiv für weitere Anbieter sein und weitere Marktzutritte induzieren. Ein Beispiel wären etwa kleine Software-Anbieter, die kundenspezifische Anpassungen eines etablierten Programmpakets vornehmen und dabei auch mit dem etablierten Anbieter zusammenarbeiten. Aufgrund solcher gegensätzlichen Effekte ist der Zusammenhang zwischen Marktkonzentration und Niveau der Gründungsaktivitäten

unbestimmt. Auch auf sektoraler Ebene kann die *bisherige und zukünftig zu erwartende Nachfrageentwicklung* eine erhebliche Rolle spielen. In Übersicht 8.3 sind die verschiedenen Befunde zum Zusammenhang zwischen markt- bzw. branchenspezifischen Faktoren und dem Niveau der Gründungsaktivitäten zusammengefasst.

8.7 Die Bedeutung des regionalen Kontext

8.7.1 Zur Identifikation eines regionalen Einflusses

Im Rahmen des Überblicks über das Ausmaß unternehmerischer Selbstständigkeit und des Gründungsgeschehens in ▶ Kap. 3 zeigten sich große Unterschiede zwischen Regionen (▶ Abschn. 3.6). Dabei wurde darauf hingewiesen, dass solche Unterschiede über lange Zeitperioden andauern können, was als Ergebnis einer regionalen Kultur unternehmerischer Selbstständigkeit interpretiert werden kann.

Regionale Gegebenheiten können das Niveau der Gründungsaktivitäten sowohl direkt als auch auf indirekte Weise prägen. Ein direkter Effekt liegt dann vor, wenn das individuelle Verhalten in Bezug auf Entrepreneurship je nach regionalem Umfeld unterschiedlich ausfällt. Ein indirekter Effekt kann insbesondere darin bestehen, dass Wirtschaftszweige oder Personen mit bestimmten für Entrepreneurship relevanten Eigenschaften aufgrund von Standortgegebenheiten in einer Region konzentriert sind. Beispielsweise kann es sein, dass die Gründungsaktivitäten in einer Region deshalb relativ hoch ausfallen, weil dort Wirtschaftszweige konzentriert sind, die durch eine geringe mindestoptimale Größe gekennzeichnet sind, sodass der Marktzutritt in diesen Branchen relativ leicht möglich ist. Dabei kann man dann durchaus unterschiedlicher Ansicht darüber sein, inwiefern

8

die Branchenstruktur auf regionale Besonderheiten zurückzuführen ist.

Analog kann argumentiert werden, wenn eine hohe regionale Gründungsrate mit einem hohen Bevölkerungsanteil an Personen mit für Entrepreneurship günstigen Merkmalen, wie etwa einem hohen Bildungsgrad oder bestimmten Persönlichkeitsmerkmalen, einhergeht. In diesem Falle könnte das Niveau der Gründungsaktivitäten zum einen auf individuelle Faktoren zurückgeführt werden. Zum anderen kann es aber auch sein, dass die Konzentration von Personen mit bestimmten Charakteristika wiederum durch regionale Gegebenheiten bedingt ist, wie zum Beispiel hohe Bildungsinvestitionen oder eine besondere Attraktivität der Region für Menschen mit unternehmerischer Persönlichkeit.

8.7.2 Die Bedeutung von regionalen Gegebenheiten im Einzelnen

Eine viel diskutierte Kategorie von Einflussfaktoren auf das regionale Gründungsgeschehen ist die *Verfügbarkeit benötigter Ressourcen,* wie beispielsweise das Vorhandensein großer und differenzierter Arbeitsmärkte, ein vielfältiges Angebot an Vorleistungen (etwa im Bereich der wissensintensiven Dienstleistungen) oder eine gute Infrastrukturausstattung (Übersicht 8.4). Wichtig ist in diesem Zusammenhang insbesondere auch die Intensität von *Wissens-Spillovern.* Empirisch zeigt sich, dass die Verfügbarkeit vieler Inputs in einem engen Verhältnis zu dem regionalen Verdichtungsgrad steht: Große Städte haben in der Regel vielfältige Arbeitsmärkte und bieten eine große Auswahl an Vorleistungen, während das Angebot in dünn besiedelten Regionen sehr eingeschränkt ist, sodass hier leicht Engpässe auftreten können. Infolge dieses Stadt-Land-Unterschiedes ergeben

sich dann häufig unterschiedliche Bedingungen in Bezug auf die Verfügbarkeit von Ressourcen und ihren *Preis:* So sind in den Verdichtungsgebieten zwar relativ viele Ressourcen gut verfügbar, allerdings sind die Preise bzw. Löhne hier auch relativ hoch, was sich ungünstig auf das Gründungsgeschehen auswirken kann. Dabei stellt sich dann die Frage, ob der positive Einfluss der guten Verfügbarkeit oder der negative Effekt der hohen Preise überwiegt. Große und differenzierte Arbeitsmärkte sowie ein reichhaltiges Angebot an Vorleistungen können es einem Gründer auch ermöglichen, bestehende Qualifikationsdefizite durch Einstellung geeigneter Arbeitskräfte oder durch Zukauf entsprechender Dienstleistungen zu kompensieren.

Die Bedeutung der *Verfügbarkeit von Ressourcen* vor Ort variiert je nach Art der betreffenden Vorleistung. Während die Verfügbarkeit in der Region in Bezug auf geeignete Arbeitskräfte und Produktionsfläche sowie hinsichtlich von Einrichtungen der materiellen Infrastruktur zu einem wesentlichen Engpass werden kann, ist dies für andere Inputs wie zum Beispiel dem Angebot an wissensintensiven Dienstleistungen in weit geringerem Maße der Fall. Denn viele Märkte für wissensintensive Dienstleistungen sind relativ weiträumig, sodass in einem Land mit einer derart dezentralen Siedlungsstruktur wie der Bundesrepublik Deutschland kaum ernsthafte regionale Engpässe auftreten. Dies gilt auch für die Verfügbarkeit von Venture Capital. In verschiedenen Untersuchungen konnte gezeigt werden, dass von einer wesentlichen Benachteiligung von Standorten im ländlich-peripheren Raum in Bezug auf die Verfügbarkeit von Venture Capital keine Rede sein kann. Ein Standortnachteil von Verdichtungsgebieten sind die in der Regel relativ hohen *Preise für lokale Ressourcen* (z. B. Gewerbefläche).

Eine spezielle Bedeutung, insbesondere für die Entstehung innovativer bzw.

> ◻ **Übersicht 8.4** Empirische Befunde zur Wirkung von regionalen Gegebenheiten auf das Niveau der Gründungsaktivitäten

Einflussfaktor	Empirischer Befund
Verfügbarkeit benötigter Ressourcen in der Region	+
Preis benötigter Ressourcen in der Region	–
Ausmaß der Innovationsaktivitäten in der Region	+
Intensität von Wissens–Spillovern	+
Räumliche Nähe zu anderen Firmen der Branche (Cluster) (Lokalisationsvorteile)	?
Subventionen/Regionalförderung	– oder n.s
Anteil der Beschäftigten in Kleinunternehmen/Regionales Gründungsmilieu/Kultur unternehmerischer Selbstständigkeit	+
Entwicklung der Nachfrage nach regionalen Gütern und Dienstleistungen	+

> Anmerkung: +: positiver Zusammenhang; –: negativer Zusammenhang; n. s.: nicht signifikant; ?: empirischer Befund unklar

wissensintensiver Gründungen, kommt der regionalen Wissensbasis und dem *Ausmaß an Innovationsaktivitäten in der Region* zu. Denn zum einen schaffen Innovationsaktivitäten unternehmerische Gelegenheiten (siehe ▶ Abschn. 8.4). Zum anderen handelt es sich bei den Gründern innovativer Unternehmen häufig um Personen, die im Bereich Forschung und Entwicklung tätig sind, sodass ein enger statistischer Zusammenhang zwischen regionalen Innovationsaktivitäten und der Gründung innovativer Unternehmen besteht. In diesem Zusammenhang kommt insbesondere auch dem Vorhandensein von Hochschulen in der Region wesentliche Bedeutung zu. Da Hochschulen, außeruniversitäre Forschungseinrichtungen sowie F&E-Aktivitäten der Privatwirtschaft stark in größeren Städten konzentriert sind, ist die Anzahl der innovativen bzw. wissensintensiven Gründungen dort auch relativ hoch (siehe ▶ Abschn. 3.6). Aufgrund der höheren Anzahl und Dichte an Akteuren in großen Städten, insbesondere auch infolge der Konzentration von Innovationsaktivitäten in diesen Regionen, ist dort auch eine relativ hohe *Intensität der Wissens-Spillover* zu erwarten. Allerdings gibt es in vielen Ländern – gerade auch in Deutschland – zahlreiche hochgradig innovative Unternehmen in eher peripher gelegenen ländlich strukturierten Regionen.

Inwiefern die Nähe zu anderen Firmen der betreffenden Branche, also ein Standort in einem regionalen *Cluster,* sich als förderlich für Gründungsaktivitäten in der betreffenden Branche erweist, ist umstritten. Für positive Effekte der räumlichen Nähe spricht die Wirksamkeit von Agglomerationsvorteilen, die zum Beispiel in Wissens-Spillovern, in der gemeinsamen Nutzung eines großen und differenzierten regionalen Arbeitsmarktes oder im Vorhandensein von branchenspezifischen Infrastruktureinrichtungen bestehen können. Empirisch konnte ein solcher für Gründungen förderlicher Effekt von Branchen-Clustern bisher allerdings kaum nachgewiesen werden. Entsprechende Untersuchungen zeigen allerdings eine große Bedeutung von Spin-off-Gründungen für die Entstehung solcher Branchen-Cluster. So ließ sich etwa zeigen, dass die Konzentration der US-amerikanischen Automobilindustrie in der Region Detroit oder die Entwicklung des Silicon Valley in Kalifornien zu einem sehr wesentlichen Teil auf Spin-off-Gründungen aus bestehenden Unternehmen zurückgeführt werden kann.

Da *staatliche Subventionen* wie beispielsweise Investitionshilfen die Kosten für die Unternehmen senken, sollte man eigentlich erwarten, dass sich ein hohes Niveau staatlicher Subventionen positiv auf das Gründungsgeschehen auswirkt. Ein solcher positiver Effekt ließ sich in entsprechenden empirischen Untersuchungen in der Regel allerdings nicht nachweisen; nicht selten ergab sich für das Niveau staatlicher Subventionen sogar ein statistisch signifikant negativer Zusammenhang. Ein solcher negativer Zusammenhang könnte darauf beruhen, dass staatliche Subventionen besonders häufig in Krisenzeiten oder in Branchen und Regionen gewährt werden, die eine relativ schlechte ökonomische Entwicklung aufweisen. Aus diesem Grunde ist der empirische Befund auch nicht unbedingt so zu verstehen, dass die staatlichen Subventionen einen negativen Effekt auf Gründungsaktivitäten haben; vielmehr kann es sein, dass positive Wirkungen von einer negativen Entwicklung des wirtschaftlichen Umfeldes überlagert werden.

Da – wie schon mehrfach dargelegt – Beschäftigte in Kleinunternehmen eine relativ hohe Gründungsneigung aufweisen (hierzu insbes. ▶ Abschn. 6.3.2), ist es auch wenig überraschend, dass empirische Untersuchungen einen stark ausgeprägten positiven Zusammenhang zwischen dem *Anteil der Beschäftigten in Kleinbetrieben* und dem Niveau der regionalen Gründungsaktivitäten aufzeigen (Übersicht 8.4). Bei der Interpretation dieses empirischen Zusammenhangs sind allerdings mindestens zwei Dinge zu bedenken. Erstens kann es sich hierbei auch um einen Brancheneffekt handeln, denn ein hoher Anteil an Beschäftigten in Kleinunternehmen in einer Region könnte darauf beruhen, dass hier Branchen konzentriert sind, die durch eine relativ geringe mindestoptimale Größe charakterisiert sind. Zweitens kann ein hoher Anteil an Beschäftigten in kleinen Unternehmen die Folge eines hohen Niveaus von Gründungsaktivitäten in früheren Perioden sein,

da Gründungen in der Regel mit geringer Größe in den Markt eintreten und die meisten in der Folgezeit auch nur wenig wachsen (hierzu ▶ Abschn. 9.4). In diesem Falle spiegelt die Größenstruktur der regionalen Wirtschaft die Gründungsaktivitäten der Vergangenheit und damit eine eventuell vorhandene regionale Gründungskultur wider.

Eine Vielzahl empirischer Untersuchungen hat deutliche Hinweise darauf erbracht, dass regionale Gründungsaktivitäten relativ stark durch eine regionsspezifische *Entrepreneurship-Kultur* geprägt sein können, die – einmal etabliert – langfristige Wirkungen entfaltet. Es gibt eine Reihe von empirischen Beispielen dafür, dass solche „weichen" Institutionen, wie es eine Entrepreneurship-Kultur darstellt, über lange Zeiträume bestehen. Insbesondere ändern sich solche kulturellen Faktoren sehr viel langsamer als formale Regeln.

Wenn nun deutliche Hinweise auf das Vorhandensein einer Entrepreneurship-Kultur bestehen, so stellt sich die Frage, was diese Entrepreneurship-Kultur ausmacht, wie sie entsteht, auf welchen Wegen sie übertragen wird und dabei lange Zeiträume überdauert. In der Literatur gibt es hierzu unterschiedliche Vorstellungen. So wird einmal davon ausgegangen, dass der Kern einer solchen Entrepreneurship-Kultur in bestimmten Wertvorstellungen, wie etwa einer hohen gesellschaftlichen Akzeptanz von Eigeninitiative, Selbstverwirklichung und Gewinnstreben besteht. Ein zweites Konzept von Entrepreneurship-Kultur betont Vorbild-Effekte eines hohen Niveaus unternehmerischer Selbstständigkeit, die zur Nachahmung anregen. Dabei dürfte vor allem erfolgreichen Unternehmern eine wesentliche Rolle zukommen, was zu Denkmustern führt, die durch ein „Wenn die es schaffen, kann ich das auch" gekennzeichnet sind. Drittens schließlich wird die wesentliche Determinante der Kultur in einem hohen Anteil an Personen mit unternehmerischen Persönlichkeitsmerkmalen gesehen.

Welche dieser drei potenziellen Determinanten einer Entrepreneurship-Kultur den höchsten Erklärungsgehalt hat, ist bisher weitgehend ungeklärt. Dabei müssen sich diese drei Konzepte von Entrepreneurship-Kultur in keiner Weise ausschließen, sondern können alle drei gleichzeitig wirksam sein. Weiterhin kann eine regionale Infrastruktur an Unterstützungsdienstleistungen, insbesondere die Verfügbarkeit kompetenter Beratung dazu beitragen, dass eine ausgeprägte regionale Entrepreneurship-Kultur über die Zeit fortbesteht.

Schließlich ist als regionale Determinante von Gründungsaktivitäten die Entwicklung der *regionalen Nachfrage* zu nennen. Zunehmende Nachfrage schafft zum einen unternehmerische Gelegenheiten und kann sich zum anderen dadurch positiv auf die Gründungsaktivitäten auswirken, indem sie eine positive Einschätzung der Erfolgschancen für neue Unternehmen stimuliert.

8.8 Die systemische Sichtweise

Während der letzten Jahre hat sich zunehmend eine systemische Sichtweise auf das Gründungsgeschehen und die unternehmerische Selbstständigkeit herausgebildet. Im Rahmen dieses Ansatzes wird versucht, die Determinanten von Entrepreneurship möglichst umfassend und ganzheitlich auf nationaler, sektoraler und regionaler Ebene zu analysieren. Ein Entrepreneurship-System bzw. „Entrepreneurship Ecosystem" wird verstanden als die Gesamtheit der ökonomischen, sozialen, institutionellen und sonstigen relevanten Faktoren, die in interaktiver Weise die Erzeugung, das Erkennen und das Ergreifen unternehmerischer Gelegenheiten beeinflussen. Als wesentliche Komponenten wird zwischen Personen, Organisationen und Institutionen unterschieden, wobei den Personen als den tatsächlichen und potenziellen Unternehmern besondere Bedeutung zukommt. Der Schwerpunkt der systemischen Analyse der Bedingungen für Entrepreneurship liegt bei der Komplementarität und dem Zusammenspiel der verschiedenen Einflussfaktoren. Dabei besteht ein wesentliches Ziel darin, die Engpässe für Entrepreneurship und Wachstum zu identifizieren, um auf diese Weise Hinweise für ursachenadäquate wirtschaftspolitische Eingriffe zu gewinnen.

Ein Beispiel für eine solche Komplementarität der Einflussfaktoren ist das Verhältnis von regionaler Wissensbasis und dem Unternehmergeist sowie den unternehmerischen Fähigkeiten der regionalen Erwerbspersonen. Ohne unternehmerische Eigenschaften bzw. Fähigkeiten werden die Potenziale an unternehmerischen Gelegenheiten, die sich aus der regionalen Wissensbasis ergeben, nur in relativ geringem Maße ausgeschöpft. Besteht also der Engpass vor allem im Bereich des Erkennens und der Umsetzung der vorhandenen unternehmerischen Gelegenheiten, so wäre dies (und nicht ein weiterer Ausbau der Wissensbasis) der geeignete Ansatzpunkt für eine wirkungsvolle Entrepreneurship-Politik. Besteht hingegen der Engpass in der regionalen Wissensbasis, so läge hier der Ansatzpunkt für die Politik.

Ein deutlicher Hinweis auf das Vorhandensein solcher Komplementaritäten von Einflussfaktoren kann beispielsweise darin gesehen werden, dass sich die Bedingungen für Entrepreneurship in großen Städten nicht nur hinsichtlich einzelner Faktoren von anderen Regionen unterscheiden, sondern dass es hier umfassendere Konstellationen von Bestimmungsfaktoren gibt, die in großen Städten eine besondere Ausprägung aufweisen. Aufgrund der engen Verknüpfung von Entrepreneurship und Innovation kann das Entrepreneurship-System als ein Teilbereich des Innovationssystems aufgefasst werden.

Der derzeit umfassendste Ansatz einer systemischen Analyse von Entrepreneurship stellt der *Global Entrepreneurship and Development Index* (GEDI) dar, der sich auf ganze Länder bezieht und der zu wesentlichen Teilen auf Informationen aus dem Global Entrepreneurship Monitor (GEM) beruht. Für die Länder der Europäischen Union wurde dieser Index auch auf regionaler Ebene als *Regional Entrepreneurship and Development Index* (REDI) erstellt. Auch der in ▸ Abschn. 11.3.6 vorgestellte Ansatz der regionalen Wachstumsregime ist ein Beispiel dafür, bestimmte Typen von regionalen Konstellation hinsichtlich ihrer Bedingungen für Entrepreneurship und Wachstum zu unterscheiden.

8.9 Zusammenfassung wesentlicher Ergebnisse

Die Kenntnis der Determinanten von Gründungsaktivitäten stellt eine wesentliche Voraussetzung für ursachenadäquate und damit effektive wirtschaftspolitische Maßnahmen dar. Eine wichtige Einflussgröße sind die formalen Institutionen, worunter schriftlich fixierte Regeln des Zusammenlebens und Wirtschaftens zu verstehen sind (z. B. Gesetze). Besonders relevant für unternehmerische Tätigkeit sind hier das Steuersystem, das Unternehmensrecht, die Arbeitsmarktregulierung sowie Marktzutrittsregulierungen und das Wettbewerbsrecht. International vergleichende Untersuchungen ergeben klare Hinweise darauf, dass der mit einer Gründung verbundene administrative Aufwand eindeutig als Gründungshemmnis wirkt. Demzufolge sollte dieser Aufwand auf ein notwendiges Minimum begrenzt sein. Gegenwärtig nimmt Deutschland im internationalen Vergleich bezüglich des administrativen Gründungsaufwands nur einen Platz im unteren Mittelfeld ein, was klar darauf hindeutet, dass in dieser Hinsicht wesentliche Verbesserungsmöglichkeiten bestehen.

Die Anzahl und die Qualität an vorhandenen unternehmerischen Gelegenheiten kann einen Engpass für Gründungsaktivitäten darstellen. Wichtige Quellen für unternehmerische Gelegenheiten sind etwa

wirtschaftliches Wachstum, Strukturwandel, Veränderungen von Knappheitsrelationen sowie insbesondere Innovationsaktivitäten. Will die Politik die Anzahl und die Qualität der unternehmerischen Gelegenheiten erhöhen, so bietet sich hierfür insbesondere die Stimulierung von F&E-Aktivitäten an. Darüber hinaus könnten der Zugang zu Wissen und die absorptive Kapazität für Wissen wichtige Ansatzpunkte einer Politik sein, die auf die Schaffung und Wahrnehmung unternehmerischer Gelegenheiten abzielt.

Es lassen sich eine ganze Reihe von persönlichen Charakteristika benennen, die mit der Bereitschaft zur Gründung eines Unternehmens in einem positiven Zusammenhang stehen. Von den Faktoren des gesamtwirtschaftlichen Umfelds spielen das Wohlfahrtsniveau, die Höhe und Entwicklung von Lohnkosten und Kapitalnutzungspreis sowie Arbeitslosigkeit und konjunkturelle Situation eine wesentliche Rolle. Von den branchenspezifischen Einflussfaktoren kommen der mindestoptimalen Größe, der Kapitalintensität und dem herrschenden technologischen Regime wesentliche Bedeutung zu.

Die großen Unterschiede der Gründungs- bzw. Selbstständigenraten, die zwischen verschiedenen Regionen zu beobachten sind, weisen auf eine erhebliche Bedeutung regionaler Gegebenheiten hin. Dabei kann man durchaus unterschiedlicher Ansicht darüber sein, inwiefern es sich um einen Einfluss regionsspezifischer Gegebenheiten oder um einen Effekt der Branchenstruktur oder der Bevölkerungsstruktur handelt. In empirischen Untersuchungen zeigt sich in der Regel ein deutlicher positiver Einfluss auf das Niveau regionaler Gründungsaktivitäten für das Ausmaß der regionalen Innovationsaktivitäten sowie für den Beschäftigtenanteil in Kleinbetrieben. Weiterhin spielen die Verfügbarkeit benötigter Ressourcen und deren Preis eine wichtige Rolle.

Während empirisch gut gezeigt werden kann, dass Spin-off-Gründungen eine wichtige Rolle bei der Entstehung regionaler Cluster von Unternehmen einer bestimmten Branche spielen, ist die Bedeutung solcher Cluster für Gründungsaktivitäten weitgehend ungeklärt. Ganz offensichtlich sind Regionen durch ein bestimmtes Gründungsmilieu bzw. durch eine spezifische Kultur der unternehmerischen Selbstständigkeit gekennzeichnet, die in der Regel über relativ lange Zeiträume wirksam ist. Dabei ist allerdings nicht vollständig klar, was eine solche für Gründungen und unternehmerischer Selbstständigkeit günstige Entrepreneurship-Kultur ausmacht und wie sie auf adäquate Weise stimuliert werden kann.

Die systemische Sichtweise versucht die Gesamtheit der Determinanten von Entrepreneurship zu erfassen und betont Komplementaritäten zwischen diesen Faktoren und deren Zusammenspiel. Dabei besteht ein wesentliches Ziel der Analyse darin, die entscheidenden Engpässe für Gründungen und Wachstum zu identifizieren, um so Hinweise für ursachenadäquate wirtschaftspolitische Eingriffe zu gewinnen.

8.10 Wesentliche Begriffe zu Kap. 8

- Arbeitslosigkeit
- Arbeitsmarktregulierung
- Durchsetzbarkeit von Rechten (Rule of Law)
- Entrepreneurship-Kultur
- Entrepreneurship-System (Entrepreneurship Ecosystem)
- Forschung und Entwicklung
- Gründungsaufwand
- Gründungsbarrieren
- Handlungsrechte (Property Rights)
- Innovationsaktivitäten
- Institutionen
- Kapitalintensität
- Konjunktur
- Konkurrenzschutz-Klauseln
- Korruption

- Kündigungsschutz
- Marktzutrittsregulierung
- Mindestoptimale Größe
- Nachfrage
- Preis
- Räumliche Nähe
- Regionale Gegebenheiten
- Steuersystem
- Subventionen
- Systemischer Ansatz
- Technologisches Regime
- Unternehmensrecht
- Unternehmerische Gelegenheiten
- Verfügbarkeit
- Verdichtungsgebiete
- Wissensbasis
- Wissens-Spillover
- Wohlstandsniveau

Literaturhinweise

Zum Zusammenhang zwischen Gründungen und formalen Institutionen siehe *Elert et al.* (2017) sowie *Elert et al.* (2019). Zu den Wirkungen des mit einer Gründung verbundenen administrativen Aufwandes auf das Gründungsgeschehen siehe insbesondere *Klapper et al.* (2006) sowie *World Bank* (2020). Die *Weltbank* publiziert jährliche Übersichten über die Bedingungen für Unternehmensgründungen in vielen Ländern (▶ http://www.doingbusiness.org/); der aktuelle Bericht ist *World Bank* (2020). Das *Global Entrepreneurship & Development Institut* (▶ http://thegedi.org/) ermittelt ebenfalls jährlich den Global Entrepreneurship and Development Index (GEDI), der die Bedingungen für Unternehmensgründungen und Wachstum in diversen Ländern bewertet.

Parker (2018) bietet einen Überblick über gesamtwirtschaftliche, sektorale und regionale Determinanten des Gründungsgeschehens. Zur Bedeutung von institutionellen Rahmenbedingungen wie etwa dem Steuerrecht, dem System der sozialen

Sicherung und der Arbeitsmarktregulierung siehe *Elert et al.* (2017) sowie speziell bezogen auf schnell wachsende Unternehmen *Henrekson* und *Johansson* (2009).

Zum Zusammenhang zwischen Konjunkturzyklus und Gründungsaktivitäten siehe *Koellinger* und *Thurik* (2012). *Konon et al.* (2018) zeigen für Deutschland, dass bei hoher Arbeitslosigkeit gerade auch die Gründungen in innovativen Branchen des Verarbeitenden Gewerbes ansteigen. Eine eingehende Analyse des regionalen Gründungsgeschehens in Westdeutschland findet sich bei *Fritsch* und *Falck* (2007). Speziell zu Besonderheiten von Gründungen in großen Städten siehe *Bosma* und *Sternberg* (2014). Zur Bedeutung des regionalen Kontext für Gründungen siehe auch *Sternberg* (2009) sowie *Fritsch* und *Storey* (2014). Zu den Besonderheiten des Gründungsgeschehens in den Regionen Ostdeutschlands siehe *Fritsch et al.* (2014) und *Wyrwich* (2014). Vorteile großer Städte für eine Kompensation von Qualifikationsdefiziten des Gründers behandeln *Helsley* und *Strange* (2011). *Fritsch* und *Wyrwich* (2021) zeigen im Rahmen einer international vergleichenden Analyse, dass die Vorteile großer Städte für die Generierung patentfähiger Erfindungen offenbar sehr begrenzt sind. Die Bedeutung einer regionalen Entrepreneurship-Kultur wird ausführlich in *Fritsch* und *Wyrwich* (2019) behandelt.

Einen Überblick über den systemischen Ansatz der Analyse von Entrepreneurship geben *Wurth et al.* (2021). Zum Regional Entrepreneurship and Development Index (REDI) siehe *Szerb et al.* (2017).

Weiterführende Literatur

Bosma, Niels und Rolf Sternberg (2014): Entrepreneurship as an Urban Event? Empirical Evidence from European Cities. *Regional Studies*, 48. 1016–1033. ► https://doi.org/10.1080/00343404.2014.904041

Elert, Niklas, Magnus Henrekson und Mika Stenkula (2017): *Institutional Reform for Innovation and Entrepreneurship in Europe -- An Agenda for Europe*. Cham: Springer. ► https://doi.org/10.1007/978-3-319-55092-3

Elert, Niklas, Magnus Henrekson und Mark Sanders (2019): *The Entrepreneurial Society – A Reform Strategy for the European Union*. Berlin: Springer. ► https://doi.org/10.1007/978-3-662-59586-2

Fritsch Michael und Oliver Falck (2007): New Business Formation by Industry over Space and Time: A Multi-Dimensional Analysis. *Regional Studies*, 41, 157–172. ► https://doi.org/10.1080/00343400600928301

Fritsch, Michael, Elisabeth Bublitz, Alina Sorgner und Michael Wyrwich (2014): How Much of a Socialist Legacy? The Re-emergence of Entrepreneurship in the East German Transformation to a Market Economy. *Small Business Economics*, 43, 427–446. ► https://doi.org/10.1007/s11187-014-9544-x

Fritsch, Michael und David Storey (2014): Entrepreneurship in a Regional Context – Historical Roots and Recent Developments. *Regional Studies*, 48, 939–954. ► https://doi.org/10.1080/00343404.2014.892574

Fritsch, Michael und Michael Wyrwich (2019): *Regional Trajectories of Entrepreneurship, Knowledge, and Growth -- The Role of History and Culture*. Cham: Springer. ► https://link.springer.com/book/10.1007%2F978-3-319-97782-9

Fritsch, Michael und Michael Wyrwich (2021): Is innovation (increasingly) concentrated in large cities? An international comparison. *Research Policy*. ► https://doi.org/10.1016/j.respol.2021.104237

Helsley, Robert W. und William C. Strange (2011): Entrepreneurs and cities: Complexity, thickness and balance. *Regional Science and Urban Economics*, 41, 550–559. ► https://doi.org/10.1016/j.regsciurbeco.2011.04.001

Henrekson, Magnus und Dan Johansson (2009): Competencies and Institutions Fostering High-growth Firms. *Foundations and Trends in Entrepreneurship*, 5, 1–80. ► https://doi.org/10.1561/0300000026

Klapper, Leora, Luc Laeven und Raghuram Rajan (2006): Entry regulation as a barrier to entrepreneurship. *Journal of Financial Economics*, 82, 591–629. ► https://doi.org/10.1016/j.jfineco.2005.09.006

Koellinger, Philipp D. und Roy A. Thurik (2012): Entrepreneurship and the Business Cycle. *Review of Economics and Statistics*, 94, 1143-1156. ► https://doi.org/10.1162/REST_a_00224

Konon, Alexander, Michael Fritsch und Alexander Kritikos (2018): Business Cycles and Start-ups across Industries: an Empirical Analysis for Germany. *Journal of Business Venturing*, 33, 742-761. ► https://doi.org/10.1016/j.jbusvent.2018.04.006

Parker, Simon (2018): *The Economics of Entrepreneurship*. 2nd ed., Cambridge: Cambridge University Press. ► https://doi.org/10.1017/9781316756706

Sternberg, Rolf (2009): Regional Dimensions of Entrepreneurship. *Foundations and Trends in Entrepreneurship*, 5, 211–340. ▶ https://doi.org/10.1561/0300000024

Szerb, László et al. (2017): *The Regional Entrepreneurship and Development Index: Structure, Data, Methodology and Policy Applications*. Final Report to the EU. University of Pécs. ▶ http://www.projectfires.eu/wp-content/uploads/2018/02/D4.4-REVISED.pdf

World Bank (2020): *Doing Business 2020 – Comparing Business Regulation in 190 Economies*. Washington, D.C.: World Bank. ▶ https://openknowledge.worldbank.org/bitstream/handle/10986/32436/9781464814402.pdf

Wurth, Bernd, Erik Stam und Ben Spigel (2021): Towards an Entrepreneurial Ecosystem Research Program. *Entrepreneurship Theory and Practice*. ▶ https://doi.org/10.1177/1042258721998948

Wyrwich, Michael (2014): Ready, Set, Go! Why are some regions entrepreneurial jump starters? *Annals of Regional Science*, 53, 487–513. ▶ https://doi.org/10.1007/s00168-014-0629-x

Wie entwickeln sich junge Unternehmen?

Inhaltsverzeichnis

9.1   Die Gründungsphase – 116

9.2   Die Entwicklung von Gründungskohorten – 117

9.3   Die Erklärung des Zusammenhangs von
        Scheiteranfälligkeit und Unternehmensalter – 120
9.3.1   Liability of Newness – 120
9.3.2   Liability of Smallness – 121
9.3.3   Liability of Adolescence – 122
9.3.4   Liability of Aging – 123

9.4   Die Größenstruktur von Gründungskohorten und die
        Produktivitätsentwicklung im Zeitverlauf – 123

9.5   Zusammenfassung wesentlicher Ergebnisse – 124

9.6   Wesentliche Begriffe zu Kap. 9 – 125

        Literaturhinweise – 125

        Weiterführende Literatur – 125

Wesentliche Fragestellungen
- Was sind die wesentlichen Entwicklungsprobleme neu gegründeter Unternehmen?
- Wie hoch ist die Anfälligkeit junger Unternehmen für ein Scheitern?
- Welcher Anteil der neu gegründeten Unternehmen schafft in wesentlichem Ausmaß neue Arbeitsplätze?

Gegenstand dieses Kapitels ist die Entwicklung von neu gegründeten Unternehmen. Im Zentrum der Betrachtung stehen die Verweildauer im Markt sowie die Beschäftigungsentwicklung. Wie dann in ▶ Kap. 10 gezeigt wird, stellt die Verweildauer am Markt bzw. das Überleben eines Unternehmens ein wesentliches Maß für den Erfolg einer Gründung dar. Darüber hinaus wird auch auf die Produktivität der jungen Unternehmen im Vergleich zu ihren alt-etablierten Wettbewerbern eingegangen. Zunächst behandelt ▶ Abschn. 9.1 die besonderen Probleme der Gründungsphase von Unternehmen. Daran anschließend gibt ▶ Abschn. 9.2 einen Überblick über die Entwicklung von Gründungskohorten. Dabei besteht ein wesentliches Ergebnis darin, dass neu gegründete und junge Unternehmen eine relativ hohe Anfälligkeit für ein Scheitern aufweisen. ▶ Abschn. 9.3 behandelt eine Reihe von Erklärungen für den Zusammenhang zwischen Scheiteranfälligkeit, Alter und Größe von Unternehmen. Gegenstand von ▶ Abschn. 9.4 ist dann die Größenstruktur von Gründungskohorten und die Produktivität junger Unternehmen im Zeitablauf. Die wesentlichen Ergebnisse werden in ▶ Abschn. 9.5 zusammengefasst.

9.1 Die Gründungsphase

Mit der Gründung eines Unternehmens wird etwas Neues geschaffen. Man kann die Unternehmensgründung als ein Experiment ansehen, mit dem getestet wird, inwiefern ein Geschäftskonzept und eine neue Organisation ökonomisch tragfähig sind. Aufgrund dieser Neuheit ist die Gründungsphase, auch wenn es sich um eine rein imitative Gründung mit einem vollkommen konventionellen Geschäftskonzept handelt, mit relativ hoher Unsicherheit über den Erfolg der Gründung verbunden. Diese hohe Unsicherheit stellt in der Regel eine wesentliche Belastung für den Gründer dar. Weitere Belastungen für den Gründer in den frühen Stadien der Unternehmensentwicklung ergeben sich durch die große Anzahl verschiedener und sich wandelnder Aufgaben. Die adäquate Erfüllung dieser Aufgaben macht eine Vielfalt an Qualifikationen erforderlich, über die ein einzelner Gründer nur selten vor dem Markteintritt verfügt. Hier sind Teamgründungen mit einer Mehrzahl an unterschiedlichen Qualifikationen gegenüber Einzelgründern eindeutig im Vorteil.

Durch die hohe Belastung des Gründers während der frühen Phase der Unternehmensentwicklung ist die Gefahr von Konflikten zwischen Berufs- und Privatleben relativ hoch. Aus diesem Grunde kommt dem privaten Unterstützungsnetzwerk des Gründers bei der Bewältigung der vielfältigen Aufgaben eine große Bedeutung zu. Besonders vielfältig und komplex sind die Anforderungen im Falle einer innovativen Gründung, da hier neben den generell mit einer Gründung verbundenen Aufgaben noch die Entwicklung der entsprechenden Innovation hinzukommt. Aufgrund des innovativen Charakters der Gründung ist hier auch die Unsicherheit über den Geschäftserfolg relativ hoch.

Die wesentlichen in der Gründungsphase zu bewältigenden Aufgaben umfassen unter anderem:
- das Erstellen eines Unternehmenskonzeptes,
- das Finden eines geeigneten Standortes sowie die Auswahl geeigneter Geschäftsräume,
- die Erstellung eines Investitionsplanes, der den Kapitalbedarf und die Verwendung der Mittel festlegt,

- das Aufbringen der Investitionssumme, also das Finden und das Überzeugen von Kapitalgebern,
- die Ausarbeitung eines Finanzierungskonzeptes,
- das Abschätzen des vorhandenen Marktpotenzials,
- die Beschaffung der Geschäftsausstattung,
- das Einstellen von Personal,
- die Auswahl von Lieferanten, Verhandlungen über Konditionen sowie insbesondere
- das Finden von Abnehmern und deren Bindung an das Unternehmen.

Eckpunkte der entsprechenden Entscheidungen und Lösungsstrategien werden häufig in einem Businessplan dargestellt. Der Businessplan kann drei Zwecken dienen, nämlich:
- die Rationalität und Konsistenz des Gründungskonzeptes und des Verlaufs der Gründung sicher zu stellen;
- der Darstellung der Gründungsidee gegenüber Beratern, potenziellen Geschäftspartnern und Geldgebern; sowie
- als Kontrollinstrument während der ersten Zeit nach der Gründung.

Für Aufbau, Umfang und Inhalt eines Businessplans gibt es kein allgemein verbindliches Schema. Häufig wird der Detaillierungsgrad durch die Anforderungen der Geldgeber bestimmt. Es lassen sich jedoch inhaltliche Schwerpunkte angeben. Diese umfassen:
- Die *Beschreibung der Geschäftsidee:* Was ist der Gegenstand des Unternehmens, womit soll Geld verdient werden? Was sind die aktuellen und zukünftigen Produkte bzw. Dienstleistungen? Welche Produktdifferenzierungen sind vorgesehen? Welche Wettbewerbsvorteile (etwa Zusatznutzen für die Abnehmer, Preis, Service) bestehen gegenüber der Konkurrenz? Wo liegen die wesentlichen

Risiken? Was sind die wesentlichen Substitutionsprodukte?
- Der *Marketingplan:* Wer sind die Kunden? Wo sind die Kunden? Was sind ihre Besonderheiten? Wie hoch ist das Marktvolumen? Wie entwickelt sich der Markt voraussichtlich? Wer sind die unmittelbaren Konkurrenten? Was sind die Alleinstellungsmerkmale des Produktes? Wie sollen Kunden gewonnen und gehalten werden? Worin bestehen Preisstrategie und Servicepolitik?
- Der *Managementplan:* Wer leitet das Unternehmen? Wer übernimmt welche Aufgaben? Welche Maßnahmen zur Verbesserung der Qualifikationen des Leitungspersonals sind geplant? Wie viele Mitarbeiter mit welchen Aufgaben und Qualifikationen soll das Unternehmen in welchem Stadium haben? Wie soll das Unternehmen organisiert und geführt werden? Wie soll das Management auf einen möglichen wirtschaftlichen Misserfolg reagieren?
- Der *Finanzplan* beschreibt die Grundausstattung und dessen Finanzierung (Gründungsbudget). Darüber hinaus kann der Finanzplan Prognosen über Zahlungsströme während des laufenden Betriebs des Unternehmens umfassen.

Entscheidend für die Qualität eines Businessplans ist nicht dessen Umfang, sondern sein Inhalt. Hierzu ist es wichtig, dass sich der Gründer persönlich mit den damit verbundenen Fragen auseinandersetzt; die Anfertigung des Businessplans zu delegieren, ist als eher problematisch anzusehen.

9.2 Die Entwicklung von Gründungskohorten

Gründungskohorten sind Gruppen von Unternehmen, die innerhalb eines bestimmten Zeitraumes – meist werden Jahreszeiträume betrachtet – gegründet worden

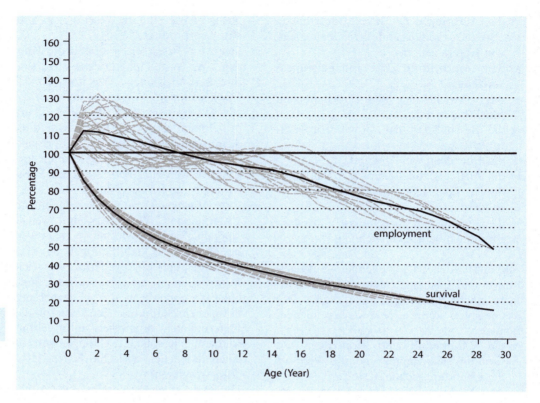

■ **Abb. 9.1**   Beschäftigung in Gründungskohorten und Überlebensraten in Westdeutschland 1976–2005 – privater Sektor. (Quelle: Schindele und Weyh 2011)

sind. Gründungskohorten weisen im Zeitablauf eine Reihe von typischen Entwicklungsmustern auf. ■ Abb. 9.1 zeigt die Beschäftigung und die Überlebensraten in jährlichen Gründungskohorten westdeutscher Betriebe in den Sektoren der privaten Wirtschaft (ohne Landwirtschaft) im Zeitraum 1976 bis 2005[1]. Die unterbrochenen grauen Linien repräsentieren jeweils einen bestimmten Jahrgang von Gründungen; die schwarzen durchgezogenen Linien geben die Durchschnittswerte für alle Kohorten an, für die im jeweiligen Jahr Angaben zur Verfügung stehen. Die im Jahr 1976

gegründeten Betriebe lassen sich bis zum Jahr 2005, also über einen Zeitraum von 29 Jahren verfolgen. Da für alle Kohorten der Beobachtungszeitraum im Jahr 2005 endet, sind die Zeitreihen (und damit die unterbrochenen grauen Linien) für nachfolgende Kohorten jeweils kürzer. Im Gründungsjahr beträgt das Alter einer Kohorte 0 Jahre; die Anzahl der Beschäftigten einer Kohorte im Gründungsjahr ist jeweils auf 100 % normiert. Die Linien der Beschäftigungsentwicklung geben also an, wie sich die Beschäftigung in den Kohorten in Relation zur Beschäftigung im Gründungsjahr verändert hat.

Wie ■ Abb. 9.1 zeigt, steigt die Beschäftigtenzahl in den Kohorten typischerweise kurz nach erfolgter Gründung an, erreicht nach einigen Jahren ein Maximum und geht dann in den Folgejahren mehr oder weniger

---

1   Datengrundlage ist die Betriebsdatei der Statistik der sozialversicherungspflichtig Beschäftigten der *Bundesagentur für Arbeit*, die nur auf Ebene von Betrieben vorliegt; siehe zu dieser Datenquelle ► Abschn. 3.3.

kontinuierlich zurück. In dem hier dargestellten Beispiel fällt die Beschäftigung nach acht Jahren unter das Ausgangsniveau zum Zeitpunkt der Gründung. Ein wesentlicher Grund für das Absinken der Beschäftigung in den Gründungskohorten besteht darin, dass insbesondere während der ersten Jahre ein relativ hoher Anteil an Gründungen wieder stillgelegt wird und die dadurch entstehenden Beschäftigungsverluste nicht durch entsprechenden Beschäftigungszuwachs in den überlebenden Gründungen kompensiert werden.

Die ◘ Abb. 9.1 zeigt auch die Überlebensraten der Betriebe eines Gründungsjahrgangs. Die *Überlebensrate* ist definiert als Anteil der Betriebe, die eine bestimmte Zeit nach der Gründung noch existieren und am Markt aktiv sind. Entsprechend ◘ Abb. 9.1 wird ungefähr die Hälfte aller Gründungen während der ersten sechs bis sieben Jahre wieder stillgelegt; eine Größenordnung, die auch in Untersuchungen für diverse andere Länder ermittelt wurde. Nach zehn Jahren sind noch gut 40 % aller Gründungen am Markt, nach 20 Jahren sind es deutlich weniger als 30 % und nach 29 Jahren weniger als 20 %.

Der Verlauf der in ◘ Abb. 9.1 dargestellten Überlebensraten ist nicht linear. Vielmehr sinken die Raten in den ersten Jahren stärker als im Zeitraum danach. Um solche altersabhängigen Verläufe der Stilllegungswahrscheinlichkeit zu analysieren, bildet man üblicherweise Hazardraten. Während die Überlebensrate den Anteil aller Einheiten (Betriebe oder Unternehmen) angibt, die nach einem bestimmten Zeitraum noch existieren, ist die *Hazardrate* der Anteil der Einheiten, die am Anfang einer bestimmten Periode (z. B. zu Beginn eines Jahres) existiert haben und während dieser Zeitperiode stillgelegt worden sind. Im Prinzip ist die Hazardrate eine Stilllegungsrate, die jeweils auf die Grundgesamtheit zu Beginn der Periode normiert ist. Sie gibt somit die Wahrscheinlichkeit dafür an, dass eine

Einheit, die ein bestimmtes Alter erreicht hat, in der Folgeperiode stillgelegt wird.

Die ◘ Abb. 9.2 zeigt Hazardraten für die in ◘ Abb. 9.1 dargestellten Gründungskohorten. Dabei wird die relativ hohe Stilllegungswahrscheinlichkeit für Gründungen während der ersten Jahre ihrer Existenz besonders deutlich. Mit zunehmendem Alter eines Betriebes nimmt die Stilllegungswahrscheinlichkeit ab und nähert sich kontinuierlich einem bestimmten Minimalwert an. In dem hier dargestellten Beispiel steigt die Stilllegungswahrscheinlichkeit nach 18 bis 20 Jahren wieder leicht an.

Man bezeichnet die besondere Anfälligkeit von Gründungen für eine Schließung während der ersten Jahre als *Liability of Newness* bzw. *Liability of Adolescence*. Da junge Unternehmen in der Regel relativ klein sind, wird als Erklärung gelegentlich auch eine besondere Anfälligkeit von Kleinunternehmen *(Liability of Smallness)* herangezogen. Eine besondere Anfälligkeit von älteren Organisationen für eine Stilllegung bezeichnet man als *Liability of Aging*. Diese Erklärungsansätze werden im folgenden ► Abschn. 9.3 behandelt.

Zwar zeigen sich die dargestellten Grundmuster der Entwicklung von Gründungskohorten in so gut wie allen empirischen Untersuchungen. Es kann dabei aber durchaus erhebliche Unterschiede zwischen Wirtschaftszweigen bzw. Sektoren geben. Beispielsweise ist der Beschäftigungszuwachs von Gründungskohorten während der ersten Jahre in innovativen Wirtschaftszweigen in der Regel deutlich größer und länger anhaltend als in weniger innovativen Branchen. Auch weisen Gründungen, die während einer relativ frühen Phase des Industrielebenszyklus in den Markt eintreten, in der Regel eine höhere Überlebenswahrscheinlichkeit auf als neue Unternehmen, die zu einem späteren Zeitpunkt in den Markt eintreten (hierzu auch ► Abschn. 10.2.3 *Branchencharakteristika und gesamtwirtschaftliches Umfeld*).

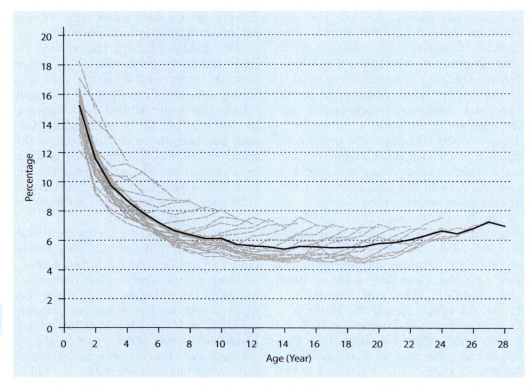

◘ Abb. 9.2 Hazardraten in Gründungskohorten – Westdeutschland 1976–2005 – privater Sektor. (Quelle: Schindele und Weyh 2011)

9.3 Die Erklärung des Zusammenhangs von Scheiteranfälligkeit und Unternehmensalter

9.3.1 Liability of Newness

Der Begriff der Liability of Newness bezeichnet die besondere Anfälligkeit von neuen Organisationen für ein Scheitern, also eine Stilllegung bzw. Auflösung. Die Ursache für ein solches Scheitern wird ganz allgemein darin gesehen, dass es nicht gelingt, die neue Organisation so zu etablieren, dass sie in hinreichendem Maße wettbewerbsfähig bzw. profitabel ist. Konkret kann dies bedeuten, dass keine geeigneten Zulieferer, kein geeignetes Personal und/

oder nicht ausreichend Abnehmer für die erstellte Leistung gewonnen werden konnten. Die Ursache für ein Scheitern kann auch darin bestehen, dass die Länge des Zeitraums bis zur Erzielung erster Gewinne unterschätzt wird und nicht ausreichend Ressourcen verfügbar sind, um diese Durststrecke zu überbrücken. Es kann aber auch sein, dass der Gründer durchaus noch über Ressourcen verfügt, er aber im Verlauf des Gründungsprozesses lernt, dass sein Geschäftskonzept nicht tragfähig ist und er deshalb nach relativ kurzer Zeit wieder aus dem Markt ausscheidet.

Die Vorstellungen über die Länge des Zeitraums, über den sich die mit der Liability of Newness angesprochenen Anlaufschwierigkeiten erstrecken, sind nicht ganz deckungsgleich. Vielfach wird hier

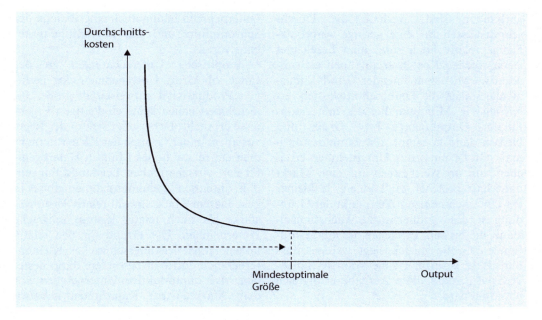

ein Zeitraum zwischen zwei und fünf Jahren genannt, wobei diese Periode für kleine Dienstleistungsunternehmen (z. B. Einzelhandel) wohl wesentlich kürzer anzusetzen ist als für Gründungen in Branchen des Verarbeitenden Gewerbes, in denen eine relativ hohe mindestoptimale Größe herrscht. Der Verlauf der Hazardraten in ▪ Abb. 9.2 zeigt allerdings an, dass die Stilllegungswahrscheinlichkeit für einen Zeitraum von gut zehn Jahren überdurchschnittlich hoch ist. Dies korrespondiert mit Analysen der Produktivität von neu gegründeten und jungen Unternehmen, die ergeben, dass es gut zehn Jahre dauern kann, bis die Unternehmen einer Gründungskohorte das Produktivitätsniveau ihrer alt-etablierten Konkurrenten erreicht haben.

9.3.2 Liability of Smallness

Die Liability of Smallness bezeichnet die besondere Stilllegungsanfälligkeit von kleinen Organisationen, wobei es sich sowohl um etablierte Firmen als auch um neugegründete Einheiten handeln kann, die ja in der Regel eine nur verhältnismäßig geringe Startgröße aufweisen. Eine Erklärung für eine hohe Stilllegungswahrscheinlichkeit relativ kleiner Gründungen könnte einmal darin bestehen, dass – wie empirische Studien belegen – der Markteintritt häufig unterhalb der mindestoptimalen Größe erfolgt und die Unternehmen dann vor der Aufgabe stehen, diese mindestoptimale Größe möglichst schnell zu erreichen. Gelingt dies nicht, so bleiben sie unrentabel und müssen über kurz oder lang wieder aus dem Markt austreten.

Diese Zusammenhänge können anhand von ▪ Abb. 9.3 veranschaulicht werden. Die Durchschnittskosten sind die Kosten, die pro Output-Einheit anfallen und bilden die Preisuntergrenze für ein kostendeckendes Angebot, d. h. der Preis muss mindestens den Durchschnittskosten entsprechen, damit keine Verluste entstehen. Hinsichtlich des Verlaufs der Durchschnittskosten wird unterstellt, dass Größenvorteile vorhanden sind, weshalb die Durchschnittskosten für eine geringe Angebotsmenge relativ hoch sind; man bezeichnet einen solchen Kostenverlauf auch als subadditiv. Mit zunehmender Produktionsmenge sinken die Durchschnittskosten, erreichen ein Minimum bei der mindestoptimalen Outputmenge bzw. Größe und bleiben dann konstant. Diese mindestoptimale Größe muss das Unternehmen erreichen, um im Wettbewerb auf dem Markt dauerhaft bestehen zu können. Je kleiner ein Unternehmen zum Zeitpunkt der Gründung ist, desto größer ist die Wachstumsdistanz, die bis zum Erreichen der mindestoptimalen Größe zurückgelegt werden muss und desto geringer ist die Wahrscheinlichkeit dafür, dass diese Aufgabe erfolgreich bewältigt wird.

Eine weitere Erklärung für eine höhere Überlebenswahrscheinlichkeit von relativ großen Gründungen könnte darin gesehen werden, dass hohe Investitionen in ein Unternehmen mit besonders intensiven Bemühungen um den Erfolg der Gründung einhergehen dürften. Je mehr man investiert hat, desto geringer ist die Wahrscheinlichkeit, dass man bei ersten Schwierigkeiten bereits „die Flinte ins Korn wirft". Dies dürfte insbesondere dann der Fall sein, wenn bei einem Marktaustritt in wesentlichem Ausmaß Sunk Costs anfallen, Aufwendungen für Ressourcen also, die in einer anderen Verwendung erheblich weniger wert sind und daher im Falle des Scheiterns nur mit Verlust verkauft werden können.

Bezogen auf etablierte Unternehmen beschreibt die Liability of Smallness eigentlich ein relativ triviales Phänomen. Wenn Großunternehmen in wirtschaftliche Schwierigkeiten geraten, so haben sie in der Regel die Möglichkeit, zunächst Kapazitäten abzubauen während Kleinunternehmen im Zweifel nur über relativ geringe Reserven verfügen und bei wirtschaftlichen Problemen häufig gleich ganz aus dem Markt ausscheiden müssen. Aus diesem Grunde geht einer Stilllegung von ehemals großen Unternehmen häufig auch eine Periode der Schrumpfung und des Beschäftigungsabbaus voraus.

Empirische Untersuchungen zu der Frage, ob kleine Unternehmen eine geringere Produktivität aufweisen als große Unternehmen haben keine eindeutigen Ergebnisse erbracht. Dabei zeigt sich in der Regel vor allem in der Gruppe der Kleinunternehmen ein relativ hohes Maß an Heterogenität der wirtschaftlichen Leistungsfähigkeit; d. h. unter den Kleinunternehmen gibt es in besonderem Maße sowohl relativ leistungsstarke als auch relativ leistungsschwache Unternehmen. Der Grund für den relativ hohen Anteil leistungsschwacher Kleinunternehmen dürfte insbesondere darin bestehen, das unproduktive Unternehmen vor dem Marktaustritt Kapazitäten abbauen und die Gruppe der kleinen Unternehmen relativ viele solcher „Grenzanbieter" mit geringer Produktivität umfasst.

9.3.3 Liability of Adolescence

Dem Konzept der Liability of Adolescence liegt die Beobachtung zugrunde, dass die Stilllegungswahrscheinlichkeit von Gründungen über die Zeit häufig nicht kontinuierlich abnimmt, sondern einen umgekehrt u-förmigen Verlauf aufweist, indem sie mit dem Alter zunächst ansteigt und nach Erreichen eines Maximums wieder sinkt. Dies bedeutet, dass die Stilllegungswahrscheinlichkeit im Stadium des *Heranwachsens,* der Adoleszenz, besonders hoch ausfällt.

Die Erklärung für dieses Phänomen könnte darin bestehen, dass ein Gründer den Erfolg oder Misserfolg seines Projektes erst im Zeitablauf einigermaßen verlässlich abschätzen kann. Dies korrespondiert mit der Hypothese, dass ein Gründer erst im Verlauf der Geschäftstätigkeit lernt, inwiefern er zur Führung eines Unternehmens in der Lage ist. Ein rational handelnder Gründer wartet daher erst einige Zeit ab, bis er ein Projekt als hoffnungslos einstuft und aufgibt. Dabei kann auch eine Rolle spielen, dass ein Projekt erst dann ernsthaft in Frage gestellt wird, wenn die Startressourcen oder die Vertrauensvorschüsse von Finanziers aufgebraucht sind, was dann eine Stilllegung erzwingt.

9.3.4 Liability of Aging

Die Liability of Aging bezeichnet ganz allgemein eine relativ hohe Scheiteranfälligkeit älterer Organisationen. Hinsichtlich der Erklärung einer solchen Liability of Aging lassen sich zwei Varianten unterscheiden:

— Die These von der *Liability of Senescence* führt eine besondere Scheiteranfälligkeit von alten Unternehmen auf eine organisationale Trägheit bzw. organisatorische *Sklerose* zurück. Diese Sklerose schlägt sich darin nieder, dass alt-etablierte Routinen nicht in hinreichendem Maße in Frage gestellt und gegebenenfalls reformiert werden, was die Effizienz der Organisation mindert.

— Die These von der *Liability of Obsolescence* führt die besondere Scheiteranfälligkeit älterer Unternehmen vor allem darauf zurück, dass das Produktprogramm und allgemeine Managementstrategien veraltet sind und nicht in hinreichendem Maße an die sich veränderten Erfordernisse angepasst worden sind. Die Folge ist ein Verlust an Wettbewerbsfähigkeit, der dann unter Umständen einen Marktaustritt erzwingt.

Bisher sind sowohl die Relevanz als auch die Ursachen für eine Liability of Aging empirisch weitgehend ungeklärt, was wohl zu einem wesentlichen Teil auf das Fehlen ausreichend langer Zeitreihen an empirischen Daten zurückzuführen ist. So muss auch der in ◘ Abb. 9.2 erkennbare Anstieg der Hazardraten bei älteren Unternehmen nicht zwangsläufig auf eine Liability of Aging hindeuten,

denn in der entsprechenden Datenquelle wird jeder Eigentümerwechsel als eine Stilllegung verbunden mit einer Gründung verbucht. Folglich spiegelt der in ◘ Abb. 9.2 zu verzeichnende Anstieg der Hazardraten eventuell eher die erhöhte Wahrscheinlichkeit für eine Weitergabe des Unternehmens an einen Nachfolger als eine Geschäftsaufgabe wider. Angesichts eines Durchschnittsalters von Gründern in Deutschland von ca. 41 Jahre wäre eine Aufgabe oder ein Verkauf des Unternehmens aus Altersgründen nach mehr als 20 Jahren Geschäftstätigkeit nicht unplausibel.

9.4 Die Größenstruktur von Gründungskohorten und die Produktivitätsentwicklung im Zeitverlauf

In aller Regel bleibt die ganz überwiegende Mehrzahl der überlebenden Gründungen sehr klein und der Anteil der stark wachsenden Unternehmen – sogenannter Gazellen – an einer Gründungskohorte ist außerordentlich gering. Dieser Befund korrespondiert mit der Beobachtung, dass die meisten der neu gegründeten Unternehmen eine niedrigere Produktivität als die etablierten Unternehmen aufweisen und es nicht selten bis zu zehn Jahre dauern kann, bis sie – sofern sie bis dahin nicht stillgelegt wurden – das durchschnittliche Produktivitätsniveau der etablierten Firmen erreicht haben. Übertragen auf das Modell der mindestoptimalen Größe (▶ Abschn. 9.3.2) dauert es also bis zu zehn Jahre, bis die mindestoptimale Größe erreicht ist. Die wenigen stark expandierenden Unternehmen einer Gründungskohorte dürften diese Schwelle wesentlich früher erreichen und sind in dieser Hinsicht positive „Ausreißer" darstellen. Dabei ist bemerkenswert, dass es sich bei schnell wachsenden Unternehmen nur selten um besonders technologieorientierte Gründungen handelt.

9

Im Ergebnis ist der Großteil der durch eine Gründungskohorte direkt geschaffenen Arbeitsplätze meist in sehr wenigen Unternehmen konzentriert. Als Orientierungswerte aus entsprechenden empirischen Untersuchungen können gelten: Nach einem Zeitraum von zehn Jahren entfallen mehr als 95 % der von den Unternehmen einer Gründungskohorte geschaffenen Arbeitsplätze auf nur ca. zwei bis drei Prozent der Gründungen. Angesichts dieser hohen Konzentration der Beschäftigung auf sehr wenige Gründungen stellt sich die Frage, inwiefern es möglich ist, diese besonders erfolgreichen Unternehmen im Sinne einer *Pick the Winner*-Strategie bereits zum Zeitpunkt der Gründung zu identifizieren und gegebenenfalls besonders zu fördern (hierzu ▶ Abschn. 10.3).

Angesichts der relativ niedrigen Produktivität eines großen Teils der neu gegründeten Unternehmen stellt sich die Frage, auf welche Weise es vielen dieser Unternehmen gelingt, trotz unterdurchschnittlicher Produktivität im Markt zu verbleiben. Bisher gibt es auf diese Frage keine vollständig befriedigende Antwort. Eine Erklärung könnte darin bestehen, dass die relativ niedrige Produktivität zumindest teilweise mit geringeren Arbeitskosten kompensiert wird. Hierzu passt die Beobachtung, dass junge Unternehmen häufig nur relativ geringe Löhne zahlen.

Eine weitere mögliche Erklärung könnte sein, dass es den Gründern gelingt, die niedrige Produktivität mit einem hohen eigenen Arbeitseinsatz zu kompensieren, was sich für den Unternehmer dann in relativ niedrigem Einkommen pro Arbeitsstunde niederschlagen müsste (zu den Einkommen von Unternehmern siehe ▶ Abschn. 10.1). Schließlich könnte es auch sein, dass viele der überlebenden jungen Unternehmen zunächst Angebote in Marktnischen vornehmen, in denen sie in nur geringem Maße

dem Wettbewerb durch etablierte Firmen ausgesetzt sind und dann nach und nach in größere Marktfelder expandieren.

9.5 Zusammenfassung wesentlicher Ergebnisse

Die Gründung eines Unternehmens ist mit einer großen Vielzahl unterschiedlicher Aufgaben verbunden, die für den Gründer – neben der Unsicherheit über den Erfolg der Gründung – eine wesentliche Belastung darstellen. Unsicherheit, fachliche Überforderung und hohe Arbeitsbelastung während der Gründungsphase können leicht zu Konflikten zwischen Beruf- und Privatleben führen. Besonders hoch ist diese Belastung für Gründer innovativer Unternehmen, da hier noch Aufgaben im Bereich der Produktentwicklung und die damit verbundene Unsicherheit hinzukommen.

Neu gegründete Betriebe bzw. Unternehmen sind während der ersten Jahre durch eine besonders hohe Scheiteranfälligkeit (Liability of Newness) gekennzeichnet, die sich in relativ geringen Überlebensraten und entsprechend hohen Hazardraten niederschlägt. Ungefähr 50 % aller Gründungen werden innerhalb der ersten sechs Jahre nach der Gründung wieder stillgelegt. Diese relativ hohe Scheiteranfälligkeit von Gründungen könnte durch eine relativ geringe Produktivität im Vergleich zu etablierten Anbietern bedingt sein. Empirische Untersuchungen zeigen klar, dass es zehn Jahre und länger dauern kann, bis die durchschnittliche Produktivität in Kohorten neu gegründeter Unternehmen dem Niveau der etablierten Anbieter entspricht. Eine mögliche Ursache für niedrige Produktivität und hohe Anfälligkeit für ein wirtschaftliches Scheitern könnte darin bestehen, dass die meisten neu gegründeten Unternehmen gegenüber den etablierten Anbietern wesentliche Kostennachteile haben, da sie unterhalb der mindestoptimalen Größe in den Markt eintreten (Liability of Smallness). Inwieweit ältere Unternehmen eine Tendenz zu verminderter Wettbewerbsfähigkeit und damit eine relativ hohe Scheiteranfälligkeit (Liabillity of Aging) aufweisen, ist bislang nicht hinreichend geklärt.

Der Großteil der überlebenden Gründungen bleibt relativ klein, sodass nach einigen Jahren ein sehr hoher Anteil der Arbeitsplätze einer Gründungskohorte in sehr wenigen Unternehmen konzentriert ist, die dann die Beschäftigung in der betreffenden Kohorte sehr stark prägen. Die Anzahl der Beschäftigten in einer Gründungskohorte sinkt nach einigen Jahren unter das Ausgangsniveau. Hinsichtlich der Überlebenswahrscheinlichkeit und der Beschäftigungsentwicklung bestehen wesentliche Unterschiede entsprechend dem Marktumfeld und der Marktphase des betreffenden Produkts.

9.6 Wesentliche Begriffe zu Kap. 9

- Businessplan
- Gründungskohorten
- Gründungsphase
- Hazardrate
- Liability of Adolescence
- Liability of Aging
- Liability of Newness
- Liability of Obsolescence
- Liability of Senescence
- Liability of Smallness
- Mindesoptimale Größe
- Produktivität
- Überlebensrate
- Unterstützungsnetzwerk

Literaturhinweise

Einen Literaturüberblick über die hier angesprochenen Themenbereiche gibt *Parker* (2018). Zur den Liabilities siehe insbesondere auch *Carroll* und *Hannan* (2000). Zu der Entwicklung von Gründungskohorten in Westdeutschland und zum direkten Beschäftigungsbeitrag von Gründungen siehe insbesondere *Schindele* und *Weyh* (2011). Zur Produktivitätsentwicklung in neu gegründeten Unternehmen siehe den Überblick von *Caves* (1998) sowie insbesondere *Wagner* (2007).

Zu neueren empirischen Analysen der Determinanten der Scheiteranfälligkeit von Gründungen siehe *Fackler et al.* (2013).

Weiterführende Literatur

Carroll, Glenn R. und Michael Hannan (2000): *The Demography of Corporations and Industries*. Princeton, NJ: Princeton University Press.

Caves, Richard E. (1998): Industrial Organization and New Findings on the Turnover and Mobility of Firms. *Journal of Economic Literature*, 36, 1947–1982. ► https://www.jstor.org/stable/2565044

Fackler, Daniel, Claus Schnabel und Joachim Wagner (2013): Establishment exits in Germany: the role of size and age. *Small Business Economics*, 31, 683–700. ► https://doi.org/10.1007/s11187-012-9450-z

Parker, Simon (2018): *The Economics of Entrepreneurship*. 2nd ed., Cambridge: Cambridge University Press. ► https://doi.org/10.1017/9781316756706

Schindele, Yvonne und Antje Weyh (2011): The Direct Employment Effects of New Businesses in Germany Revisited – An Empirical Investigation for 1976–2004. *Small Business Economics*, 36, 353–363. ► https://doi.org/10.1007/s11187-009-9218-2

Wagner, Joachim (2007): Markteintritte, Marktaustritte und Produktivität – Empirische Befunde zur Dynamik in der Industrie. *Wirtschafts- und Sozialstatistisches Archiv*, 193–203. ► https://doi.org/10.1007/s11943-007-0020-9

Erfolgsfaktoren von Unternehmensgründungen

Inhaltsverzeichnis

10.1 Einkommen und Zufriedenheit von Selbstständigen – 128

10.2 Hypothesen und empirische Evidenz zum Erfolg von Gründungen – 130
10.2.1 Zur Methodik von Erfolgsfaktoren-Analysen – 130
10.2.2 Indikatoren zur Beurteilung des Erfolgs von Unternehmensgründungen – 131
10.2.3 Hypothesen und Ergebnisse – 133

10.3 Schnell wachsende Unternehmen (Gazellen) – 142

10.4 Zusammenfassung wesentlicher Ergebnisse – 142

10.5 Wesentliche Begriffe zu Kap. 10 – 143

Literaturhinweise – 143

Weiterführende Literatur – 144

© Der/die Autor(en), exklusiv lizenziert durch Springer Fachmedien Wiesbaden GmbH, ein Teil von Springer Nature 2021
M. Fritsch und M. Wyrwich, *Entrepreneurship*,
https://doi.org/10.1007/978-3-658-34637-9_10

Wesentliche Fragestellungen

- Verdienen Selbstständige mehr als abhängig Beschäftigte?
- Weisen hoch ist die Arbeitszufriedenheit von Selbstständigen?
- Anhand welcher Faktoren lässt sich der Erfolg neu gegründeter Unternehmen empirisch feststellen?
- Wovon hängt der Erfolg neu gegründeter Unternehmen ab?
- Kann man besonders erfolgreiche Unternehmen im Vorhinein erkennen?

Dieses Kapitel behandelt die Erfolgsfaktoren und damit indirekt auch die Ursachen für ein Scheitern von Unternehmensgründungen. Welche Maße sind zur Bestimmung des Erfolgs einer Gründung geeignet? Was kennzeichnet erfolgreiche Gründer und die entsprechenden Unternehmen? Lässt sich der Erfolg eines Gründungsprojekts im Voraus erkennen? Insbesondere: Wäre es für die Politik möglich, die besonders erfolgversprechenden Gründungen frühzeitig zu identifizieren, um sie im Rahmen einer *Pick the Winner*-Strategie selektiv zu unterstützen?

Die Analyse des Erfolgs von Unternehmensgründungen kann zum einen bei der Person des Gründers ansetzen, insbesondere bei dem Einkommen, das er als Unternehmer erzielt, und bei seiner Arbeitszufriedenheit (personenbezogene Analyse). Ein alternativer Bezugspunkt ist die Entwicklung des betreffenden Unternehmens (unternehmensbezogene Analyse). Im Folgenden gibt ▶ Abschn. 10.1 einen Überblick über die wesentlichen Ergebnisse von personenbezogenen Analysen; ▶ Abschn. 10.2 fasst dann die Ergebnisse von unternehmensbezogenen Studien des Gründungserfolgs zusammen. Das Phänomen von Gründern, die durch ihr Unternehmen sehr reich werden (*Entrepreneurship-Superstars*) bzw. von relativ schnell wachsenden Unternehmen (*Gazellen*) ist dann Gegenstand von ▶ Abschn. 10.3. Abschließend werden die wesentlichen Ergebnisse zusammengefasst (▶ Abschn. 10.4).

10.1 Einkommen und Zufriedenheit von Selbstständigen

In Ranglisten der reichsten Personen eines Landes oder der Welt wird ein großer Teil der vorderen Plätze in aller Regel von Unternehmensgründern belegt. Bekannte Beispiele sind die Gründer der Firmen Aldi, Amazon, Facebook, IKEA, Microsoft, SAP oder Walmart. Auch bei Personen, die durch eine Erbschaft sehr vermögend geworden sind, ist dieser Reichtum fast immer durch Unternehmensgründungen in einer der vorhergehenden Generationen entstanden. Bezogen auf die Gesamtheit aller Unternehmer stellen solche „Superstars" mit sehr hohen Einkommen und Vermögen allerdings eine seltene Ausnahme dar, die keinesfalls als repräsentativ anzusehen sind.

Die Einkommen von Unternehmern sind sehr heterogen, sodass ein Vergleich von Durchschnittswerten der Einkommen von Selbstständigen und abhängig Beschäftigten wenig aussagefähig ist. Zudem bleiben bei solchen Vergleichen häufig eine Reihe von Faktoren außer Acht, die einen kausalen Einfluss auf die Höhe des Einkommens haben, wie etwa die Qualifikation und die geleistete Arbeitszeit. Um zu aussagefähigen Ergebnissen über die Einkommen von Unternehmern und abhängig Beschäftigten zu gelangen, müssen solche Faktoren berücksichtigt werden.

Empirische Analysen der Einkommen entsprechend der Erwerbsform zeigen, dass die Einkommen von Selbstständigen eine sehr viel stärkere Streuung aufweisen, als die Einkommen der abhängig Beschäftigten. Diese stärkere Streuung der Einkommen der Selbstständigen beruht vor allem darauf, dass es in der Regel einige wenige Unternehmer gibt, die ein außerordentlich hohes Einkommen erzielen, das kaum je von abhängig Beschäftigten erreicht wird. Eine weitere Ursache für die stärkere Streuung der Einkommen der Selbstständigen besteht darin, dass einige Unternehmer lediglich ein sehr niedriges Einkommen pro Arbeitsstunde (unterhalb des gesetzlich vorgeschriebenen Mindestlohns für abhängig Beschäftigte) erzielen.

Diesen Sachverhalt verdeutlicht ◨ Abb. 10.1, in der die Verteilung der Nettoeinkommen pro Arbeitsstunde von Selbstständigen und abhängig Beschäftigten in Deutschland im Jahr 2009 dargestellt ist. Dabei sind die Selbstständigen in Solo-Selbstständige und Unternehmer mit Beschäftigten unterteilt. Der Verlauf dieser Kurven zeigt sehr deutlich die große Streuung der Nettoeinkommen pro Stunde in sämtlichen Erwerbskategorien. Dass die Kurven für die Selbstständigen im Bereich der relativ hohen Einkommen wie auch im Bereich der relativ niedrigen Einkommen über der Kurve für die abhängig Beschäftigten verlaufen, weist auf die stärkere Streuung der Einkommen der Selbstständigen hin. Die breite Streuung der Einkommen pro Arbeitsstunde macht insbesondere

auch deutlich, dass es wenig sinnvoll ist, von *dem* Unternehmereinkommen und *dem* Einkommen der abhängig Beschäftigten zu sprechen.

Die vorliegenden Untersuchungen zum Einkommen aus unternehmerischer Selbstständigkeit im Vergleich zum Einkommen aus abhängiger Beschäftigung unter Berücksichtigung weiterer Bestimmungsgründe des Einkommens kommen zu teilweise recht unterschiedlichen Einschätzungen. Während einige Studien ergeben, dass der mittlere Stundenlohn von Selbstständigen unter dem von abhängig Beschäftigten liegt, finden andere Untersuchungen – insbesondere auch Untersuchungen für die Bundesrepublik Deutschland – ein etwas höheres Medianeinkommen für die Unternehmer. Sofern für die Unternehmer ein höheres Durchschnittseinkommen ermittelt wird, ist dieser Unterschied allerdings nicht sehr groß, sodass sich die Frage stellt, ob das etwas höhere Einkommen als eine hinreichende Kompensation für die Risiken

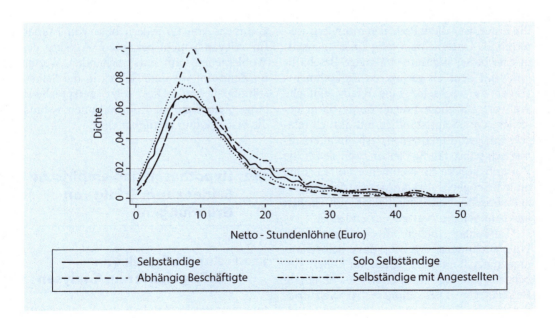

◨ **Abb. 10.1** Nettoeinkommen pro Arbeitsstunde von Solo-Entrepreneuren, Unternehmern mit weiteren Beschäftigten und abhängig Beschäftigten in Deutschland 2009. (Aus Sorgner et al. 2017. Die Datengrundlage für diese Darstellung ist der Mikrozensus (siehe ▶ Abschn. 3.3))

der unternehmerischen Selbstständigkeit angesehen werden kann.

Diverse empirische Studien analysieren die Determinanten des Einkommens der Selbstständigen. Dabei ist ein wesentlicher Faktor die Größe des Unternehmens: Im Durchschnitt realisieren Selbstständige mit abhängig Beschäftigten ein höheres Einkommen als Solo-Unternehmer, wobei das Einkommen mit der Anzahl der Beschäftigten tendenziell ansteigt. Dies kann als Bestätigung der Grundhypothese des in ► Kap. 4 dargestellten Modells des Occupational Choice angesehen werden nämlich dass Personen mit relativ guten unternehmerischen Fähigkeiten größere Unternehmen führen und ein höheres Einkommen realisieren. Weiterhin ergeben verschiedene Untersuchungen Hinweise darauf, dass viele Selbstständige höhere Erträge im Sinne von Bildungsrenditen für ihre Qualifikation erzielen, als dies in abhängiger Beschäftigung der Fall wäre.

Wenn ein erheblicher Teil der Selbstständigen durch die Gründung eines eigenen Unternehmens keine wesentliche Einkommenssteigerung erfährt, dann stellt sich die Frage, was diese Personen motiviert, weiterhin als Unternehmer tätig zu sein, anstatt in eine besser bezahlte abhängige Beschäftigung mit deutlich geringeren Einkommensrisiken zu wechseln? Eine relativ einfache Antwort auf diese Frage könnte darin bestehen, dass Selbstständige mit aktuell relativ niedrigem Einkommen deshalb unternehmerisch selbstständig bleiben, weil sie für die Zukunft höhere Einkommen erhoffen. Eine andere mögliche Erklärung ist, dass unternehmerische Selbstständigkeit mit hohen nicht-monetären Nutzen verbunden ist.

Tatsächlich haben diverse empirische Untersuchungen ergeben, dass Selbstständige in der Regel eine signifikant höhere Arbeitszufriedenheit aufweisen als abhängig Beschäftigte. Diese höhere Arbeitszufriedenheit der Selbstständigen kann zu einem wesentlichen Teil mit einem stärkeren Maß an Eigenständigkeit, höherer zeitlicher Flexibilität und besseren Möglichkeiten zur Selbstverwirklichung erklärt werden. Dabei zeigt sich in der Gruppe der abhängig Beschäftigten auch ein deutlich negativer Zusammenhang zwischen Arbeitszufriedenheit und Größe des Unternehmens, in dem jemand tätig ist: Je größer das Unternehmen, desto geringer ist im Durchschnitt die Arbeitszufriedenheit der dort tätigen Personen. Diese relativ niedrige Arbeitszufriedenheit in Großunternehmen kann damit erklärt werden, dass die Eingebundenheit in eine umfangreiche hierarchische Organisation mit vergleichsweise geringen Autonomiespielräumen und entsprechend beschränkten Möglichkeiten der Selbstverwirklichung verbunden ist.

Solche Vergleiche des Einkommens und der Arbeitszufriedenheit zwischen Selbstständigen und abhängig Beschäftigten sind in der Regel nicht auf Gründer beschränkt, sondern schließen meist auch solche Unternehmer ein, die bereits längere Zeit selbstständig tätig sind. Um den Erfolg eines Occupational Choice für den Gründer (siehe ► Kap. 4) empirisch zu bestimmen, böte sich insbesondere ein Vergleich des Einkommens von Gründern bzw. von Maßen für relevante nicht-pekuniäre Aspekte des Wohlergehens mit entsprechenden Werten im Zeitraum vor dem Schritt in die Selbstständigkeit an. Dies setzt entsprechend lange Zeitreihen an Informationen voraus, die bisher kaum verfügbar sind.

10.2 Hypothesen und empirische Evidenz zum Erfolg von Gründungen

10.2.1 Zur Methodik von Erfolgsfaktoren-Analysen

Eine empirische Analyse der Erfolgsfaktoren von Unternehmensgründungen ist mit der Gefahr einer möglichen Verzerrung durch einen Survivor Bias konfrontiert, woraus sich relativ hohe Anforderungen an die entsprechende Datenbasis ergeben. Ein Survivor Bias liegt dann vor, wenn vor allem solche Gründungen betrachtet werden, die einen bestimmten Zeitraum überlebt haben. Da in diesem Falle diejenigen Gründungen unterrepräsentiert sind, die vor dem Ende der Untersuchungsperiode wieder stillgelegt wurden, wird der Erfolg der Gründungen insgesamt (also einschließlich der gescheiterten Projekte) überschätzt. Auf dieser Grundlage lassen sich dann allenfalls die Ursachen für mehr oder weniger stark ausgeprägten Erfolg von überlebenden Gründungen analysieren, nicht hingegen die Ursachen für ein Scheitern. Um einen solchen Survivor Bias zu vermeiden, sind Informationen über sämtliche Gründungen in der relevanten Grundgesamtheit (oder über eine repräsentative Stichprobe daraus) zu mehreren Zeitpunkten erforderlich.

Für eine zuverlässige Identifikation der Erfolgsfaktoren von Gründungen ist es weiterhin von großer Bedeutung, dass Informationen über sämtliche relevante Einflüsse vorliegen und in multivariablen Analysen adäquat Berücksichtigung finden. Bleiben wichtige Faktoren vernachlässigt, so sind die Ergebnisse als Folge von unbeobachteter Heterogenität (Omitted Variable Bias) verzerrt. Will man beispielsweise feststellen, ob Gründungen durch arbeitslose Personen relativ erfolgreich oder wenig erfolgreich sind, so sollte man mit einbeziehen, dass Arbeitslose im Durchschnitt ein niedrigeres Qualifikationsniveau aufweisen und aufgrund relativ geringer Einkommen während der Arbeitslosigkeit weniger Eigenmittel zur Verfügung haben. Sollte eine einfache Gegenüberstellung ergeben, dass Gründungen von Arbeitslosen weniger erfolgreich sind als Gründungen von vorher Vollzeitbeschäftigten, so könnte dieser geringere Erfolg durchaus auf das Qualifikationsniveau oder auf die Knappheit eigener Mittel zurückzuführen sein und nicht auf die Arbeitslosigkeit vor der Gründung. Eine

aussagefähige Analyse muss somit neben der Beschäftigungssituation vor der Gründung auch andere potenziell erfolgsrelevante Faktoren, wie etwa die Qualifikation des Gründers und die Höhe der verfügbaren Eigenmittel, einbeziehen (siehe hierzu auch ▶ Abschn. 10.2.3.1 *Auf die Person des Gründers bezogene Faktoren*).

10.2.2 Indikatoren zur Beurteilung des Erfolgs von Unternehmensgründungen

Der Erfolg einer Unternehmensgründung kann sich in verschiedenen Kenngrößen niederschlagen, die zum Teil recht unterschiedliche Aspekte abbilden. Als Erfolgsmaße kommen insbesondere folgende Größen in Betracht:

- Der *Gewinn*, ausgedrückt etwa durch die erwirtschaftete *Eigenkapitalverzinsung* über einen bestimmten Zeitraum.
- Die *Größe* eines Unternehmens, etwa *gemessen an Beschäftigung, Umsatz oder Marktanteil nach einem bestimmten Zeitraum* bzw. die *Wachstumsraten* dieser Maße.
- Das *Überleben* eines Unternehmens *über einen bestimmten Zeitraum* als einfacher Indikator für die ökonomische Tragfähigkeit des Unternehmenskonzeptes.

Aus theoretisch-konzeptioneller Sicht ist der *Gewinn* bzw. die *Eigenkapitalverzinsung* eine relativ präzise Maßzahl für den ökonomischen Erfolg eines Unternehmens. Allerdings stellt sich für empirische Analysen häufig das Problem, dass entsprechende Angaben nicht bzw. nur für Stichproben von Unternehmen zur Verfügung stehen oder dass solche Informationen nicht sehr zuverlässig sind. Angaben zur *Größe* bzw. zum *Wachstum* eines Unternehmens sind zwar in der Regel wesentlich leichter verfügbar, bringen aber zum Teil gravierende Interpretationsprobleme mit sich. So sind hinsichtlich der Größe von Unternehmen markt- bzw. branchenspezifische Besonderheiten, wie zum Beispiel Unterschiede hinsichtlich der mindestoptimalen Größe, zu berücksichtigen. Denn ein Unternehmen mit einer bestimmten Beschäftigtenzahl kann in der einen Branche als relativ groß und erfolgreich gelten, während ein Unternehmen dieser Größe in einer anderen Branche eventuell kaum wettbewerbsfähig ist. Ein nicht zu vernachlässigender Faktor ist auch die Wachstumsambition des Gründers. Eine geringe Größe bzw. niedriges Wachstum eines Unternehmens kann wohl dann nicht als Misserfolg gewertet werden, wenn kein wesentlicher Wille zu Größe und Wachstum besteht. So kann es sein, dass ein Gründer lediglich das Erreichen der mindestoptimale Größe des Unternehmens zum Ziel hat, aber darüber hinaus kein weiteres Wachstum anstrebt.

Ein wesentliches Problem bei der Bildung von *Wachstumsraten* besteht darin, dass solche Raten insbesondere im Bereich kleiner Ausgangsgrößen von einem Basiseffekt geprägt sind. Dieser Basiseffekt besteht darin, dass bei einem kleinen Wert des Nenners bereits relativ geringfügige absolute Änderungen zu relativ hohen Werten der entsprechenden Rate führen. Weist beispielsweise ein Unternehmen zum Zeitpunkt der Gründung nur einen Beschäftigten auf und hat nach einem bestimmten Zeitraum drei Beschäftigte, so liegt die Wachstumsrate bei 300 %. Für ein Unternehmen, das zum Zeitpunkt der Gründung über 10 Beschäftigte verfügt und im selben Zeitraum ebenfalls zwei weitere Arbeitsplätze schafft, ergibt sich hingegen eine Wachstumsrate von lediglich 20 %. Es gibt verschiedene Ansatzpunkte, um solche Verzerrungen durch den Basiseffekt auszugleichen, die allerdings sämtlich nicht vollständig befriedigen können.[1]

Ein vom Grundgedanken her relativ gut geeignetes Maß für den Erfolg einer Gründung könnte der *Marktanteil* sein, der nach einem bestimmten Zeitraum auf ein neu gegründetes Unternehmen entfällt. Aus dem Marktanteil lässt sich schließen, wie wettbewerbsfähig sich ein Unternehmen gegenüber seiner Konkurrenz erweist. Allerdings setzt die Ermittlung des Marktanteils eine sinnvolle Abgrenzung des relevanten Marktes voraus, was praktisch in der Regel mit kaum lösbaren Schwierigkeiten verbunden ist. So müsste beispielsweise für einen Bäcker geklärt werden, ob die Berechnung seines Marktanteils auf den Markt für Nahrungsmittel insgesamt bezogen werden soll, ob man hierfür den wesentlich kleineren Markt für Backwaren heranzieht oder ob man nach einzelnen Produktgruppen wie Brot, Brötchen und Kuchen differenziert? Weiterhin ist zu entscheiden, wie der Markt in räumlicher Hinsicht abzugrenzen ist, also ob lokal, landesweit oder international? Aufgrund solcher Probleme kommt der Marktanteil als Erfolgsmaß in entsprechenden Analysen kaum infrage.

Was die verschiedenen Erfolgsmaße für das betreffende Unternehmen angeht, so konnte in einer eingehenden Analyse[2] gezeigt werden, dass Berechnungen mit dem

---

1 Einer dieser Wege besteht darin, als Nenner der Wachstumsrate nicht die Größe im Basisjahr, son- dern den Mittelwert zwischen der Größe im Basisjahr und der Größe im Endjahr zu wählen. Auf diese Weise wird der Basiseffekt allerdings nur abgemildert, nicht aber völlig vermieden.

2 Es handelt sich hierbei um die „Münchner Gründerstudie", eine umfassende Analyse der Erfolgsfaktoren von Gründungen, die in der zweiten Hälfte der 1980er-Jahre im IHK-Bezirk München und Oberbayern durchgeführt wurde. Aufgrund der methodischen Genauigkeit der Durchführung stellt diese Untersuchung auch knapp 30 Jahre später immer noch eine Referenzstudie dar. Anfang der 1990er-Jahre wurde eine gleichartig angelegte Nachfolgeuntersuchung im IHK-Bezirk Leipzig durchgeführt. Die wesentlichen Ergebnisse beider Studien sind in *Brüderl, Preisendörfer* und *Ziegler* (2009) zusammengefasst.

Indikator „Überleben über einen bestimmten Zeitraum" zu grundsätzlich ähnlichen Ergebnissen führt, wie bei Verwendung der Erfolgsindikatoren Beschäftigungs- und Umsatzwachstum. Dies kann als Hinweis darauf aufgefasst werden, dass relativ einfache und vergleichsweise leicht zu ermittelnde Maße, wie die Information über die Fortexistenz eines Unternehmens, bereits sinnvolle Aussagen über die Bestimmungsgründe des Unternehmenserfolgs ermöglichen.

10.2.3 Hypothesen und Ergebnisse

Hinsichtlich der Bestimmungsgründe für den Unternehmenserfolg wird häufig zwischen dem *Resource Based View* und dem *Market Based View* unterschieden. Während der Resource Based View die einem Unternehmen zur Verfügung stehenden Ressourcen und Fähigkeiten (Capabilities) als entscheidend für den Erfolg ansieht, stellt der Market Based View vor allem auf die Bedeutung der Verhältnisse auf dem jeweiligen Markt (z. B. Entwicklung der Nachfrage, Stadium im Industrielebenszyklus) ab. Die Tatsache, dass sich auch auf relativ eng abgegrenzten Märkten in der Regel sowohl erfolgreiche als auch scheiternde Unternehmen finden, macht deutlich, dass der Market Based View offenkundig nicht sämtliche relevanten Erklärungsfaktoren abdeckt und den unternehmensinternen Faktoren, und damit dem Resource Based View, eine wesentliche Bedeutung für den Unternehmenserfolg zukommt.

Die folgende Behandlung der möglichen Erfolgsfaktoren von Unternehmensgründungen beginnt mit Eigenschaften des Gründers (▶ Abschn. 10.2.3.1 *Auf die Person des Gründers bezogene Faktoren*) und den Charakteristika des betreffenden Unternehmens (▶ Abschn. 10.2.3.2 *Betriebliche Charakteristika*). Daran anschließend

wird auf die Bedeutung von Standortfaktoren (▶ Abschn. 10.2.3.3 *Standortfaktoren und regionales Umfeld*) sowie auf Einflüsse des Branchenumfelds und der gesamtwirtschaftlichen Situation eingegangen (▶ Abschn. 10.2.3.4 *Branchencharakteristika und gesamtwirtschaftliches Umfeld*). Während die Einflüsse des Branchenumfelds und der gesamtwirtschaftlichen Situation dem Market Based View zuzuordnen sind, spiegeln die Eigenschaften der Person des Gründers, die betrieblichen Charakteristika sowie auch die regionalen Gegebenheiten den Resource Based View wider.

Auf die Person des Gründers bezogene Faktoren

Übersicht 10.1 zeigt die wesentlichen Hypothesen zur Erfolgswirksamkeit von solchen Faktoren, die in der Person des Gründers liegen. Dabei wird in der mittleren Spalte jeweils die erwartete Wirkungsrichtung durch ein + (positive Wirkung) bzw. – (negative Wirkung) angegeben; ein Fragezeichen zeigt an, dass der Bereich in der Literatur zwar als erfolgsrelevant angesehen wird, die Wirkungsrichtung aber letztendlich unklar ist. In der rechten Spalte ist der empirische Befund zu der entsprechenden Einflussgröße zusammengefasst.

Generell wird von der *Qualifikation* des Gründers, der Vielfalt der Qualifikationen, seiner Berufserfahrung sowie dem Vorhandensein von Kenntnissen im Bereich Betriebswirtschaftslehre und Management ein positiver Einfluss auf den Gründungserfolg erwartet. Empirische Untersuchungen deuten darauf hin, dass es sich bei der schulischen und beruflichen Ausbildung des Gründers um eine Schlüsselgröße unter den individuellen Merkmalen handelt. Sie führt direkt zu relativ hoher Produktivität der Gründung und impliziert Gründungen mit solchen Charakteristika, die a priori vergleichsweise gute Erfolgsaussichten aufweisen. Die empirische Evidenz zum Effekt der Vielfalt der Qualifikationen (Jack of all

▣ Übersicht 10.1   Hypothesen und empirische Befunde zur Bedeutung der Person des Gründers für den Gründungserfolg

Einflussbereich	Ausprägung(en)	Empirischer Befund
Qualifikation des Gründers	Niveau des höchsten Ausbildungsabschlusses [+], fachspezifische Ausbildung [+], Vielfalt der Kenntnisse [+], Kenntnisse im Bereich Betriebswirtschaftslehre/ Management [+]	Adäquate schulische und berufliche Bildung ist eine Schlüsselgröße für den Erfolg. Vielfalt der Kenntnisse wirkt tendenziell positiv
Persönlichkeitsmerkmale	Unternehmerisches Persönlichkeitsprofil [+], Risikoneigung [+]	Weitgehend ungeklärt; Hinweise auf ein optimales Niveau der Risikoneigung
Einstellung und Motivation	Erfolgs- und wachstumsorientiert [+]	Hinweise auf positive Effekte; im Detail ungeklärt
Berufs- und Branchenerfahrung	Dauer der Berufstätigkeit (allgemein, in der betreffenden Branche, in Kleinbetrieben, in der Unternehmensführung, Erfahrung als Gründer) [+]	Branchenerfahrung hat einen stark positiven Einfluss. Leitungserfahrung wirkt tendenziell positiv
Beschäftigungsstatus vor der Gründung	In sicherem Beschäftigungsverhältnis [+] vs. arbeitslos bzw. von Arbeitslosigkeit bedroht [–]	Arbeitslose gründen eher kleinere und weniger ambitionierte Firmen. Bei Kontrolle für betriebliche Startcharakteristika keine geringere Überlebenswahrscheinlichkeit für Gründungen von Arbeitslosen
Geschlecht	Männlich [+] vs. weiblich [–]	Frauen gründen eher kleinere und weniger ambitionierte Firmen. Bei Kontrolle für betriebliche Startcharakteristika keine geringere Überlebenswahrscheinlichkeit für von Frauen gegründete Unternehmen
Migrationshintergrund	Inländer vs. im Ausland geboren, Staatsangehörigkeit [?]	Häufig Necessity-Gründungen. Hängt stark von der Art der im Herkunftsland erworbenen Qualifikationen ab
Verfügbarkeit von Kapital	Höhe des Eigenkapitals [+], Immobilienbesitz [+]	Kann zu größeren Gründungen führen, die generell eine höhere Überlebenswahrscheinlichkeit haben
Einbindung in Unterstützungsnetzwerke	Unterstützung von Familie, Kollegen und Freunden [+]; Kontakte zu Beratungs- und Finanzierungsinstitutionen [+]	Insbesondere Unterstützung durch den Lebenspartner sowie von Verwandten und Freunden sind für den Erfolg förderlich. Öffentliche Förderung eher unbedeutend

Anmerkungen: + : positiver Zusammenhang erwartet; –: negativer Zusammenhang erwartet; ?: erwartete Wirkungsrichtung unklar

10

Trades-Hypothese) auf den Gründungserfolg ist bislang noch sehr bruchstückhaft, deutet insgesamt aber auf einen positiven Einfluss hin. Dabei ist wichtig, dass die entsprechenden Qualifikationen komplementär zueinander sind.

Es liegt nahe, von Persönlichkeitsmerkmalen des Gründers wie einem unternehmerischen Persönlichkeitsprofil (hierzu ► Abschn. 5.3) und einer gewissen Risikoneigung einen positiven Effekt auf den Gründungserfolg zu erwarten. Empirisch ist dieser Zusammenhang aber noch weitgehend ungeklärt. Es gibt Hinweise darauf, dass ein optimaler Grad an Risikoneigung existiert bzw., dass sich sowohl ein relativ niedriges als auch ein relativ hohes Niveau der Risikoneigung negativ auf den Unternehmenserfolg auswirkt. Plausibel wäre ein positiver Effekt einer erfolgs- und wachstumsorientierten Motivation des Gründers. In dieser Hinsicht deuten einige empirische Untersuchungen zwar auf einen positiven Effekt hin; die Details sind hier aber noch weitgehend unklar.

Von großer Bedeutung für den Erfolg von Gründungen ist auch die *Berufs- und Branchenerfahrung des Gründers,* insbesondere dann, wenn sie direkt vor der Gründung erworben wurde. Dies betrifft u. a. die Berufserfahrung in leitender Position oder die Erfahrung aus einem vorherigen Gründungsprojekt. Eine vorherige Tätigkeit in einem Kleinunternehmen kann sich vor allem über Peer-Effekte und die Vielfalt der Qualifikationen positiv auf den Erfolg einer Gründung auswirken. Empirisch ist ein solcher Kleinbetriebs-Effekt auf den Gründungserfolg bisher aber ungeklärt.

Da *Gründungen aus Arbeitslosigkeit* vermutlich relativ häufig aus Not erfolgen (Necessity Entrepreneurship), wird hier von vielen Autoren ein negativer Zusammenhang mit dem Gründungserfolg erwartet. Demgegenüber zeigen empirische Untersuchungen, dass Gründungen von Arbeitslosen keine geringere Überlebenswahrscheinlichkeit aufweisen als Gründungen aus einem bestehenden Beschäftigungsverhältnis, wenn man das im Durchschnitt niedrigere Bildungsniveau und die geringere Ausstattung mit Startkapital berücksichtigt. Allerdings sind Gründungen durch Arbeitslose tendenziell etwas weniger wachstumsorientiert als Gründungen aus Erwerbstätigkeit. Die höhere Überlebenswahrscheinlichkeit von Gründungen aus Arbeitslosigkeit könnte eventuell auch darauf zurückgeführt werden, dass es sich häufig um Necessity-Gründungen handelt, und die Gründer auch an mäßig erfolgreichen Gründungsprojekten festhalten, weil ihnen eine andere Beschäftigungsperspektive fehlt.

Auch *Frauen als Gründerinnen* weisen im Durchschnitt eine geringere Humankapitalausstattung auf als Männer und tendieren zur Gründung von Betrieben mit relativ ungünstigen Startcharakteristika. Kontrolliert man für solche unterschiedlichen Voraussetzungen, dann sind von Frauen gegründete Betriebe in keiner Weise weniger überlebensfähig als Gründungen von Männern.

Inwiefern ein *Migrationshintergrund des Gründers* einen Einfluss auf den Unternehmenserfolg hat, ist ebenfalls weitgehend ungeklärt. Es gibt Hinweise darauf, dass es sich bei Gründungen von Migranten relativ häufig um Necessity-Gründungen handelt, die wesentlich dadurch motiviert sind, dass die im Heimatland erworbenen Qualifikationen auf dem Arbeitsmarkt des Ziellandes nur unvollständig anerkannt und entlohnt werden.

Da die *Höhe des verfügbaren Eigenkapitals* einen wichtigen Engpassfaktor für die Erlangung der für die Gründung erforderlichen Ressourcen darstellt, besteht hier vermutlich ein positiver Zusammenhang mit der Unternehmensentwicklung. In empirischen Untersuchungen dient häufig der Besitz von Immobilien als Indikator für die Eigenkapitalausstattung des Gründers. Eine gute Ressourcenausstattung könnte sich insbesondere positiv auf die Größe der Gründung auswirken, was dann zu einer höheren Überlebenswahrscheinlichkeit führt. Die *Einbindung in*

Unterstützungsnetzwerke wie zum Beispiel Familie, Freunde und Kollegen sowie auch zu Beratungs- und Finanzierungsinstitutionen kann hilfreich dabei sein, Ressourcen wie Finanzkapital (zum Beispiel Fördermittel) sowie fachliche und auch mentale Unterstützung für ein Gründungsvorhaben zu mobilisieren. Entsprechende Untersuchungen zeigen, dass Unterstützungsleistungen aus dem sozialen Netzwerk des Gründers für den Erfolg sehr förderlich sein können, wobei insbesondere den engen Beziehungen zu Verwandten und engen Freunden eine wesentliche Bedeutung zukommt. Demgegenüber erweist sich ein Einfluss der allgemeinen Gründungsberatung durch öffentliche Einrichtungen und Finanzierungsinstitutionen kaum als statistisch signifikant.

Betriebliche Charakteristika

Die erfolgsrelevanten betrieblichen Charakteristika umfassen die Gründungsart, die Größe der Gründung, die Art und den Umfang einer eventuell vorhandenen externen Beteiligung, das Ausmaß an Planung und betriebswirtschaftlicher Rationalität im Verlauf des Gründungsprozesses sowie das Produkt- und Leistungsspektrum des Unternehmens. Übersicht 10.2 fasst die wesentlichen Hypothesen zu den erwarteten Zusammenhängen zusammen.

Hinsichtlich der *Gründungsart* wird allgemein davon ausgegangen, dass Teamgründungen in der Regel erfolgreicher sind als Gründungen von Einzelpersonen, was vor allem auf die tendenziell größere Ressourcenausstattung von Teamgründungen zurückgeführt wird. Insbesondere heterogen zusammengesetzte Gründerteams mit komplementären Qualifikationen der beteiligten Teammitglieder dürften gegenüber Gründungen von Einzelpersonen erhebliche Know-how-Vorteile aufweisen. Auch Spin-off-Gründungen haben aufgrund von Marktkenntnis und Branchenerfahrung häufig relativ gute Erfolgschancen. Dabei gibt es einen positiven Zusammenhang zwischen dem Erfolg eines Spin-offs und dem

Erfolg sowie der Wissensbasis der Inkubator-Organisation.

Die *Größe der Gründung,* gemessen etwa anhand der Anzahl der Beschäftigten bei Gründung und/oder der Höhe des investierten Kapitals, hat in der Regel einen dominierenden positiven Einfluss auf die Überlebenswahrscheinlichkeit. Dies kann einmal damit erklärt werden, dass es für größere Gründungen leichter ist, die erforderliche mindestoptimale Größe zu erreichen. Zum anderen ist zu vermuten, dass relativ große Gründungsprojekte auch intensiver vorbereitet werden. Schließlich kann sich in der Größe der Gründung auch die Qualifikation des Gründers insofern widerspiegeln, als die Organisation der Ressourcen, die für eine relativ große Gründung erforderlich sind, auch eine entsprechend hohe Qualifikation des Gründers voraussetzt.

Ein positiver Zusammenhang besteht häufig auch zwischen verschiedenen Formen *externer Beteiligung* (Hereinnahme von Fremdkapital, Beteiligung zusätzlicher Gesellschafter) und dem Gründungserfolg. Dies muss allerdings nicht notwendigerweise bedeuten, dass von der Beteiligung ein positiver Effekt auf den Gründungserfolg ausgeht. Da renditeorientierte Kapitalgeber sich vor allem an erfolgversprechenden Gründungen beteiligen, kann es bei dem in der Regel festgestellten Zusammenhang zwischen externer Beteiligung und Gründungserfolg zu einem wesentlichen Teil lediglich um das Ergebnis dieses Selektionsprozesses handeln. Darüber hinaus können natürlich auch die Expertise des Kapitalgebers und ein entsprechender Wissenstransfer – etwa von einem VC-Geber zu seinem Portfolio-Unternehmen – zum Erfolg eines Gründungsprojektes beitragen.

Die *rechtlich-organisatorische Verflechtung mit anderen Unternehmen,* etwa in Form enger Zulieferer- und/oder Abnehmerbeziehungen, als Mitglied einer Handelsorganisation oder als Franchisenehmer hat vielfach einen positiven Effekt durch Größenvorteile. Im Falle von Franchisenehmern

☐ Übersicht 10.2 Hypothesen und Befunde zur Bedeutung interner Charakteristika für den Gründungserfolg

Einflussbereich	Ausprägung(en)	Empirischer Befund
Gründungsart	Einzelgründung vs. Teamgründung [+], Spin-off [?]	Teamgründungen sind tendenziell erfolgreicher. Es besteht ein positiver Zusammenhang zwischen dem Erfolg von Spin-offs und der Qualität der Inkubator-Organisation
Größe der Gründung	Anzahl der Beschäftigten zu Beginn der Geschäftstätigkeit [+]; Höhe des investierten Kapitals [+]; Ausmaß irreversibler Aufwendungen [+]	Die Startgröße einer Gründung hat einen stark positiven Einfluss auf die Überlebenswahrscheinlichkeit
Art und Umfang externer Beteiligung	Hereinnahmen von Fremdkapital [+]; von zusätzlichen Gesellschaftern [+]; Beteiligung von VC-Gebern [+]	In der Regel deutlich positiver Einfluss; teilweise vermutlich ein Größeneffekt. Positiver Einfluss des Engagements von VC-Gebern ist zumindest teilweise ein Selektionseffekt
Enge rechtlich-organisatorische Verflechtung mit anderen Unternehmen	Einbindung in eine größere Organisation (z. B. Handelsorganisation, Franchisesystem, feste Abnehmer) [+]	Positiver Effekt durch Größenvorteile. Im Falle von Franchiseunternehmen Vorteile durch Übernahme eines bewährten Produktprogramms und erprobter Fertigungsweise
Kooperation	Mit anderen Unternehmen [+]; mit Forschungseinrichtungen [+]	Positiver Zusammenhang kann teilweise ein Größeneffekt sein; unklar
Ausmaß der betriebswirtschaftlichen Rationalität	Existenz [+] und Qualität [+] eines Business Plans; Wahrnehmung von Beratungsangeboten [+]	In der Regel nicht statistisch signifikant
Marktstrategie	Frühzeitige Entwicklung einer Marketingstrategie [+]; bei Gründungen mit innovativem Produktprogramm: Abnehmerorientierung der F&E [+]	Positiver Effekt empirisch bestätigt
Innovativität des Angebots	Produkt- oder Verfahrensinnovationen [+]; Durchführung von F&E am Standort [+]	Nicht ganz eindeutige Ergebnisse. Markterfolg entscheidend
Zusammensetzung des Angebots	Synergismen zwischen den Teilbereichen des Angebots [+]	Stark von den jeweiligen Marktgegebenheiten abhängig
Vorhandensein von Schutzrechten	Patente [+]	Kann einen positiven Effekt auf die Finanzierung haben
Exportorientierung	Exportbeteiligung [+]; Exportquote [+]; räumliche Marktausdehnung [+]	Positiver Zusammenhang für überlebende Gründungen

Anmerkungen: +: positiver Zusammenhang erwartet; −: negativer Zusammenhang erwartet; ?: erwartete Wirkungsrichtung unklar können weitere Vorteile in der Übernahme eines bewährten Produktprogramms und einer erprobten Fertigungsweise bestehen. Auch *Kooperationsbeziehungen,* etwa im F&E-Bereich, können einen positiven Effekt auf den Unternehmenserfolg haben. Empirisch ist dieser Zusammenhang aber noch weitgehend ungeklärt.

Das Ausmaß an *Planung und betriebswirtschaftlicher Rationalität* eines Gründungsprojektes meint etwa die Existenz und Qualität eines Businessplans, die Wahrnehmung von Beratungsangeboten und/oder die frühzeitige Entwicklung einer Marketingstrategie. Es liegt nahe zu vermuten, dass ein hohes Maß an Planung und betriebswirtschaftlicher Rationalität sich in der Regel günstig auf den Erfolg einer Gründung auswirkt. Empirisch ist dieser Effekt aber in der Regel nicht sehr stark ausgeprägt, wobei eine Ursache hierfür in Problemen der adäquaten Erfassung liegen könnte. Wenn beispielsweise so gut wie alle Gründungen einen Businessplan aufstellen, weil potenzielle Kapitalgeber dies von ihnen fordern, dann kann das Kriterium „Vorhandensein eines Businessplans" kaum zwischen mehr oder weniger erfolgsträchtigen Gründungen diskriminieren. Für den Erfolg innovativer Gründungen hat sich ein frühzeitiges Innovationsmarketing sowie kundenorientierte Produktentwicklung als wichtig erwiesen.

Der empirische Befund zum Zusammenhang zwischen der *Innovativität* einer Gründung und dem Gründungserfolg ist nicht ganz eindeutig. Einerseits steht zu vermuten, dass sich ein innovatives Angebot und damit ausgeprägte Alleinstellungsmerkmale einer Gründung positiv auf den Markterfolg des Unternehmens auswirken; andererseits ist der Markterfolg von Produktinnovationen im Vergleich zu einem Angebot konventioneller Produkte mit relativ hoher Unsicherheit behaftet, sodass auch ein negativer Zusammenhang zwischen Produktinnovation und Markterfolg gegeben sein kann.

Weitere erfolgsrelevante Merkmale des Produkt- und Leistungsspektrums einer Gründung können in der *Zusammensetzung des Angebots* (Synergismen zwischen den Teilbereichen z. B. eines *Alles aus einer Hand*) und in der Existenz von Schutzrechten (z. B. Patente) gesehen werden. Da Schutzrechte Innovativität und Alleinstellungsmerkmale signalisieren, können sie es wesentlich erleichtern, externe Geldgeber von der Qualität eines Gründungsprojektes zu überzeugen.

Eine ausgesprochene Exportorientierung eines Gründungsprojektes stellt relativ hohe Anforderungen an die Wettbewerbsfähigkeit, da internationale Märkte in aller Regel durch eine größere Anzahl an Wettbewerbern und einer daraus resultierenden höheren Wettbewerbsintensität gekennzeichnet sind, was sich negativ auf den Erfolg einer Gründung auswirken kann. Da die Wachstumsmöglichkeiten eines Unternehmens durch das Marktvolumen limitiert werden, lässt sich vermuten, dass diejenigen exportorientierten Unternehmen, die sich auf internationalen Märkten behaupten können, größere Wachstumspotenziale aufweisen als allein auf den regionalen oder nationalen Markt ausgerichtete Unternehmen.

Standortfaktoren und regionales Umfeld

Empirische Untersuchungen zeigen in der Regel einen negativen Zusammenhang zwischen dem *Niveau der regionalen Gründungsaktivitäten,* gemessen etwa mit der Gründungsrate, und der Überlebenswahrscheinlichkeit von Gründungen. Dies hängt offenbar damit zusammen, dass eine rege Gründungstätigkeit mit einer relativ hohen Intensität des Wettbewerbs in der betreffenden Region verbunden ist (siehe Übersicht 10.3). Mit der Intensität des Wettbewerbs ist auch zu erklären, wieso die Überlebenswahrscheinlichkeit von Gründungen in der Regel mit dem regionalen *Verdichtungsgrad* sinkt, also zum Beispiel im Zentrum von Städten geringer ist als im

> ▣ **Übersicht 10.3** Hypothesen zur Bedeutung von Standortbedingungen und regionalem Umfeld für den Gründungserfolg

Einflussbereich	Ausprägung(en)	Empirischer Befund
Niveau der regionalen Gründungsaktivitäten	Gründungsrate [–]	Hohe regionale Gründungsintensität führt zu geringer Überlebenswahrscheinlichkeit
Größe eines Verdichtungsgebietes, Verdichtungsgrad bzw. Urbanisationsvorteile	Räumliche Nähe zu Abnehmern und Zulieferern/Dienstleistern [+]; reichhaltige Inputmärkte [+]	Wirkt in der Regel tendenziell positiv, ist aber nicht entscheidend für den Gründungserfolg; hohe Preise für Inputs in Verdichtungsgebieten wirken negativ; Bedeutung des regionalen Angebotes an Dienstleistungen fragwürdig
Lokalisationsvorteile (Cluster)	Räumliche Nähe zu anderen Betrieben der Branche [+]	Kann sowohl positive wie auch negative Effekte auf den Erfolg haben
Hohes regionales Wohlstandsniveau	Bruttoinlandsprodukt pro Kopf [+]	Statistischer Zusammenhang zwischen Wohlstandsniveau und Qualifikationsniveau der Bevölkerung; kausaler Zusammenhang unklar
Entwicklung der regionalen Nachfrage	Entwicklung des Bruttoinlandsprodukts pro Kopf [+]	Kann bedeutsamer sein als die Entwicklung der gesamtwirtschaftlichen Nachfrage oder die erwartete Branchenentwicklung

Anmerkungen: + : positiver Zusammenhang erwartet; – : negativer Zusammenhang erwartet

ländlichen Raum. Diese Beobachtung ist zu einem wesentlichen Teil auf die relativ intensive Konkurrenz auf den Inputmärkten, vor allem auf dem Arbeitsmarkt und auf dem Markt für Gewerbeflächen, zurück zu führen. Eine Folge des relativ starken Wettbewerbsdrucks und der daraus folgenden intensiveren Marktselektion in Verdichtungsgebieten könnte dann darin bestehen, dass die in den betreffenden Regionen überlebenden Gründungen besonders wettbewerbsfähig sind.

Viele der regionalen Charakteristika, von denen ein Einfluss auf den Gründungserfolg vermutet werden kann, stehen mit der *Größe eines Verdichtungsgebietes* bzw. mit dem regionalen *Verdichtungsgrad* in Zusammenhang. Allgemein gilt, dass mit der Größe einer Stadt bzw. mit dem Verdichtungsgrad die Verfügbarkeit der meisten Ressourcen sowie auch die Intensität von Wissens-Spillovern zunimmt, was grundsätzlich günstig für den Gründungserfolg sein dürfte. Eine Ausnahme von der mit dem Verdichtungsgrad ansteigenden Verfügbarkeit stellen Gewerbeflächen dar, die

in großen Städten besonders knapp sind. Die Kehrseite der guten Verfügbarkeit vieler Ressourcen in Verdichtungsgebieten besteht darin, dass mit ansteigender Größe bzw. mit höherem Verdichtungsgrad auch ein höherer Preis für die Inputs zu zahlen ist, was sich negativ auf die Erfolgsaussichten auswirken kann (siehe hierzu auch ▶ Abschn. 8.6).

Ein weiterer Faktor, der einen wesentlichen Einfluss auf den Erfolg von Gründungen haben kann, sind *Lokalisationsvorteile*, die sich aus der räumlichen Nähe zu anderen Unternehmen derselben Branche oder verwandter Branchen, also aus einem Standort in einem Cluster, ergeben. Dies erleichtert vor allem die horizontale Zusammenarbeit, erhöht aber auch die Gefahr eines unkontrollierten Wissensabflusses, was sich u. U. negativ auf den Gründungserfolg auswirkt. Insbesondere für Branchen bzw. Unternehmen, deren Absatz auf die jeweilige Region konzentriert ist (z. B. personenorientierte Dienstleistungen), kann die regionale Nachfrage durchaus einen stärkeren Einfluss auf den Gründungserfolg haben als die Entwicklung der gesamtwirtschaftlichen Situation oder des jeweiligen Wirtschaftszweiges.

Branchencharakteristika und gesamtwirtschaftliches Umfeld

Ein für den Erfolg einer Gründung wichtiges Branchen-Charakteristikum ist die *mindestoptimale Unternehmensgröße,* die längerfristig für ein ökonomisch tragfähiges Angebot auf dem Markt erforderlich ist. Je höher diese mindestoptimale Größe, desto umfangreicher auch die Menge an Ressourcen, die ein Gründer für einen Erfolg seines Projektes verfügbar machen muss. Wie schon bei den sektoralen Determinanten des Gründungsgeschehens erwähnt (▶ Abschn. 8.5), kann dies zwei Arten von Effekten zur Folge haben. Erstens können relativ hohe Anforderungen an eine erfolgreiche Gründung dazu führen, dass ein großer Anteil dieser Gründungen scheitert. Zweitens kann es hier zu einer Selbstselektion von Gründern in dem Sinne kommen, dass vor allem relativ qualifizierte Gründer, die über einen guten Zugang zu Ressourcen verfügen, den Schritt in die Selbstständigkeit auf dem betreffenden Markt wagen; in diesem Falle könnte die Überlebenswahrscheinlichkeit der Gründungen aufgrund der relativ hohen Qualität überdurchschnittlich hoch sein (siehe Übersicht 10.4). Ähnlich liegen die Verhältnisse hinsichtlich der *Kapitalintensität* in der jeweiligen Branche: Einerseits könnte eine hohe Kapitalintensität und damit hoher Ressourcenbedarf negative Auswirkungen auf die Überlebenswahrscheinlichkeit von Gründungen haben; im Falle einer Selbstselektion von ressourcenstarken Gründern in solche Märkte könnte hier aber auch ein positiver Zusammenhang mit der Gründungswahrscheinlichkeit bestehen. Empirisch dominiert der negative Effekt der Größe, d. h., die Stilllegungswahrscheinlichkeit steigt mit der mindestoptimalen Größe bzw. mit der Kapitalintensität an.

Von wesentlicher Bedeutung für die Erfolgschancen von Gründungen kann die *Marktdichte,* also die Anzahl der Anbieter in Relation zur Nachfrage sein, was als Tragfähigkeit eines Marktes (Carrying Capacity) bezeichnet wird. Wie bereits erwähnt (siehe hierzu ▶ Abschn. 8.5), geht man vielfach davon aus, dass dann, wenn die Anzahl der Anbieter die Carrying Capacity übersteigt, es zu intensivem Verdrängungswettbewerb kommt, der die Erfolgschancen von Marktzutritten mindert. Dieses Argument dürfte allerdings nur für solche nicht-innovativen Marktzutritte gelten, die keine zusätzliche Nachfrage erschließen. Bei innovativen Marktzutritten ist die Annahme eines gegebenen Nachfragevolumens hingegen zweifelhaft. Empirische Untersuchungen zeigen, dass die Stilllegungswahrscheinlichkeit mit der Marktdichte ansteigt, was für eine in der Regel begrenzte Tragfähigkeit von Märkten zu sprechen scheint. Je leichter ein Markt bestreitbar ist, desto intensiver ist sowohl die faktische als auch die potenzielle Konkurrenz und desto geringer sind die Erfolgschancen für Newcomer.

Wird die Angebotsseite eines Marktes von einigen wenigen Anbietern mit erheblichem Ausmaß an Marktmacht dominiert, so könnte sich dies negativ auf die Erfolgschancen von Marktzutritten auswirken. Es kann aber auch sein, dass kleine und große Anbieter hier in einem symbiotischen Verhältnis zueinander stehen, in dem kleine Firmen solche Marktsegmente bedienen, die den großen Unternehmen nicht hinreichend lohnend erscheinen (*Umbrella-Hypothese,* siehe ▶ Abschn. 8.5). Infolge solcher unterschiedlichen Konstellationen ist die empirische Evidenz zum Zusammenhang zwischen *Marktkonzentration* und Gründungserfolg gemischt.

Wie bereits verschiedentlich dargelegt, sind Erfolgsaussichten von Gründungen, die in frühen Stadien des Industrielebenszyklus stattfinden, die durch ein entrepreneur-

> ☐ **Übersicht 10.4**   Hypothesen und Befunde zur Bedeutung von Marktgegebenheiten für den Gründungserfolg

Einflussbereich	Ausprägung(en)	Empirischer Befund
Mindestoptimale Unternehmensgröße	Anzahl der Beschäftigten [–]; Umsatz [–]; Marktanteil [–]	Wahrscheinlichkeit für Scheitern steigt mit der mindestoptimalen Größe an
Kapitalintensität	Kapitaleinsatz pro Beschäftigtem [–]	Wahrscheinlichkeit für Scheitern steigt mit der Kapitalintensität an
Marktdichte	Anzahl der auf dem Markt vorhandenen Anbieter (Carrying Capacity) [–]	Wahrscheinlichkeit für Scheitern steigt mit der Marktdichte an
Bestreitbarkeit des Marktes	Ausmaß der erforderlichen irreversiblen Investitionen [–]; institutionelle Marktzutrittsschranken [+]	Bestätigung durch Betrachtung einzelner Märkte
Anbieterkonzentration	Marktanteil der größten Anbieter [–]	Marktmacht erschwert direkte Konkurrenz; erfolgreiche Tätigkeit in Nischenmärkten möglich
Technologisches Regime	Entrepreneurhaftes Regime [+]; routinisiertes Regime [–]	Gründungen in einem entrepreneurhaften Regime sind erfolgreicher als Gründungen in einem routinisierten Regime
Innovationsdynamik	Höhe der F&E-Aufwendungen pro Beschäftigtem in der Branche [–]; Patente pro Beschäftigtem [–]	Evidenz gemischt bzw. unklar
Internationalität des Marktes	Exportbeteiligung [?], Importkonkurrenz [?]	Wahrscheinlichkeit für Scheitern auf internationalen Märkten höher. Überlebende Unternehmen haben relativ große Wachstumspotenziale
Marktspezifische Nachfrageentwicklung	Expandierend [+] vs. schrumpfend [–]	Empirisch bestätigt

haftes *technologisches Regime* gekennzeichnet sind, deutlich höher als in späteren Phasen, in denen Innovationsprozesse vor allem von Großunternehmen dominiert werden (hierzu insbesondere ▶ Abschn. 3.8). Hinzu kommt, dass Märkte in einer frühen Phase des Lebenszyklus durch expandierende Nachfrage gekennzeichnet sind, was sich günstig auf die Erfolgschancen von Gründungen auswirken dürfte. Demgegenüber sind spätere Phasen des Industrielebenszyklus eher durch stagnierende oder durch rückläufige Nachfrage gekennzeichnet, wodurch die Konkurrenz auf dem betreffenden Markt zunehmend den Charakter eines Verdrängungswettbewerbs bekommt. Unabhängig von dem Stadium eines Marktes

im Lebenszyklus erhöht eine hohe *Innovationsdynamik* im Zweifel das Risiko einer Gründung, da solche Märkte durch eine hohe Turbulenz sowohl der Angebotsbedingungen als auch der Nachfrage gekennzeichnet sein können. Die empirische Evidenz zum Zusammenhang zwischen der Innovationsdynamik eines Marktes und den Erfolgschancen von Gründungen ist allerdings nicht eindeutig.

Da *internationale Märkte* aufgrund der räumlich weiteren Marktausdehnung durch relativ intensiven Wettbewerb gekennzeichnet sind, dürften die Stilllegungsraten hier vergleichsweise hoch ausfallen; allerdings sind die Wachstumschancen für die überlebenden Gründungen aufgrund der Größe der Märkte höher. Wie kaum anders zu erwarten, sind die Erfolgschancen für Gründungen in wachsenden Branchen höher als in schrumpfenden Branchen.

10.3 Schnell wachsende Unternehmen (Gazellen)

Es wurde bereits darauf hingewiesen (▶ Abschn. 9.4), dass nur ein sehr geringer Anteil neu gegründeter Unternehmen stark wächst und in wesentlichem Ausmaß neue Arbeitsplätze schafft. Man bezeichnet stark expandierende Unternehmen auch als *Gazellen*. Aus Sicht der Wirtschaftsförderung sind solche Gazellen deshalb besonders interessant, weil sie die Entwicklung ganzer Regionen prägen können. Gelänge es, die Wirtschaftsförderung im Sinne einer *Pick the Winner*-Strategie frühzeitig gezielt auf solche Gazellen zu konzentrieren, so könnte man auf diese Weise unter Umständen wesentlich zur Lösung von Beschäftigungs- und Wachstumsproblemen beitragen. Auch für Kapitalgeber wie etwa VC-Investoren wäre es außerordentlich interessant, solche Gazellen einigermaßen zuverlässig im Voraus identifizieren zu können.

Empirische Untersuchungen haben gezeigt, dass die schnell wachsenden Unternehmen (Gazellen) eine sehr heterogene Gruppe darstellen. Diese Gruppe umfasst sowohl kleine als auch große, sowohl junge als auch ältere Unternehmen. Schnell wachsende Unternehmen finden sich sowohl im Verarbeitenden Gewerbe als auch im Dienstleistungssektor und sind keineswegs auf High-Tech Industrien oder wissensintensive Branchen beschränkt. Auch hinsichtlich der Standortgegebenheiten (z. B. große Städte versus ländliche Regionen) sind keine eindeutigen Muster identifizierbar. Darüber hinaus zeigt sich, dass relativ starkes Wachstum in der Regel ein einmaliges Ereignis darstellt, dass sich nur selten über längere Zeiträume erstreckt. Insgesamt legen diese Untersuchun-

gen den Schluss nahe, dass es keine auch nur einigermaßen zuverlässige Möglichkeit gibt, Gazellen im Voraus zu identifizieren. Damit fehlt einer *Pick the Winner*-Strategie die entscheidende Grundlage.

10.4 Zusammenfassung wesentlicher Ergebnisse

Sieht man einmal von den sehr wenigen besonders erfolgreichen Unternehmern, den Entrepreneurship-Superstars ab, so liegt der Medianstundenlohn von unternehmerisch selbstständigen Personen nur wenig über dem mittleren Stundenlohn von Personen mit einer vergleichbaren abhängigen Beschäftigung. Dabei muss es als zumindest fragwürdig angesehen werden, ob dieses etwas höhere Einkommen eine hinreichende Kompensation für die mit der unternehmerischen Selbstständigkeit verbundene Unsicherheit darstellt. Offenbar bestehen auch wesentliche nicht-monetäre Anreize für unternehmerische Selbstständigkeit, wie zum Beispiel stärkere Eigenständigkeit der Tätigkeit und bessere Möglichkeiten der Selbstverwirklichung, was sich dann in einer relativ hohen Arbeitszufriedenheit von Selbstständigen niederschlägt.

Für empirische Analysen der Erfolgsfaktoren von Unternehmensgründungen bietet sich als zu erklärende Variable vor allem das Überleben der Gründungen an; andere Erfolgsmaße sind entweder kaum verfügbar oder als Messkonzept mit gravierenden Interpretationsproblemen verbunden. Um eine Verzerrung der Ergebnisse durch einen Survivor Bias zu vermeiden, sollten sich empirische Untersuchungen der Erfolgsfaktoren von Gründungen nicht auf die überlebenden Unternehmen konzentrieren, sondern gleichermaßen auch die nach der Gründung gescheiterten Unternehmen einbeziehen und möglichst sämtliche potenziell erfolgsrelevanten Faktoren im Rahmen einer multivariablen Analyse berücksichtigen.

10

In empirischen Untersuchungen ergeben sich als wesentliche Erfolgsfaktoren von Gründungen die Qualifikation des Gründers, die Größe der Gründung, die Kundenorientierung des Angebots sowie eine geringe mindestoptimale Größe in der betreffenden Branche. Ein wesentlicher Einfluss geht auch von der Intensität des Wettbewerbs auf dem betreffenden Markt aus, wobei intensiver Wettbewerb das Überleben eher erschwert, sich dafür aber positiv auf die Leistungsfähigkeit der überlebenden Gründungen auswirkt.

Die Gruppe der schnell wachsenden Unternehmen (Gazellen) ist außerordentlich heterogen und nicht auf Unternehmensgründungen bzw. junge Unternehmen konzentriert, sondern umfasst auch solche Unternehmen, die bereits über längere Zeiträume bestehen. Abgesehen von schnellem Wachstum weisen diese Unternehmen keine wesentlichen Besonderheiten auf, sodass es kaum möglich ist, sie im Vorfeld zu identifizieren.

10.5 Wesentliche Begriffe zu Kap. 10

- Arbeitszufriedenheit
- Carrying Capacity
- Eigenkapitalverzinsung
- Einkommen
- Entrepreneurship-Superstars
- Gazellen
- Gewinn
- Größe einer Gründung
- Innovation
- Lokalisationsvorteile
- Marktabgrenzung
- Median
- Mindestoptimale Größe
- Mittel, arithmetisches
- Omitted Variable Bias (unbeobachtete Heterogenität)
- Industrielebenszyklus
- Qualifikation
- Solo-Unternehmer
- Stundenlohn
- Survivor Bias
- Technologisches Regime
- Urbanisationsvorteile
- Überleben einer Gründung
- Verdichtungsgrad
- Wachstumsrate
- Wissens-Spillover

Literaturhinweise

Zum Einkommen von Selbstständigen im Vergleich zu abhängig Beschäftigten siehe *Åstebro* und *Chen* (2014), *Benz* und *Frey* (2008) sowie *Sorgner et al.* (2017). *Benz* und *Frey* (2008) sowie *Fritsch et al.* (2019) gehen auf die Arbeitszufriedenheit von Selbstständigen und Beschäftigten in kleinen und großen Unternehmen ein. *Stephan* (2018) gibt einen Überblick über Forschungsergebnisse zur psychologischen Disposition von Selbstständigen. *Henrekson* und *Sanandaji* (2014, 2020) analysieren das Auftreten von Entrepreneurship-Superstars, die in unternehmerischer Selbstständigkeit ein sehr hohes Einkommen erzielen. Einen Überblick über Studien, die Erträge der Ausbildung in unternehmerischer Selbstständigkeit und in abhängiger Beschäftigung miteinander vergleichen, bietet *Parker* (2018). Hierzu auch *van Praag, van Witteloostuijn* und *van der Sluis* (2013).

Die Referenzquelle für eine umfassende Analyse der Erfolgsfaktoren von Gründungen stellt die aus den 1980er-Jahren stammende „Münchner Gründerstudie" dar, deren wesentliche Ergebnisse in *Brüderl, Preisendörfer* und *Ziegler* (2009) zusammengefasst sind. Hier wird auch über die Ergebnisse einer ostdeutschen Nachfolgeuntersuchung, der „Leipziger Gründerstudie", berichtet. Die meisten empirischen Studien über den Erfolg von Unternehmensgründungen beziehen sich auf das Erfolgsmaß des Überlebens. Zu einem Überblick über diese Studien siehe *Parker* (2018). Zum Einfluss von Persönlichkeitsmerkmalen auf den

Unternehmenserfolg siehe *Caliendo, Fossen* und *Kritikos* (2010, 2014), *Rauch* und *Frese* (2007) sowie *Zhao, Seibert* und *Lumpkin* (2010).

Einen Überblick über diverse Studien zu den Eigenschaften von schnell wachsenden Unternehmen (Gazellen) bieten *Henrekson* und *Johansson* (2010).

Weiterführende Literatur

Åstebro Thomas und Jing Chen (2014): The entrepreneurial earnings puzzle: Mismeasurement or real? *Journal of Business Venturing*, 29, 88–105. ► https://doi.org/10.1016/j.jbusvent.2013.04.003

Benz, Matthias und Bruno S. Frey (2008): Being Independent is a Great Thing: Subjective Evaluations of Self-Employment and Hierarchy. *Economica*, 75, 362–383. ► https://doi.org/10.1111/j.1468-0335.2007.00594.x

Brüderl, Josef, Peter Preisendörfer und Rolf Ziegler (2009): *Der Erfolg neugegründeter Betriebe*. 3. erweiterte Auflage, Berlin: Duncker & Humblot.

Caliendo, Marco, Frank Fossen und Alexander Kritikos (2010): The impact of risk attitudes on entrepreneurial survival. *Journal of Economic Behavior & Organization*, 76, 45–63. ► https://doi.org/10.1016/j.jebo.2010.02.012

Caliendo, Marco, Frank Fossen und Alexander Kritikos (2014): Personality Characteristics and the Decision to Become and Stay Self-Employed. *Small Business Economics*, 42, 787–814. ► https://doi.org/10.1007/s11187-013-9514-8

Fritsch, Michael, Alina Sorgner und Michael Wyrwich (2019): Self-Employment and Well-Being across Institutional Contexts. *Journal of Business Venturing*, 34, 105946. ► https://doi.org/10.1016/j.jbusvent.2019.105946

Henrekson, Magnus und Dan Johansson (2010): Gazelles as job creators: a survey and interpretation of the evidence. *Small Business Economics*, 35, 227–244. ► https://doi.org/10.1007/s11187-009-9172-z

Henrekson Magnus und Tino Sanandaji (2014): Small business activity does not measure entrepreneurship. *Proceedings of the National Academy of Sciences (PNAS)*, 111, 1760–1765. ► https://doi.org/10.1073/pnas.1307204111

Henrekson, Magnus und Tino Snandaji (2020): Measuring Entrepreneurship: Do Established Metrics Capture Schumpeterian Entrepreneurship? *Entrepreneurship in Theory and Practice*, 44, 733-760. ► https://doi.org/10.1177/1042258719844500

Parker, Simon (2018): *The Economics of Entrepreneurship*. 2nd ed., Cambridge: Cambridge University Press. ► https://doi.org/10.1017/9781316756706

Rauch, Andreas und Michael Frese (2007): Born to be an entrepreneur? Revisiting the personality approach to entrepreneurship. In J. Robert Baum, Michael Frese und Robert J. Baron (eds.), *The psychology of entrepreneurship*, Mahwah, NJ: Erlbaum, 41–65.

Sorgner, Alina, Michael Fritsch und Alexander Kritikos (2017): Do entrepreneurs really earn less? *Small Business Economics*, 49, 251–272. ► https://doi.org/10.1007/s11187-017-9874-6

Stephan, Ute (2018): Entrepreneurs' Mental Health and Well-Being: A Review and Research Agenda. *Academy of Management Perspectives*, 32, 290–322. ► https://doi.org/10.5465/amp.2017.0001

Van Praag, Mirjam, Arjen van Witteloostuijn und Justin van der Sluis (2013): The higher returns to formal education for entrepreneurs versus employees. *Small Business Economics*, 40, 375–396. ► https://doi.org/10.1007/s11187-012-9443-y

Zhao, Hao, Scott E. Seibert und G.T. Lumpkin (2010): The Relationship of Personality to Entrepreneurial Intentions and Performance: A Meta-Analytic Review. *Journal of Management*, 36, 381–404. ► https://doi.org/10.1177/0149206309335187

10

Wirkungen von Gründungsprozessen auf wirtschaftliche Entwicklung

Inhaltsverzeichnis

11.1   Historischer Exkurs: Die *Birch*-Debatte – 146

11.2   Direkte und mögliche indirekte Effekte von Gründungen auf wirtschaftliche Entwicklung – 147

11.3   Der empirische Befund – 150
11.3.1 Methodische Vorbemerkungen – 150
11.3.2 Der direkte Beitrag von Unternehmensgründungen zur Beschäftigungsentwicklung – 151
11.3.3 Der Gesamteffekt von Gründungen auf wirtschaftliche Entwicklung – 152
11.3.4 Die Qualität von Gründungen – 154
11.3.5 Unterschiede der Wirkungen des Gründungsgeschehens zwischen Regionen und Branchen – 155
11.3.6 Regionale Wachstumsregime – 156

11.4   Zusammenfassung wesentlicher Ergebnisse – 158

11.5   Wesentliche Begriffe zu Kap. 11 – 159

        Literaturhinweise – 159

        Literatur – 160

© Der/die Autor(en), exklusiv lizenziert durch Springer Fachmedien Wiesbaden GmbH, ein Teil von Springer Nature 2021
M. Fritsch und M. Wyrwich, *Entrepreneurship*,
https://doi.org/10.1007/978-3-658-34637-9_11

Wesentliche Fragestellungen

— Auf welche Weise können Unternehmensgründungen zu wirtschaftlichem Wachstum beitragen?

— Was sind direkte und indirekte Wirkungen von Gründungen auf die wirtschaftliche Entwicklung?

— Inwiefern hängen die Wachstumseffekte von Gründungen von den Charakteristika der Gründungen ab?

— Welchen Einfluss haben regionale Gegebenheiten auf die Wachstumseffekte des Gründungsgeschehens?

Die Bedeutung von Unternehmensgründungen für wirtschaftliche Entwicklung wurde von weiten Teilen der Politik lange Zeit vernachlässigt. Ein wesentlicher Grund hierfür bestand in der Überzeugung, dass vor allem Großunternehmen das wirtschaftliche Wachstum prägen, weil sie im Wettbewerbsprozess deutliche Vorteile gegenüber kleineren Unternehmen aufweisen. Entsprechend sah man in kleinen und jungen Unternehmen vorwiegend Grenzanbieter, die im Wettbewerb mit etablierten Großunternehmen kaum bestehen können. Hinzu kam, dass man bis Anfang der 1980er-Jahre nur recht wenig über Gründungsprozesse und Kleinunternehmen wusste, da halbwegs aussagefähige Statistiken zu diesen Bereichen fehlten. Zwar hatte *Joseph Schumpeter* in seinen Arbeiten die Bedeutung von einigen wenigen Unternehmerpersönlichkeiten als Auslöser von Innovations- und Wachstumsschüben aufgezeigt (siehe ▶ Abschn. 2.1), allerdings handelte es sich bei diesen Unternehmern um vereinzelte Ausnahmeerscheinungen, die für die breite Masse der Gründungen in keiner Weise repräsentativ waren. Zudem wurden diese Befunde dadurch relativiert, dass *Schumpeter* in einigen seiner Arbeiten auch die Vorteile der Großunternehmen im Wettbewerbsprozess herausgestellt hatte, was als *Schumpeter*-Hypothesen in die Literatur eingegangen ist.

Die politische wie auch wissenschaftliche Hinwendung zu unternehmerischer Selbstständigkeit wurde zu einem wesentlichen Teil durch eine empirische Studie von *David Birch* für die Wirtschaft der USA eingeleitet. Im Folgenden werden wesentliche Ergebnisse und die Folgen dieser Untersuchung dargestellt (▶ Abschn. 11.1). Daran anschließend gibt ▶ Abschn. 11.2 einen Überblick über verschiedene mögliche Wirkungen von Unternehmensgründungen auf die wirtschaftliche Entwicklung; ▶ Abschn. 11.3 gibt einen Überblick über die empirischen Befunde. Schließlich werden die wesentlichen Ergebnisse in ▶ Abschn. 11.4 zusammengefasst.

11.1 Historischer Exkurs: Die *Birch*-Debatte

In seinem im Jahr 1979 publizierten Forschungsbericht „The Job Generation Process" sowie in nachfolgenden Studien (*Birch* 1981, 1987), berichtete *David Birch,* dass in den USA kleine und vor allem neu gegründete Betriebe bzw. Unternehmen die Hauptquelle für neue Arbeitsplätze seien. Demgegenüber hätten Großunternehmen während der Untersuchungsperiode von Mitte der 1960er- bis zur Mitte der 1970er-Jahre massiv Arbeitsplätze abgebaut. Diese Resultate fanden sowohl bei Politikern als auch in der Wissenschaft überaus große Beachtung, wobei die Reaktionen von enthusiastischer Begeisterung über eine neue Lösung von Beschäftigungsproblemen bis hin zu ausgesprochener Skepsis reichten.

Inhaltlich blieb die *Birch*-Studie allerdings auf einfache Häufigkeitsauszählungen von Merkmalen der Arbeitsplatzentwicklung in bestimmten Gruppen von Betrieben bzw. Unternehmen (z. B. entsprechend Alter, Größe Standort und Sektor) beschränkt und kann allein schon aus methodischen Gründen kaum als wissenschaftliche Analyse gewertet werden. Das wesentliche Verdienst dieser Arbeit ist vor allem darin zu sehen, dass sie die Aufmerksamkeit von Politik und Wissenschaft auf kleine und junge Unternehmen gelenkt und vielfache weitere empirische Analysen zu den Wachstumswirkungen von Gründungsaktivitäten stimuliert hat.

Eine wichtige Innovation der *Birch*-Studie bestand darin, dass sie Längsschnittdaten auf der Mikroebene von Betrieben bzw. Unternehmen aufbereitet und analysiert hat, wobei diese Daten nahezu die gesamte US-amerikanische Wirtschaft abdeckten. Dies bot insbesondere die Möglichkeit, die Entwicklung von Kohorten neu gegründeter und etablierter Einheiten miteinander zu vergleichen. Zu Beginn der 1980er-Jahre, als die von *Birch* angestoßene Diskussion um die Bedeutung von kleinen und neu gegründeten Unternehmen für die Beschäftigungsentwicklung begann, waren solche Informationen in kaum einem Land vorhanden bzw. – sofern sie existierten – für wissenschaftliche Untersuchungen nicht verfügbar. Dies galt insbesondere für Informationen über Gründungen. Angesichts dieser Ausgangslage musste zunächst erheblicher Aufwand betrieben werden, um vorhandene Datenquellen für wissenschaftliche Analysen des Gründungsgeschehens zu erschließen sowie neue Daten zu erstellen. In dieser Hinsicht, wie auch für die gesamte Entrepreneurship-Forschung, hat die *Birch*-Studie wichtige Entwicklungen angestoßen.

11.2 Direkte und mögliche indirekte Effekte von Gründungen auf wirtschaftliche Entwicklung

Für ein Verständnis der Ergebnisse der vorliegenden empirischen Analysen ist ein systematischer Überblick über die verschiedenen Arten von Effekten hilfreich, die neu entstandene Wirtschaftseinheiten auf

die wirtschaftliche Entwicklung haben können. Neue Betriebe bzw. Unternehmen stellen einen Marktzutritt zusätzlicher Kapazitäten dar und sind damit ein wesentlicher Bestandteil von Marktprozessen. Entsprechend ergeben sich die Wirkungen der Marktzutritte von Gründungen aus ihrer wettbewerblichen Interaktion mit etablierten Anbietern. Dabei beschreibt die Entwicklung der Newcomer – gemessen etwa an der Anzahl der dort Beschäftigten oder an ihrem Marktanteil – ihren *direkten Effekt*. Der *indirekte Effekt* umfasst sämtliche Wirkungen der Gründungen auf die etablierten Marktteilnehmer, also zum Beispiel einen durch den Wettbewerb induzierten Marktaustritt oder erhöhte Innovationsanstrengungen, die zu einem Produktivitätsanstieg führen (siehe ▫ Abb. 11.1). Empirische Untersuchungen zeigen sehr deutlich, dass der direkte Effekt von Gründungen in der Regel nur den kleineren Teil des Gesamteffektes ausmacht und die indirekten Effekte bei Analysen der Wirkungen von Gründungen auf wirtschaftliche Entwicklung keinesfalls vernachlässigt werden dürfen.

In ▫ Abb. 11.2 sind die Zusammenhänge etwas detaillierter dargestellt. Dabei repräsentiert die Entwicklung der Gründungen (z. B. deren Beschäftigungsentwicklung) deren direkten Effekt; alle anderen aufgeführten Wirkungen sind indirekter Natur. Die Marktselektion bewirkt, dass

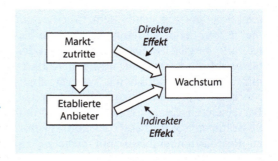

▫ **Abb. 11.1** Direkte und indirekte Effekte von Gründungen auf Wirtschaftswachstum

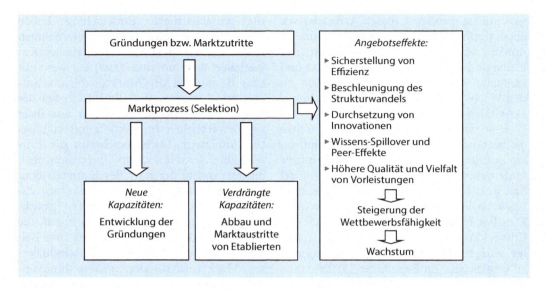

□ **Abb. 11.2**   Gründungsgeschehen und Marktprozess

in aller Regel nur ein Teil der Gründungen über einen längeren Zeitraum überlebt (vgl. ▶ Abschn. 9.2); diejenigen Gründungen, die sich auf dem Markt etablieren können, verdrängen zum Teil etablierte Anbieter. Solche Verdrängungseffekte können sowohl durch den Wettbewerb auf dem Output-Markt als auch durch Wettbewerb auf den Input-Märkten, wie z. B. auf dem Arbeitsmarkt, verursacht sein. Ist Konkurrenz auf den Input-Märkten die wesentliche Ursache, so müssen die Verdrängungseffekte nicht zwangsläufig in derselben Branche auftreten.

Geht man davon aus, dass die Marktselektion entsprechend dem *Survival of the Fittest* erfolgt, dann werden Anbieter mit vergleichsweise hoher Produktivität im Markt verbleiben, während Anbieter mit niedriger Produktivität weniger absetzen können oder aus dem Markt austreten. Bei einem insgesamt konstanten Produktionsvolumen sollte dieser Selektionsprozess zu Beschäftigungsabbau und nicht zu ansteigender Beschäftigung führen, denn auf einem höheren Produktivitätsniveau werden schließlich weniger Ressourcen benötigt,

um eine bestimmte Menge an Gütern und Dienstleistungen bereitzustellen. Obwohl die Errichtung eines neuen Betriebs bzw. Unternehmens die Schaffung zusätzlicher Kapazitäten bedeutet, die zusätzliches Personal erfordern, muss der Effekt der Gründungen auf die Gesamtzahl der Arbeitsplätze also nicht notwendigerweise positiv sein, sondern kann sogar deutlich negativ ausfallen!

Allerdings ist ein funktionsfähiger Marktprozess in keiner Weise als ein Nullsummenspiel aufzufassen, in dem die Zuwächse der einen Unternehmen vollständig auf Kosten anderer Unternehmen gehen. Es gibt eine Reihe von Wegen, über die der zusätzliche Wettbewerb durch Newcomer zu *Wachstumseffekten auf der Angebotsseite des Marktes* führen kann. Bei solchen Angebotseffekten von Gründungen handelt es sich im Wesentlichen um (□ Abb. 11.2):

— *Sicherung der Effizienz bzw. Stimulierung von Produktivitätssteigerungen* durch Bestreiten etablierter Marktstellungen. Der Marktzutritt diszipliniert die Anbieter und zwingt sie dazu, sich in statischer und dynamischer Hinsicht effizient zu verhalten.

– *Beschleunigung des Strukturwandels* durch Marktzutritte und Marktaustritte. Empirisch lässt sich häufig beobachten, dass Wachstum und Strukturwandel mit einer ausgeprägten Unternehmensfluktuation einhergeht. Dabei besteht der Grund für den Marktaustritt etablierter Anbieter darin, dass sie sich nicht flexibel genug an veränderte Anforderungen ihres Umfeldes anpassen können, und deshalb durch neue Unternehmen ersetzt werden. Diese, den Strukturwandel beschleunigende Wirkung neuer Firmen, wurde insbesondere durch *Joseph Schumpeter*s (1942) Konzept der „kreativen Zerstörung" sowie von *Alfred Marshall* (1920) mit seinem Vergleich der Wirtschaft mit einem sich ständig erneuernden Wald hervorgehoben.

– *Durchsetzung von Innovationen*, insbesondere auch Initiierungen neuer Märkte. Es gibt viele Beispiele dafür, dass grundlegende Innovationen durch neue Firmen am Markt eingeführt wurden bzw. dass Newcomer völlig neue Märkte initiiert haben (siehe auch ▶ Abschn. 2.2). Ein wesentlicher Grund für die häufig zu beobachtende besondere Rolle von Gründungen bei der Einführung von Innovationen könnte darin bestehen, dass etablierte Anbieter stärker daran interessiert sind, die Gewinnpotenziale ihres gegebenen Produktprogramms auszuschöpfen als nach neuen Ertragsfeldern zu suchen und sich dabei eventuell auf risikoreiche Innovationen einzulassen. Eine andere Erklärung könnte sein, dass die Gründung eines eigenen Unternehmens für jemanden mit einer Geschäftsidee häufig die erfolgversprechendste Möglichkeit darstellt, diese Idee umzusetzen und zu kommerzialisieren. Da solche Geschäftsideen bzw. Wissen selbst nur sehr eingeschränkt handelbar sind, vermarktet man dieses Wissen über die damit produzierten Güter und Dienstleistungen.

– *Wissens-Spillover und Peer-Effekte*. Aus dem Experiment-Charakter von Gründungen folgt, dass sie Wissen darüber erzeugen, welche Erfolgschancen ein Geschäftskonzept an einem bestimmten Standort und zu einer bestimmten Zeit hat. Solche Wissens-Spillover sind insbesondere dann zu erwarten, wenn eine Gründung neue Produkte oder neue Produktionsverfahren einführt, die von etablierten Anbietern imitiert werden können und dort zu verbesserter wirtschaftlicher Leistungsfähigkeit beitragen. Darüber hinaus kann die Gründung eines Unternehmens Peer-Effekte erzeugen (hierzu ▶ Abschn. 5.4.2), wodurch die Neigung anderer Personen zu unternehmerischer Selbstständigkeit im Zweifel erhöht wird.

– *Erzeugung größerer Vielfalt an Produkten bzw. Lösungsansätzen*. Sofern sich das Produktprogramm der neuen Anbieter von dem der etablierten unterscheidet oder die Newcomer im Verfahrensbereich neue Wege bestreiten, erweitert sich durch den Marktzutritt das Spektrum verfügbarer Güter bzw. Problemlösungsmöglichkeiten. Durch diese erhöhte Vielfalt steigt wiederum die Wahrscheinlichkeit dafür, dass ein Angebot existiert, das den Bedürfnissen eines Nachfragers weitgehend entspricht (besseres Matching von Angebot und Nachfrage). Erhöhte Vielfalt durch neue Angebote bietet Anknüpfungspunkte sowohl für eine Intensivierung der Arbeitsteilung als auch für Folgeinnovationen. Gründungen können auf diese Weise wesentliche Impulse für die wirtschaftliche Entwicklung geben.

Alle diese Effekte sind *indirekter Natur* und führen zu Verbesserungen auf der Angebotsseite des Marktes. Sie sind nicht notwendigerweise auf diejenige Branche beschränkt, in der eine Gründung stattfindet, sondern können auch in völlig anderen Branchen auftreten, wenn Unternehmen dieser Branchen etwa das verbesserte Angebot als Input nutzen. Die indirekten Effekte müssen auch nicht auf die Region beschränkt sein, in der die Gründung stattfindet. Die indirekten Angebotseffekte sind von wesentlicher Bedeutung für die Wettbewerbsfähigkeit der betreffenden Branche bzw. Region und können auf diese Weise zu Beschäftigungswachstum sowie zu steigendem Wohlstand beitragen.

Es ist wichtig festzuhalten, dass die Entstehung von Angebotseffekten des Gründungsgeschehens nicht notwendigerweise erfordert, dass die Newcomer erfolgreich sind und überleben. Sofern die Gründungen Verbesserungen seitens der etablierten Anbieter stimulieren, führen sie zu positiven Angebotseffekten selbst dann, wenn die meisten Gründungen scheitern und den Markt kurz nach der Gründung wieder verlassen müssen. Auch gescheiterte Gründungen können signifikant zur Verbesserung des Angebots und zu steigender Wettbewerbsfähigkeit beitragen.

Inwiefern eine Gründung eine Herausforderung für die etablierten Wettbewerber darstellt, hängt wesentlich von ihrer Qualität ab. Qualität kann hier verschiedene Dinge meinen, wie beispielsweise die unternehmerischen Fähigkeiten des Gründers oder der Gründer, die Sorgfalt der Gründungsplanung, die dem Unternehmen zugrundeliegende Wissensbasis und die sonstige Ressourcenstärke der Newcomer sowie insbesondere ihren Innovationsgrad. So ist zu erwarten, dass der Marktzutritt eines innovativen Unternehmens, das von einem wohl vorbereiteten Gründer geleitet wird, der über das notwendige Wissen und über andere wichtige Ressourcen verfügt, eine größere Herausforderung für die Konkurrenten darstellt, als die Errichtung eines rein imitativ ausgerichteten Unternehmens, dessen Gründer über keine angemessene Qualifikation verfügt und dem es nicht gelingt, die erforderlichen Ressourcen zu aktivieren.

Weiterhin wäre zu vermuten, dass die Angebotseffekte in Märkten mit hoher Wettbewerbsintensität besonders stark ausgeprägt sind, da hier der Druck zur Reaktion auf von der Konkurrenz eingeführte Verbesserungen relativ hoch ist. Darüber hinaus dürften die Angebotseffekte in globalen Märkten stärker ausfallen als etwa im Falle von rein lokal angebotenen Dienstleistungen, weil hier die Anzahl der direkten Wettbewerber, die von der Herausforderung der Newcomer betroffen sind, in der Regel deutlich größer ist.

Die zentrale Voraussetzung dafür, dass Gründungen zu Angebotseffekten führen, die mit verbesserter Wettbewerbsfähigkeit verbunden sind, besteht darin, dass die Marktselektion entsprechend einem Survival of the Fittest erfolgt. Sollte der Marktprozess nicht zum Überleben der produktivsten Anbieter führen, sondern – etwa aufgrund von verzerrenden staatlichen Eingriffen – eher das Überleben der weniger produktiven Firmen bewirken, so würde dies die Wettbewerbsfähigkeit der Wirtschaft schwächen und negative Angebotseffekte mit sich bringen. Folglich sind alle staatlichen Eingriffe zu vermeiden, die zu einer Beeinträchtigung der *richtigen* Marktselektion führen.

11.3   Der empirische Befund

11.3.1   Methodische Vorbemerkungen

Analysen auf der Mikroebene, also Betrachtungen der Entwicklung von einzelnen neugegründeten Firmen oder von Gründungskohorten, können zwar die direkten Effekte von Gründungen aufzeigen; für eine Analyse der Wachstumswirkungen von Gründungen insgesamt, insbesondere zur Bestimmung von indirekten Effekten, sind sie aber weit weniger geeignet. Eine solche Bestimmung der indirekten Effekte auf Mikroebene würde nämlich erfordern, dass man die von einer bestimmten Gründung bewirkten Verdrängungs- und Angebotseffekte identifiziert und zuordnet, was praktisch an außerordentlich enge Grenzen stößt. Für die Bestimmung der indirekten Effekte von Gründungen bietet es sich daher an, den Zusammenhang zwischen dem Niveau der Gründungsaktivitäten und einem Aggregat-Maß für wirtschaftliche Entwicklung, wie etwa dem Wachstum von Beschäftigung und Sozialprodukt oder der Produktivitätsentwicklung in dem betreffenden Land, der Region oder der Branche zu analysieren.

Bisherige Arbeiten über die Effekte von Gründungen auf wirtschaftliche Entwicklung waren vor allem auf die Beschäftigungsentwicklung konzentriert, was wohl zu einem wesentlichen Teil auf die Bedeutung der Arbeitsplatzentwicklung (bzw. der Vermeidung von Arbeitslosigkeit) für die Politik zurückzuführen ist. Ein weiterer Grund dürfte darin bestehen, dass verlässliche Angaben zur Anzahl der Arbeitsplätze bzw. deren Veränderung für Branchen oder Regionen vergleichsweise leicht verfügbar sind.

Empirische Analysen des Zusammenhangs zwischen dem Niveau von Gründungsaktivitäten und der Aggregatentwicklung stehen vor dem Problem, die relevanten Wirkungszusammenhänge korrekt zu identifizieren. Konkret geht es dabei um die Frage, ob die Gründungen die Ursache für die Entwicklung darstellen oder ob Gründungen nicht eher ein Resultat der wirtschaftlichen Entwicklung bzw. deren Symptom sind. Besonders schwerwiegend ist dieses Problem bei Analysen auf der Ebene von Wirtschaftszweigen, wenn die Entwicklung dieser Wirtschaftszweige einem Lebenszyklus folgt (hierzu ▶ Abschn. 3.8). Ein solcher Industrielebenszyklus ist dadurch gekennzeichnet, dass in einer neu entstehenden Branche zunächst nur sehr wenige Anbieter tätig sind und diese Anzahl dann mit dem Anstieg des Produktionsvolumens zunimmt (◻ Abb. 3.7).

Folglich ergibt sich in den frühen Phasen der Branchenentwicklung ein relativ hohes Niveau an Gründungsaktivitäten, das aber wohl nur beschränkt als Ursache für das Wachstum der Industrie anzusehen ist. Mit Erreichen der Stagnations- und Schrumpfungsphase geht dann in der Regel die Anzahl der Anbieter zurück und das Niveau der Gründungsaktivitäten fällt relativ gering aus. Auch hier stellt sich die Frage, inwieweit die Korrelation zwischen dem Niveau der Gründungsaktivitäten und dem Rückgang von Umsatz und Beschäftigung kausal als Effekt des niedrigen Niveaus an Gründungen interpretiert werden kann.

Analysiert man den Zusammenhang zwischen Gründungsaktivitäten und Entwicklung auf der Ebene von Regionen, so ist die Gefahr einer solchen Fehlinterpretation deutlich geringer ausgeprägt, jedenfalls solange, wie die betreffende Region nicht von einer einzelnen Branche dominiert wird. Angesichts dieser Probleme ist es kaum verwunderlich, wenn entsprechende Berechnungen auf der Ebene von Regionen nicht selten zu gänzlich anderen Ergebnissen kommen als Analysen auf der Ebene von Branchen.

11.3.2 Der direkte Beitrag von Unternehmensgründungen zur Beschäftigungsentwicklung

Ein entscheidender Punkt bei der Analyse der direkten Beschäftigungswirkungen von Gründungen besteht in der Repräsentativität der in die Analyse einbezogenen Unternehmen. Betrachtet man die Entwicklung einer Gruppe von Gründungen über die Zeit, so sollten insbesondere auch solche Gründungen mitberücksichtigt werden, die wieder aus dem Markt ausgetreten sind. Andernfalls sind die erfolgreichen Gründungen überrepräsentiert, was als *Survivor Bias* bezeichnet wird (hierzu auch ▶ Abschn. 10.2.1).

Analysen der direkten Beschäftigungseffekte von Gründungen in deutschen Regionen für die Zeit ab Mitte der 1970er-Jahre haben ergeben, dass eine jährliche Gründungskohorte nach zwei Jahren ca. 1,8 % der vorhandenen Arbeitsplätze bereitstellt; nach zehn Jahren beträgt dieser Prozentsatz 1,56 % (*Fritsch* und *Schindele* 2011). Der Unterschied zwischen dem langfristigen (nach zehn Jahren) und dem kurzfristigen (nach zwei Jahren) Effekt, ergibt sich aus der in der Regel abnehmenden Beschäftigung in Gründungskohorten zwischen dem zweiten und dem zehnten Jahr (hierzu auch ▶ Abschn. 9.2). Sowohl der kurzfristige als auch der langfristige Beschäftigungsbeitrag der Gründungen ist im Dienstleistungssektor stärker ausgeprägt als im Industriesektor, was offenbar eine Folge des höheren Niveaus der Gründungsaktivitäten im Dienstleistungsbereich darstellt (siehe hierzu ▶ Abschn. 3.4.1).

Eine Gesamtbetrachtung der direkten Beschäftigungseffekte von Gründungen für die Bundesrepublik Deutschland über den Zeitraum 1976 bis 2005 ergab, dass im Jahr 2005 ca. 37 % aller im privaten Sektor vorhandenen Arbeitsplätze auf Betriebe entfielen, die seit dem Jahr 1976 gegründet worden sind und im Jahr 2005 noch existierten (Schindele und Weyh 2011). Dieser Anteil fiel im Dienstleistungssektor mit 47 % deutlich höher aus als im Industriesektor, wo er lediglich 26 % betrug. Dies deutet auf erhebliche sektorale Unterschiede in der Beschäftigungsdynamik zwischen einzelnen Sektoren bzw. Wirtschaftszweigen hin. Die Analysen des direkten Beschäftigungsbeitrages von Gründungen zeigen, dass neue Unternehmen eine erhebliche Anzahl neuer Arbeitsplätze schaffen, der Anteil dieser Arbeitsplätze an der Gesamtbeschäftigung aber alles andere als überwältigend ist. Bei der Betrachtung der Größenordnung des direkten Beschäftigungseffektes ist zu bedenken, dass der Beschäftigungsbeitrag von Gründungen weit geringer ausfällt, wenn man die Verdrängungseffekte bei den etablierten Anbietern berücksichtigt.

11.3.3 Der Gesamteffekt von Gründungen auf wirtschaftliche Entwicklung

Analysen des Zusammenhangs zwischen dem Niveau der Gründungsaktivitäten auf der Ebene von Wirtschaftszweigen und deren Produktivitätsentwicklung zeigen einen statistisch signifikanten positiven Zusammenhang. Allerdings ergeben sich diese produktivitätssteigernden Effekte erst nach einem Zeitraum von mehreren Jahren. Analysen auf regionaler Ebene, die solchen Time-Lags nur in geringem Maße Rechnung tragen, ergeben häufig gar keinen statistisch signifikanten Zusammenhang zwischen Gründungsaktivitäten und wirtschaftlicher Entwicklung. Berücksichtigt man längere Zeitverzögerungen für die Wirkungen des Gründungsgeschehens, so lässt sich ein statistisch signifikanter Zusammenhang zwischen der aktuellen Beschäftigungsentwicklung und den Gründungsraten während der vorangegangenen zehn Jahre identifizieren. Dabei haben Untersuchungen für unterschiedliche Zeiträume und für verschiedene Länder übereinstimmend ein wellenförmiges Muster für die Struktur dieser Time-Lags ergeben, wie es in ◘ Abb. 11.3 dargestellt ist.

Die Analysen der Struktur der Effekte von Gründungen über die Zeit, zeigen während des ersten Jahres in der Regel deutlich positive Wirkungen auf die Arbeitsplatzentwicklung, was mit der Nachfrage der Newcomer nach Ressourcen, insbesondere nach Arbeitskräften, erklärt werden kann. Spätestens ab dem zweiten Jahr nach der Gründung ist der Zusammenhang zwischen Gründungsrate und regionaler Beschäftigungsentwicklung dann negativ. Die Erklärung hierfür liegt darin, dass es sich dabei um die Verdrängungseffekte von Gründungen bzw. um die arbeitssparenden Wirkungen von Produktivitätssteigerungen handelt, die sich aus einem Wettbewerb mit etablierten Anbietern entsprechend einem Survival of the Fittest

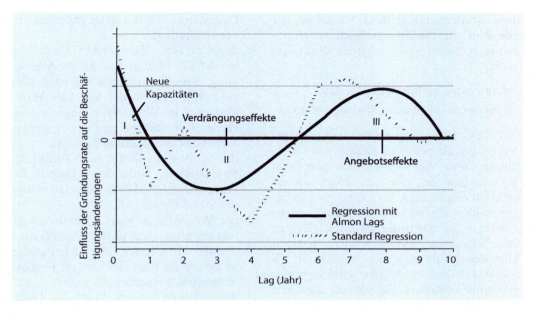

◘ Abb. 11.3   Gründungen und regionale Beschäftigungsentwicklung – Verteilung der Time-Lags

ergeben. Ab dem fünften oder sechsten Jahr nach der Gründung zeigen sich dann häufig positive Effekte. Diese beschäftigungssteigernden Wirkungen können nicht mit der Beschäftigungsentwicklung in Gründungskohorten erklärt werden, denn die Beschäftigung in Gründungskohorten nimmt in der Regel nach einigen Jahren kontinuierlich ab (siehe hierzu ▶ Abschn. 9.2).

Die naheliegende Erklärung für einen positiven Zusammenhang zwischen den mehr als fünf Jahre zurückliegenden Gründungen und der regionalen Beschäftigungsentwicklung besteht in den indirekten Angebotseffekten, die aus gestiegener regionaler Wettbewerbsfähigkeit resultieren. Die Fläche zwischen der Kurve und der Nulllinie gibt das Ausmaß der Effekte in den verschiedenen Phasen an. Aggregiert man die verschiedenen Wirkungen zu einem Gesamteffekt, so ist dieser Gesamteffekt in der Regel – aber nicht immer – positiv, was insbesondere auf die indirekten Angebotseffekte zurückzuführen ist.

Eingehende weitere Analysen der Zusammenhänge zeigen, dass die indirekten Effekte von Gründungen (Verdrängungseffekt und Angebotseffekt) insgesamt positiv sind. Dies bedeutet, dass auch viele etablierte Anbieter auf längere Sicht von der Konkurrenz durch die neuen Unternehmen profitieren. Dabei zeigt sich etwa, dass der in ◘ Abb. 11.3 dargestellte wellenförmige Verlauf der Lag-Struktur allein auf diese indirekten Effekte zurückzuführen ist. Positive Wirkungen der Gründungen zeigen sich analog, wenn man anstatt der Arbeitsplatzentwicklung die Entwicklung des Sozialprodukts oder der regionalen Arbeitsproduktivität betrachtet.

Die Auswirkungen von Gründungen auf den Wettbewerb lassen sich anhand des Indikators der *Marktmobilität* ablesen. Dieser Indikator misst Veränderungen in der Rangfolge der Unternehmen in einem Markt oder in einer Region etwa gemäß ihrer Beschäftigtenzahl. Starke Veränderungen dieser Rangfolge deuten auf intensiven Wettbewerb hin. Entsprechende Untersuchungen zeigen, dass ein hohes Niveau regionaler Gründungsaktivitäten zu einer relativ hohen Marktmobilität führt, wobei diese Marktmobilität dann wiederum mit positiven Beschäftigungseffekten verbunden ist. Dies belegt die folgende Wirkungskette:

Marktzutritte ⇒ Intensivierung des

Wettbewerbs ⇒ positive Wachstumseffekte.

Weiterhin haben empirische Analysen gezeigt, dass die positiven Effekte von Gründungen über die Grenzen der jeweiligen Branche bzw. des jeweiligen Sektors hinaus wirksam sein können. So führen etwa Gründungsaktivitäten im Verarbeitenden Gewerbe nicht nur zu langfristig positiven Effekten innerhalb dieses Sektors, sondern auch im Dienstleistungsbereich, was wiederum die Existenz indirekter Angebotseffekte belegt. Weiterhin konnte gezeigt werden, dass eine hohe regionale Gründungsrate mit relativ intensivem Wandel der sektoralen Wirtschaftsstruktur in dieser Region verbunden ist, was dann in der Regel positive Auswirkungen auf die regionale Entwicklung hat.

11.3.4 Die Qualität von Gründungen

Entsprechend den eingangs dargestellten Überlegungen zu den direkten und indirekten Effekten von Gründungen ist zu vermuten, dass diese Wirkungen umso stärker ausgeprägt sind, je größer die Herausforderung der Etablierten durch die Newcomer, also je höher die *Qualität der Gründungen* ist. Ein empirischer Nachweis dieser Vermutung erfordert eine Messung der Qualität von Gründungen im Sinne der Herausforderung der Etablierten. Qualität von Gründungen in diesem Sinne lässt sich etwa mit folgenden Indikatoren messen:

- die Qualifikation des Gründers bzw. des Gründungsteams, wie z. B. höchster Ausbildungsabschluss oder Jahre an Branchenerfahrung etc.,
- die Motive für die Gründung (z. B. Gründung aus Not vs. Opportunity-

Gründung, Wachstumsorientierung einer Gründung),
- die Überlebensdauer einer Gründung am Markt (dahinter steht die Überlegung, dass Gründungen, die nach relativ kurzer Zeit wieder aus dem Markt austreten, im Vergleich zu länger existierenden Gründungen eine relativ geringe Wettbewerbsfähigkeit aufweisen),
- die Größe einer Gründung (Anzahl der Beschäftigten, Höhe der getätigten Investitionen) als Maß für die davon ausgelösten Effekte,
- die Wissensbasis einer Gründung, gemessen etwa anhand der Qualifikation des/der Gründer(s) oder der Patente, an denen der (die) Gründer als Erfinder mitgewirkt hat (haben),
- der Wirtschaftszweig, dem die Gründung zugeordnet ist (z. B. Gründungen in innovativen und wissensintensiven Branchen) sowie
- die Beteiligung eines privaten VC-Investors an einem Gründungsprojekt sowie die Höhe dieser Beteiligung als Maß für die vermuteten ökonomischen Potenziale einer Gründung.

Empirische Untersuchungen haben gezeigt, dass Gründungen im Verarbeitenden Gewerbe in der Regel einen deutlich stärkeren Effekt auf die wirtschaftliche Entwicklung in einer Region haben als Gründungen im Dienstleistungssektor. Da Gründungen im Verarbeitenden Gewerbe in der Regel größer starten und somit mehr Ressourcen erfordern als Gründungen in vielen Bereichen des Dienstleistungssektors, beruht dieses Ergebnis sicherlich teilweise auf einem Größeneffekt.

Sehr deutlich ist der Unterschied in den Wirkungen zwischen relativ kurzlebigen Gründungen (z. B. Gründungen, die vor Ablauf von einem oder zwei Jahren wieder aus dem Markt austreten) und solchen Gründungen, die sich längere Zeit am Markt behaupten können. Dabei sind Unterschiede insbesondere hinsichtlich der indirekten Effekte solcher längerfristig bestehenden Gründungen beobachtbar. Auch die Bedeutung der Größe von Gründungen – etwa gemessen mit der Beschäftigtenzahl – auf die Wirkungen konnte empirisch belegt werden. Weiterhin haben Gründungen, die mit einer signifikanten Innovation in den Markt eintreten oder deren Gründer besonders wachstumsorientiert ist, in aller Regel relativ stark ausgeprägte Wirkungen.

11.3.5 Unterschiede der Wirkungen des Gründungsgeschehens zwischen Regionen und Branchen

Die Wirkungen von Gründungen auf die wirtschaftliche Entwicklung können regional sehr unterschiedlich ausfallen. Am auffälligsten in dieser Hinsicht war in bisherigen empirischen Analysen der stark ausgeprägte Zusammenhang mit dem Verdichtungsgrad einer Region: Je höher die Bevölkerungsdichte bzw. je größer eine Stadt, desto stärker ist auch der positive Gesamteffekt von Gründungsaktivitäten. Ermittelt man die Lag-Struktur von Gründungen für Regionen mit unterschiedlicher Bevölkerungsdichte, so ist die Amplitude des Wellenmusters entsprechend ◻ Abb. 11.3 in den hoch verdichteten Regionen regelmäßig stärker ausgeprägt als in schwächer verdichteten Regionen. Weiterhin zeigt sich, dass der Wachstumseffekt, der durch eine bestimmte Steigerung der regionalen Gründungsrate erreicht werden kann, mit der bereits gegebenen Höhe der Gründungsrate geringer wird, was – ökonomisch gesprochen – abnehmende Grenzerträge von Gründungen für regionales Wachstum anzeigt. Demnach wäre der stärkste positive Wachstumseffekt von einer Steigerung des Niveaus an Gründungsaktivitäten in solchen hochverdichteten Regionen zu erwarten, in denen das bisherige Niveau an Gründungsaktivitäten relativ niedrig ist.

Die höheren Wachstumswirkungen von Gründungen in Verdichtungsgebieten können nicht auf direkte Effekte, also eine besonders expansive Entwicklung von dortigen Gründungen zurückgeführt werden (vgl. hierzu ▶ Abschn. 10.2.3.3 *Standortfaktoren und regionaler Kontext*), sondern sie beruhen so gut wie ausschließlich auf entsprechend stark ausgeprägten Unterschieden der indirekten Effekte. Dieser Befund, dass die Wachstumseffekte von Gründungen in Verdichtungsgebieten relativ stark ausgeprägt sind, lässt sich auf unterschiedliche Weise erklären. Eine solche Erklärung wäre, dass Gründungen in großen Städten eine höhere Qualität aufweisen. Da Verdichtungsgebiete mit den dort ansässigen Hochschulen und außeruniversitären Forschungseinrichtungen über eine breite Wissensbasis verfügen, und die Wirksamkeit einer solchen Wissensbasis in der Regel auf die jeweilige Region konzentriert ist, finden auch Gründungen in innovativen und wissensintensiven Wirtschaftszweigen vor allem in solchen Regionen statt, in denen sich Hochschulen und andere Forschungseinrichtungen befinden.

Eine weitere Erklärung für die stärker ausgeprägten Wachstumseffekte von Gründungen in Verdichtungsgebieten könnte die in solchen Regionen allgemein höhere Wettbewerbsintensität sein. Dabei gibt es deutliche Hinweise darauf, dass hierbei insbesondere die Wettbewerbsintensität auf den Inputmärkten, wie etwa dem Arbeitsmarkt oder dem Markt für Gewerbeflächen, von erheblicher Bedeutung ist. Demnach führt ein relativ hoher Wettbewerb in Verdichtungsgebieten zu vergleichsweise intensiver Auslese der Unternehmen und somit auch zu einer relativ hohen Wettbewerbsfähigkeit der überlebenden Gründungen. Dies impliziert, dass Unternehmen in Verdichtungsgebieten tendenziell eine höhere Wettbewerbsfähigkeit als Unternehmen in weniger stark verdichteten Regionen aufweisen.

Für eine zentrale Bedeutung der Intensität des regionalen Wettbewerbs für die Effekte von Gründungen gibt es eine Vielzahl von empirischen Hinweisen. Beispielsweise sind die Wirkungen dann relativ stark ausgeprägt, wenn die Gründungen vor allem in solchen Branchen stattfinden, die in der betreffenden Region stark vertreten sind. Auch konnte gezeigt werden, dass in Regionen, die ein relativ hohes Niveau an Gründungsaktivitäten aufweisen, die Verdrängungseffekte wesentlich stärker ausgeprägt sind, als in Regionen mit vergleichsweise niedrigen Gründungsraten.

Schließlich ergeben entsprechende empirische Analysen, dass die Wachstumseffekte von Unternehmensgründungen in solchen Regionen stärker ausgeprägt sind, in denen eine Tradition unternehmerischer Selbstständigkeit bzw. eine Entrepreneurship-Kultur vorhanden ist. Im Zusammenhang mit entrepreneurship-förderlichen Kontextbedingungen spricht man auch von Entrepreneurial Ecosystems (siehe ▶ Abschn. 12.3.2). Die Idee ist hierbei, dass umso mehr Gründungen stattfinden bzw. umso stärker deren Wirkungen ausfallen, desto funktionsfähiger sind die einzelnen Elemente eines solchen Ecosystems bzw. desto besser sind diese Elemente aufeinander abgestimmt.

🔲 Abb. 11.4 gibt einen Überblick über eine Reihe von Faktoren, die einen Einfluss auf die Wirkungen von Unternehmensgründungen auf die regionale Entwicklung haben können. Diese regionalen Gegebenheiten wie etwa die regionale Wissensbasis und die Intensität von Wissens-Spillovern, die Siedlungsstruktur, die Qualifikation des Arbeitskräftepotenzials und die Ergiebigkeit regionaler Inputmärkte können Determinanten der Anzahl regionaler Gründungen sowie der Qualität dieser Gründungen sein, und den wirtschaftlichen Erfolg der Newcomer sowie auch die Reaktion von etablierten Anbietern auf die Herausforderungen durch die neu in den Markt eintretenden Anbieter prägen. Eingebettet in diesen regionalen Kontext sind die Besonderheiten der jeweiligen Branche. Dies umfasst beispielsweise die branchenspezifischen Marktzutritts- und Marktaustrittsbarrieren, die Marktstruktur und die Intensität des Wettbewerbs, die technologische Entwicklung sowie das Entwicklungsstadium der Branche im Industrielebenszyklus.

Insgesamt weisen die bisher vorliegenden empirischen Befunde auf eine große Bedeutung des regionalen Kontext für das Gründungsgeschehen und die dadurch ausgelösten Wachstumseffekte hin. Über diesbezügliche Branchenunterschiede ist bisher nur sehr wenig bekannt.

11.3.6 Regionale Wachstumsregime

Regionen können große Unterschiede hinsichtlich ihrer Wachstumsbedingungen aufweisen, sodass die einzelnen Entwicklungsdeterminanten, wie etwa die durch Gründungen ausgelöste Marktdynamik, einen jeweils anderen Stellenwert haben. Da solche Unterschiede in den regionalen Wachstumsbedingungen auch jeweils unterschiedliche Problemlagen mit sich bringen, die entsprechend unterschiedliche wirtschaftspolitische Strategien erforderlich machen, ist es sinnvoll, zwischen verschiedenen Typen regionaler Wachstumsregime bzw. regionaler Entrepreneurship-Systeme zu unterscheiden.

Ein Beispiel für regional unterschiedliche Wachstumsbedingungen und somit unterschiedliche regionale Wachstumsregime waren und sind die Verhältnisse in ehemals sozialistisch regierten Ländern Mittel- und Osteuropas. In Deutschland betrifft dies die ostdeutschen Regionen der ehemaligen DDR. Während in Westdeutschland zum Zeitpunkt der Vereinigung mit dem östlichen Teil des Landes im Jahr 1990 bereits ein wohlorganisiertes und international wettbewerbsfähiges marktwirtschaftliches System existierte, musste ein solches marktwirtschaftliches System in den ostdeutschen Bundesländern erst etabliert werden. Diese Systemtransformation war mit der Einführung

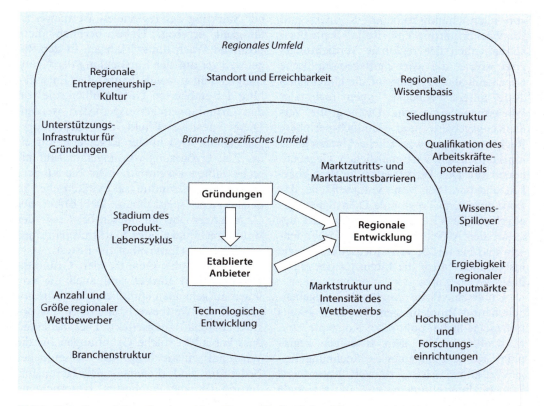

□ Abb. 11.4 Potenzielle regionale und branchenspezifische Einflussfaktoren auf die Wirkungen von Unternehmensgründungen

grundlegend anderer rechtlich-institutioneller Rahmenbedingungen sowie mit einer radikalen Umwälzung der Unternehmenslandschaft verbunden, wobei neugegründete Unternehmen eine herausragende Rolle gespielt haben. Im Rahmen dieses Prozesses hat es ca. 15 Jahre gedauert, bis das Niveau der unternehmerischen Selbstständigkeit in Ostdeutschland das westdeutsche Niveau erreicht hatte.

Ein mögliches Kriterium zur Unterscheidung regionaler Wachstumsregime ist der Stellenwert von Unternehmensgründungen für die wirtschaftliche Entwicklung. Während das Wachstum in einigen Regionen stark durch neue und junge Unternehmen getrieben ist, sind andere Regionen vor allem vom ökonomischen Erfolg bzw. Misserfolg eines oder einiger weniger alt-etablierter Großunternehmen geprägt. Ein wesentlicher Aspekt könnte auch

das Vorhandensein einer Entrepreneurship-Kultur sein. Wie stark ist eine Tradition unternehmerischer Selbstständigkeit in der Region verankert? Wie positiv oder negativ wird unternehmerische Initiative im sozialen Umfeld bewertet? Inwiefern ist die lokale Politik auf die Unterstützung von Unternehmensgründungen ausgerichtet? Stehen lokale Finanzierungsquellen für unternehmerische Projekte zur Verfügung?

Ein weiteres wesentliches Unterscheidungskriterium könnte die Art der regionalen Wissensbasis sein. Beruhen die Geschäftskonzepte und der Erfolg der regionalen Unternehmen vorwiegend auf aktueller Forschung in den Unternehmen und wissenschaftlichen Einrichtungen der Region (Beispiel Silicon Valley), oder spielen vor allem handwerkliches Können und Branchenerfahrung eine Rolle? Schließlich können auch der regionale Verdichtungsgrad sowie die wirtschaftsgeographische Lage sinnvolle Kriterien für die Unterscheidung unterschiedlicher Typen regionaler Wachstumsregime sein. Denn große Verdichtungsgebiete und ländlich-periphere Regionen weisen wesentliche Unterschiede hinsichtlich der wirtschaftlichen Gegebenheiten auf. Dies betrifft etwa die Verfügbarkeit und den Preis von Gewerbefläche, das Lohnniveau, das regionale Dienstleistungsangebot, die Vielfalt und Ergiebigkeit des regionalen Arbeitsmarktes, das Vorhandensein und die Größe von Hochschulen sowie insbesondere auch die Intensität des regionalen Wettbewerbs.

Unterschiedliche regionale Gegebenheiten und Problemlagen erfordern jeweils unterschiedliche politische Konzepte und Maßnahmen. Um dem jeweiligen regionalen Kontext angemessen Rechnung tragen zu können, ist es sinnvoll, wesentliche Entscheidungskompetenzen an regionale Akteure zu delegieren, da diese die regionalen Verhältnisse am ehesten kennen und bei der Ausgestaltung von Fördermaßnahmen berücksichtigen können. Eine für alle Regionen einheitliche Strategie („one size fits all"-Ansatz) ist angesichts der Vielfalt regionaler Problemlagen wenig sinnvoll!

11.4 Zusammenfassung wesentlicher Ergebnisse

Die Gründung eines Unternehmens stellt einen Marktzutritt dar, durch den die etablierten Anbieter mehr oder weniger stark herausgefordert werden. Der Effekt von Gründungen auf wirtschaftliches Wachstum ergibt sich aus dem Wettbewerb der Neugründungen mit den etablierten Unternehmen. Insbesondere langfristig können Gründungen einen deutlich positiven Effekt auf regionales Wachstum haben, wobei sich diese Wirkungen vor allem aus ei-

ner Stärkung der regionalen Wettbewerbsfähigkeit ergeben. Dabei beruhen diese positiven Wachstumswirkungen in der Regel weniger auf der Entwicklung der Gründungen selbst, sondern auf der Entwicklung der etablierten Unternehmen, die von den Gründungen herausgefordert werden. Dieser positive Effekt des Gründungsgeschehens wird in der Regel erst mit einer Zeitverzögerung von ungefähr fünf bis sechs Jahren erkennbar; über die kürzere Frist führen Gründungsaktivitäten eher zu einem Arbeitsplatzabbau. Der Effekt der Gründungen beruht wesentlich auf der Funktionsfähigkeit des Marktmechanismus im Sinne eines Survival of the Fittest.

Je höher die Qualität der Gründungen ist, desto stärker sind auch die von ihnen ausgehenden stimulierenden Wirkungen auf den Wettbewerb, und damit der positive Beschäftigungseffekt. Dies bedeutet, dass vor allem solche Gründungen für die Wirtschaftsentwicklung von wesentlicher Bedeutung sind, die eine starke Herausforderung für die etablierten Unternehmen darstellen. Folglich sollte sich die Gründungsförderung insbesondere auf Gründungen mit relativ hoher Qualität (z. B. innovative Gründungen) konzentrieren.

Hinsichtlich der Wirkungen von Gründungen auf Wachstum sind deutliche Unterschiede zwischen Regionen feststellbar. Dies zeigt an, dass die regionalen Umfeldbedingungen für die Effekte der Gründungen eine wesentliche Rolle spielen. Generell lässt sich feststellen, dass die positiven Wachstumseffekte von Gründungsaktivitäten in Verdichtungsgebieten deutlich stärker ausgeprägt sind als im ländlichen Raum, was vermutlich auf einen im Allgemeinen intensiveren Wettbewerb in Verdichtungsgebieten zurückzuführen ist. Darüber hinaus zeigt sich, dass die positiven Wachstumswirkungen einer Steigerung der Gründungsrate in Regionen mit einem niedrigen Ausgangsniveau der Gründungsaktivitäten stärker ausgeprägt sind, als in Regionen, die bereits eine relativ hohe

Gründungsrate aufweisen. Dies ließe sich als Hinweis darauf interpretieren, dass der Grenzertrag der Gründungsaktivitäten für die Wirtschaftsentwicklung mit ansteigender Gründungsrate abnimmt.

Entsprechend den regional unterschiedlichen Wachstumsbedingungen und den Unterschieden im Effekt von Gründungen auf die regionale Entwicklung, kann es sinnvoll sein, zwischen verschiedenen Typen von Wachstumsregimen zu unterscheiden, die jeweils unterschiedliche Entwicklungsbedingungen repräsentieren und eventuell auch dementsprechend unterschiedliche wirtschaftspolitische Strategien erfordern. Einen solchen Typ von Wachstumsregime stellen etwa die ehemals sozialistisch regierten Regionen, beispielsweise die ostdeutschen Bundesländer, dar. Als weitere Typisierungsmerkmale wäre etwa an den regionalen Verdichtungsgrad, die Art und das Ausmaß der regionalen Wissensbasis, sowie an das Vorhandensein einer unternehmerischen Tradition bzw. einer Kultur unternehmerischer Selbstständigkeit zu denken.

Für die Wirtschaftspolitik besteht die Herausforderung darin, für ein ausreichendes Niveau regionaler Gründungsaktivitäten sowie für eine hinreichende Qualität der Gründungsprojekte Sorge zu tragen und dabei auf die regionalen Bedingungen abgestimmte Maßnahmen zu ergreifen.

11.5 **Wesentliche Begriffe zu Kap. 11**

- Angebotseffekte
- Effekte von Gründungen
  - direkt
  - indirekt
- Entrepreneurship-Kultur
- Innovationen
- Marktselektion
- Qualität von Gründungen
- Regionale Wachstumsregime
- Strukturwandel
- Survival of the Fittest
- Verdrängungseffekte
- Vielfalt
- Wissensbasis
- Wissens-Spillover

Literaturhinweise

Zur Studie von David *Birch* (1979, 1981, 1987) und den Reaktionen darauf siehe *Storey* (1994) sowie *Landström* (2005).

Fritsch (2013) gibt einen ausführlichen Überblick über Ansätze zur Erklärung des Zusammenhanges zwischen Gründungsaktivitäten und wirtschaftlicher Entwicklung sowie über die Ergebnisse entsprechender empirischer Untersuchungen. Zur Quantifizierung der direkten Beschäftigungseffekte von Gründungen siehe *Fritsch* und *Noseleit* (2013) sowie *Schindele* und *Weyh* (2011). Die Wirkungen von Unternehmensgründungen auf die Produktivität etablierter Anbieter werden von *Fritsch* und *Changoluisa* (2017) sowie von *Changoluisa* und *Fritsch* (2020) eingehend analysiert.

Zu regionalen Unterschieden der Wirkungen von Unternehmensgründungen auf die Beschäftigung siehe *Fritsch* und *Schröter* (2011) sowie *Fritsch* und *Wyrwich* (2017). *Fritsch* und *Wyrwich* (2017) zeigen insbesondere auch einen positiven Zusammenhang zwischen einer regionalen Tradition unternehmerischer Selbständigkeit und den Wachstumswirkungen von Unternehmensgründungen auf. *Audretsch* und *Fritsch* (2002) stellen eine Systematisierung von regionalen Wachstumsregimen entsprechend des Stellenwerts von jungen Unternehmen für die wirtschaftliche Entwicklung vor.

Die Rolle der Gründungen im Transformationsprozess der Regionen der ehemaligen DDR wird in *Fritsch et al.* (2014) und *Wyrwich* (2014) herausgearbeitet.

Literatur

David B Audretsch Michael Fritsch 2002 Growth Regimes over Time and Space Regional Studies 36 113 124 ► https://doi.org/10.1080/00343400220121909

Birch, David L. (1979): The Job Generation Process, Cambridge, MA: MIT Program on Neighborhood and Regional Change (mimeo).

Birch, David L. (1981): Who creates jobs? *The Public Interest,* 65 (Fall), 3–14. ► https://www.nationalaffairs.com/public_interest/detail/who-creates-jobs

Birch, David L. (1987): *Job Creation in America: How Our Smallest Companies Put the Most People to Work.* New York: Free Press.

Changoluisa, Javier und Michael Fritsch (2020): New Business Formation and Incumbents' Perception of Competitive Pressure. *Review of Industrial Organization,* 56, 165-197. ► https://doi.org/10.1007/s11151-019-09699-1

Fritsch, Michael und Alexandra Schroeter (2011): Why Does the Effect of New Business Formation Differ Across Regions? *Small Business Economics,* 36, 383–400. ► https://doi.org/10.1007/s11187-009-9256-9

Fritsch, Michael (2013): New Business Formation and Regional Develop-ment—A Survey and Assessment of the Evidence. *Foundations and Trends in Entrepreneurship,* 9, 249–364. ► https://doi.org/10.1561/0300000043

Fritsch, Michael, Elisabeth Bublitz, Alina Sorgner und Michael Wyrwich (2014): How Much of a Socialist Legacy? The Re-emergence of Entrepreneurship in the East German Transformation to a Market Economy. *Small Business Economics,* 43, 427–446. ► https://doi.org/10.1007/s11187-014-9544-x

Fritsch, Michael und Florian Noseleit (2013): Investigating the Anatomy of the Employment Effect of New Business Formation. *Cambridge Journal of Economics,* 37, 349–377. ► https://doi.org/10.1093/cje/bes030

Fritsch, Michael und Javier Changoluisa (2017): New Business Formation and the Productivity of Manufacturing Incumbents: Effects and Mechanisms. *Journal of Business Venturing,* 32, 237–259. ► https://doi.org/10.1016/j.jbusvent.2017.01.004

Fritsch, Michael und Michael Wyrwich (2017): The Effect of Entrepreneurship for Economic Development – An empirical analysis using regional entrepreneurship culture. *Journal of Economic Geography,* 17, 157–189. ► https://doi.org/10.1093/jeg/lbv049

Landström, Hans (2005): David Birch. In: Hans Landström (ed.): Pioneers in Entrepreneurship and Small Business Research. Cham: Springer,159–172. ► https://doi.org/10.1007/0-387-23633-3_6

Schindele, Yvonne und Antje Weyh (2011): The Direct Employment Effects of New Businesses in Germany Revisited – An Empirical Investigation for 1976–2004. *Small Business Economics,* 36, 353–363. ► https://doi.org/10.1007/s11187-009-9218-2

Storey, David J. (1994): *Understanding the Small Business Sector.* London: Routledge.

Wyrwich, Michael (2014): Ready, Set, Go! Why are some regions entrepreneurial jump starters? *Annals of Regional Science,* 53, 487–513. ► https://doi.org/10.1007/s00168-014-0629-x

11

Entrepreneurship-Politik

Inhaltsverzeichnis

12.1   Gegenstand der Entrepreneurship-Politik – 163

12.2   Ziele der Entrepreneurship-Politik – 164

12.3   Mögliche Begründungen für eine Förderung von
        Entrepreneurship – 165
12.3.1 Marktversagen als Begründung von Entrepreneurship-
        Politik – 165
12.3.2 Systemversagen als Begründung von Entrepreneurship-
        Politik – 168

12.4   Strategien und
        Ansatzpunkte für Entrepreneurship-Politik – 169
12.4.1 Zwei Strategien der Entrepreneurship-Förderung – 169
12.4.2 Ansatzpunkte für eine Entrepreneurship-Politik – 170
12.4.3 Auswahl der Instrumente – 173

12.5   Möglichkeiten zur Förderung innovativer
        Gründungen – 173
12.5.1 Noch einmal: Merkmale innovativer Gründungen – 173
12.5.2 Ansatzpunkte speziell zur Förderung innovativer
        Gründungen – 174
12.5.3 Ausgewählte Instrumente zur Förderung innovativer
        Gründungen – 175
12.5.4 Schlussbemerkung zur Förderung innovativer
        Gründungen – 179

M. Fritsch und M. Wyrwich, *Entrepreneurship*,
https://doi.org/10.1007/978-3-658-34637-9_12

12.6   Zusammenfassung wesentlicher Ergebnisse – 179

12.7   Wesentliche Begriffe zu Kap. 12 – 180

Literaturhinweise – 181

Literatur – 181

Wesentliche Fragestellungen

- Welche Ziele verfolgt die Entrepreneurship-Politik?
- Auf welche Weise können Maßnahmen der Entrepreneurship-Politik, insbesondere der Gründungsförderung, gerechtfertigt werden? Inwiefern liegt hier ein Marktversagen vor?
- Was sind die wesentlichen Ansatzpunkte der Entrepreneurship-Politik?
- Welche Instrumente sind für eine Förderung von Entrepreneurship sinnvoll?
- Auf welche Weise kann man die Anzahl und die Qualität innovativer Gründungen erhöhen?

Gegenstand dieses Kapitels ist die Entrepreneurship-Politik. Ausgangspunkt ist eine Beschreibung von Entrepreneurship-Politik nach Gegenstand und Zielgruppen (▶ Abschn. 12.1). Daran anschließend wird auf die Ziele der Entrepreneurship-Politik (▶ Abschn. 12.2) und die Rechtfertigung von entsprechenden Maßnahmen eingegangen (▶ Abschn. 12.3). ▶ Abschn. 12.4 behandelt dann verschiedene Ansatzpunkte, Strategien und Maßnahmen der Entrepreneurship-Politik. Da – wie im vorherigen Kapitel argumentiert wurde – innovative Gründungen in besonderem Maße zur wirtschaftlichen Entwicklung beitragen können, sind sie für eine wachstumsorientierte Entrepreneurship-Politik von großem Interesse. ▶ Abschn. 12.5 berichtet von den Erfahrungen mit verschiedenen Ansatzpunkten und Instrumenten der Förderung innovativer Gründungen. Schließlich werden wesentliche Ergebnisse zusammengefasst und Schlussfolgerungen für eine primär auf die Förderung von wirtschaftlicher Entwicklung gerichtete Entrepreneurship-Politik gezogen (▶ Abschn. 12.6).

12.1 Gegenstand der Entrepreneurship-Politik

Allgemein umfasst Entrepreneurship-Politik sämtliche politischen Maßnahmen, die mit dem bewussten Ziel ergriffen werden, das Ausmaß an Unternehmertum und unternehmerischem Verhalten zu beeinflussen. *Bewusst* deshalb, um Nebeneffekte von solchen Maßnahmen auf Unternehmertum auszuschließen, die mit anderen Zielsetzungen etwa im Rahmen von Konjunktur- oder Wettbewerbspolitik verfolgt werden. Als direkte Adressaten einer solchen Entrepreneurship-Politik kommen alle Personen infrage, die sich unternehmerisch verhalten oder verhalten könnten. Dies umfasst im Wesentlichen Unternehmer sowie potenzielle Unternehmensgründer. Sofern die Entrepreneurship-Politik allgemein auf die Einstellung zum Unternehmertum in der Gesellschaft abzielt, ist auch die Bevölkerung insgesamt angesprochen.

Da das Ausmaß der in einem Land bzw. einer Region stattfindenden Gründungen, die Qualität – insbesondere die Innovativität – dieser Gründungen sowie ihre Wirkungen wesentlich von den jeweiligen Rahmenbedingungen beeinflusst werden, schließt Entrepreneurship-Politik auch die Gestaltung dieser Rahmenbedingungen mit ein. Besonders relevante Aktionsfelder sind in diesem Zusammenhang die Bildungs-, Hochschul- und Forschungspolitik, die Regulierung des Arbeitsmarktes und des Finanzsektors, die Steuerpolitik, das Unternehmensrecht und die Wettbewerbspolitik sowie die Offenheit einer Wirtschaft und ihre Einbindung in die globale Arbeitsteilung.

Je nach Zielgruppe lassen sich verschiedene Teilbereiche der Entrepreneurship-Politik unterscheiden. Als ein Vorläufer eines modernen Verständnisses von Entrepreneurship-Politik kann die Mittelstandspolitik angesehen werden, die auf besondere Probleme von kleinen und mittelgroßen Unternehmen zielt. Eng damit verknüpft ist die Gründungsförderung, die sowohl als allgemeine Politik als auch in Form von zielgruppenorientierten Programmen betrieben wird. Zielgruppenorientierte Maßnahmen der Gründungsförderung sind auf die spezifischen Problemlagen und Bedürfnissen einzelner Gruppen von potenziellen Gründern, wie z. B. Frauen, Migranten und Arbeitslose, ausgerichtet. Relativ häufig finden sich hier spezielle Programme für potenzielle Gründer innovativer Unternehmen wie etwa Studenten und Wissenschaftler (siehe Abschn. 12.5).

Die empirischen Erkenntnisse zu den Wirkungen von Entrepreneurship auf wirtschaftliche Entwicklung zeigen klar, dass die wesentlichen positiven Wachstumseffekte von Gründungen nicht kurzfristig, sondern erst nach einigen Jahren erkennbar werden. Weiterhin erweist sich das Niveau der Gründungsaktivitäten in einer Region bzw. Gesellschaft als langfristig recht konstant, was insbesondere eine entsprechende regionale bzw. nationale Entrepreneurship-Kultur widerspiegelt (hierzu ▶ Abschn. 8.6.2). Sowohl aus den langen Wirkungszeiträumen von Gründungen als auch aus der Persistenz des Niveaus von Entrepreneurship folgt, dass eine entsprechende Politik *langfristig* angelegt sein sollte. Insbesondere Maßnahmen, die auf eine Steigerung des Niveaus der Entrepreneurship-Aktivitäten abzielen, dürften in der Regel erst längerfristig erkennbare Effekte haben, die dann aber wahrscheinlich sehr nachhaltig sind. Schnelle Erfolge sind von der Entrepreneurship-Politik kaum zu erwarten. Dies spricht dafür, Entrepreneurship als eine dauerhafte Ressource, eine Art *Entrepreneurship-Kapital* anzusehen, wobei Gründungsförderung eine Investition in diese Ressource darstellt.

12.2 Ziele der Entrepreneurship-Politik

In den vorliegenden politischen Zielformulierungen wird die Förderung von Entrepreneurship vor allem damit begründet, dass hiermit eine Steigerung bzw. Absicherung von Wachstum und Wohlstand erreicht werden kann.[1] Andere häufig genannte Ziele, wie zum Beispiel die Integration von Arbeitslosen in den Wertschöpfungsprozess, die Förderung des Wettbewerbs durch Stimulierung von Marktzutritten, die Innovationsförderung, die Verbesserung der kommerziellen Verwertung von Wissen durch Ausgründung aus Ausbildungs- und Forschungseinrichtungen oder die Förderung von regionaler Diversifikation und Strukturwandel, stellen Unterziele des Wachstumsziels dar.

Die Förderung von Unternehmertum als Erwerbsform oder allgemein die Entwicklung hin zu einer mehr unternehmerischen Gesellschaft, dient dem übergeordneten gesellschaftlichen Ziel der Freiheit. Sofern von Handlungsfreiheit und den damit verbundenen Möglichkeiten zur Entfaltung persönlicher Potenziale Wohlstandswirkungen erwartet werden können, fördern die entsprechenden Maßnahmen letztendlich auch Wachstum und Wohlstand.

Aus der dominanten Stellung des Wohlstandszieles für die Entrepreneurship-Politik könnte man ableiten, dass sich die Gründungsförderung vor allem auf solche Projekte konzentrieren sollte, von denen positive Wachstumswirkungen zu erwarten sind. Nach den vorliegenden Erkenntnissen sind dies insbesondere innovative

---

1   Stellvertretend sei hier auf das Strategie-Papier der *Europäischen Kommission* zur Entrepreneurship-Politik „Europe 2020 – A strategy for smart, sustainable and inclusive growth" vom März 2010 verwiesen (▶ http://eur-lex.europa.eu/LexUriServ/LexUriServ.do?uri=COM:2010:2020:-FIN:EN:PDF).

und anderweitig qualitativ hochwertige Gründungen, die eine signifikante Herausforderung für die etablierten Unternehmen darstellen. Es ist allerdings eine offene Frage, inwiefern die Entstehung solcher hochwertigen Gründungen nicht wesentlich durch ein allgemein unternehmerisches Umfeld und damit auch durch die Existenz weniger hochwertiger Gründungen begünstigt wird. Schließlich können diverse Formen von Entrepreneurship eine wichtige Rolle als Quelle von Peer-Effekten von unternehmerischem Verhalten und für die Verstetigung einer Entrepreneurship-Kultur spielen.

12.3 Mögliche Begründungen für eine Förderung von Entrepreneurship

Die Rechtfertigung der Entrepreneurship-Politik mit dem Wachstumsziel ist aus mindestens zweierlei Gründen verkürzt und damit unbefriedigend. Denn für eine Begründung staatlicher Eingriffe im Rahmen einer marktwirtschaftlichen Ordnung ist erstens zu fragen, inwiefern diese Maßnahmen überhaupt notwendig sind und ob nicht die Aktivitäten privater Akteure von sich aus für ein ausreichendes bzw. „richtiges" Maß an Entrepreneurship sorgen. Entsprechend wäre als Begründung für die Notwendigkeit politischer Eingriffe zu zeigen, wieso die Steuerung durch den Markt ohne einen staatlichen Eingriff versagt und somit zu unbefriedigenden Ergebnissen führt. Zweitens bietet die Erkenntnis, dass Entrepreneurship förderlich für Innovation und Wachstum ist, noch keine Hinweise darauf, aus welchen Gründen der Markt versagt und wo wirkungsvolle staatliche Gegenmaßnahmen sinnvollerweise ansetzen sollten.

Für eine solche Analyse der Funktionsfähigkeit einer Marktwirtschaft in Bezug auf Entrepreneurship lassen sich zwei aufeinander aufbauende Ansätze unterscheiden.

Zunächst ist zu fragen, inwiefern in Bezug auf Entrepreneurship ein *Marktversagen* vorliegt und was die Ursachen dafür sind. Darüber hinaus sollte geklärt werden, inwiefern *systemische* Schwächen bzw. Fehlfunktionen bestehen, die mit den üblichen Kategorien für ein Marktversagen nicht erfasst werden. Im Folgenden behandelt ▶ Abschn. 12.3.1 die Begründung von Entrepreneurship-Politik mit Marktversagen; ▶ Abschn. 12.3.2 geht dann auf mögliche Begründungen aus systemischer Perspektive ein.

12.3.1 Marktversagen als Begründung von Entrepreneurship-Politik

Möglichen Ursachen für eine unbefriedigende Funktionsweise des Marktes, mit denen sich Entrepreneurship-Politik begründen ließe, sind positive externe Effekte, Unteilbarkeits-Probleme, Marktmacht, asymmetrische Information sowie Unsicherheit. Dabei besteht das Marktversagen dann in der Entstehung bzw. dem Erhalt ineffizienter Strukturen, die Einbußen an gesellschaftlichem Wohlstand nach sich ziehen. Eine weitere Form des Marktversagens kann in einer mangelnden, insbesondere einer zu langsamen Anpassung an sich wandelnde Rahmenbedingungen sowie einer zu geringen Innovationsleistung der Wirtschaft gesehen werden, die neben den genannten Faktoren eine Vielzahl weiterer Ursachen haben kann. Im Folgenden werden diese möglichen Ursachen und Formen eines Marktversagen in Bezug auf Entrepreneurship näher erläutert.

Ganz allgemein besteht ein *positiver externer Effekt* darin, dass ein Akteur für den Nutzen, den er für andere erzeugt, nicht hinreichend entlohnt wird. Im Rahmen des ökonomischen Grundmodells der vollständigen Konkurrenz lässt sich zeigen, dass durch solche positiven externen Effekte die

Anreize zu entsprechender Aktivität – hier: Entrepreneurship bzw. Unternehmensgründungen – aufgrund unvollständigen Ertrags zu gering sind. Aus diesem Grunde finden dann zu wenige Unternehmensgründungen statt. Um dieses Marktversagen zu verringern, ist es für die Politik gerechtfertigt und sinnvoll, Gründungsaktivitäten zu unterstützen.

Folgende Arten von positiven externen Effekten können durch Unternehmensgründungen erzeugt bzw. verstärkt werden:

- Eine erfolgreiche Gründung generiert *Wissen über die Tragfähigkeit einer Geschäftsidee bzw. eines neuen Produktes.* Hiervon können Nachahmer profitieren, ohne dass sie dafür eine entsprechende Gegenleistung erbringen müssen. Dies gilt insbesondere für Gründungen, die mit einem innovativen Angebot in den Markt eintreten: Der ökonomische Erfolg eines neuen Produktes oder einer neuen Dienstleistung signalisiert anderen Akteuren, dass ein entsprechender Markt vorhanden ist und stimuliert somit Nachahmer. Auch ein Misserfolg einer Gründung erzeugt Wissen, und zwar darüber, dass die zugrunde liegende Idee in der umgesetzten Art und Weise nicht ökonomisch tragfähig ist. Hieraus können andere (potenzielle) Unternehmen für ihre Vorhaben lernen. Die Anstrengungen des Unternehmers, der dieses Wissen erzeugt, werden über den Marktmechanismus nicht kompensiert.

- Ein weiterer positiver externer Effekt von Gründungen kann darin bestehen, dass sie als praktisches Rollenmodell für Unternehmertum *Peer-Effekte* generieren, die häufig zu einer Anregung der Gründungstätigkeit durch andere Personen führen. Die Wirksamkeit solcher *Peer-Effekte* ist häufig auf das räumliche Umfeld des Gründers konzentriert.

- Sofern Ausgründungen aus etablierten Unternehmen oder aus Forschungseinrichtungen mit einer *kommerziellen Verwertung von Wissen* verbunden sind, das

ohne die Gründung ungenutzt brachliegen würde, werden potenzielle positive externe Effekte von Forschungs- und Entwicklungsaktivitäten erst faktisch wirksam.

Unteilbarkeit von Ressourcen (ökonomisch präziser: die Subadditivität von Kostenfunktionen) ist die Ursache dafür, dass ein Unternehmen erst ab einer bestimmten Mindestgröße am Markt längerfristig wettbewerbsfähig sein kann (siehe ► Abschn. 9.3.2). Stellt diese mindestoptimale Größe ein wesentliches Hindernis für wirksamen Wettbewerb durch neue Anbieter dar, dann verfügen die am Markt etablierten Firmen eventuell über Marktmacht. Marktmacht eröffnet Spielräume zur Ausbeutung der Nachfrager durch eine zu geringe Angebotsmenge und überhöhte Preise, was zu Wohlfahrtseinbußen führt. Zudem kann Marktmacht die Leistungsanreize wesentlich mindern und dazu missbraucht werden, den Markteintritt von Konkurrenten zu be- oder verhindern. Die Gründungsförderung kann dazu beitragen, dass die auf einem Markt gegebene mindestoptimale Unternehmensgröße von neuen Unternehmen leichter erreicht wird. Der dadurch bewirkte intensivere Wettbewerb führt dann zu einer Verminderung der Marktmacht etablierter Anbieter und damit in der Regel zu mehr Effizienz und Wohlstand.

Probleme *asymmetrischer Information* können im Rahmen von Gründungsprozessen in mehrfacher Hinsicht relevant sein.

- Asymmetrische Information ist eine wesentliche Ursache für ein Versagen des Marktes für Gründungskapital in Form von *Kreditrationierung* (ausführlich hierzu ► Abschn. 7.2). Dabei besteht das Grundproblem darin, dass ein potenzieller Kreditgeber das Risiko eines Kreditausfalls nur ungenau einschätzen kann. Im Ergebnis ist dann das Ausmaß der Kreditvergabe zu gering. Besonders gravierend ist dieses Problem in Kombination mit hoher Unsicherheit in Bezug auf die Frühphasenfinanzierung innovativer Unternehmen (Seed-Finanzierung).

- Probleme asymmetrischer Information führen auch zu einer unzureichenden Funktionsweise von Märkten für Wissen. Viele potenzielle Unternehmensgründer benötigen eingehende Gründungsberatung bzw. Coaching, insbesondere wenn es sich um innovative Gründungsprojekte handelt. Da ein potenzieller Gründer den Wert von Beratung bzw. Coaching nur im Nachhinein genauer beurteilen kann, besteht eventuell ein Problem darin, dass dieser Wert im Vorhinein unterschätzt wird, und die Nachfrage systematisch zu gering ausfällt. Dies spräche dafür, solche Beratungsleistungen staatlicherseits zu subventionieren oder sogar unentgeltlich anzubieten.
- Für einen Gründer, der Beratungsleistungen in Anspruch nehmen will, kann ein wesentlicher Engpass darin bestehen, dass er die *Qualifikation eines Gründungsberaters bzw. Coaches* nicht hinreichend genau einschätzen kann. Zur Lösung dieses Problems wäre etwa an eine Zertifizierung von Beratern zu denken, durch die eine gewisse Mindestqualität gesichert wird.

Wie bereits vielfach hervorgehoben wurde, ist die Gründung eines Unternehmens mit verschiedenen Arten von Risiken behaftet. Dabei lassen sich zwei Arten von *Unsicherheit* unterscheiden. Erstens, die Unsicherheiten im wirtschaftlichen Umfeld, und zweitens, die Unsicherheit eines potenziellen Gründers über die eigenen unternehmerischen Fähigkeiten.

- Der Umgang mit Unsicherheit *des wirtschaftlichen Umfeldes* stellt einen Kernbereich unternehmerischer Tätigkeit dar. Diese Unsicherheiten sind Quelle von Chancen und Risiken unternehmerischen Handelns. Aus diesem Grunde wäre die vollständige Beseitigung solcher Unsicherheiten kein sinnvolles Ziel der Politik. Die Politik könnte aber dazu beitragen, unnötige Turbulenzen zu vermeiden, indem sie berechenbar ist und stabile Rahmenbedingungen schafft.
- Unsicherheit *über die eigenen unternehmerischen Fähigkeiten* kann dazu führen, dass Gründungen unzureichend vorbereitet sind oder dass solche Personen ein Unternehmen gründen, die aufgrund ihrer Persönlichkeitsmerkmale hierfür relativ schlecht geeignet sind. Ziel der Politik sollte es sein, potenzielle Gründer auf Defizite aufmerksam zu machen und entsprechende Fortbildung anzubieten.

Eine weitere mögliche Fehlfunktion des Marktes kann darin gesehen werden, dass die Geschwindigkeit, mit der sich die Marktteilnehmer an wandelnde Gegebenheiten anpassen, als zu niedrig, und die Innovationsleistung als zu gering angesehen wird. Dies kann ganz allgemein die Einführung von Neuerungen (z. B. neue Verfahren und neue Produkte) sowie insbesondere die Anpassung an Verschiebungen der Nachfrage, an veränderte Knappheitsverhältnisse sowie an den technologischen Wandel betreffen. Wesentliche Ursachen für eine solche *mangelnde Anpassungsgeschwindigkeit* können, neben den bereits weiter oben genannten Faktoren (externe Effekte, Unteilbarkeiten und Marktmacht, asymmetrische Information und Unsicherheit), in unzureichendem Wissen, geringer Änderungsbereitschaft („Schlafmützigkeit") und Risikoaversion sowie in zu geringem Wettbewerbsdruck gesehen werden. Auch die formalen und informellen Rahmenbedingungen können hierbei eine Rolle spielen. Sowohl die Förderung von Gründungen, insbesondere von innovativen Gründungen, als auch die Stimulierung von unternehmerischer Einstellung und einer Entrepreneurship-‚Kultur' können dazu dienen, die Anpassungsleistung der Marktakteure zu steigern.

Wie diese Ausführungen zeigen, folgen aus der Analyse von möglichem Marktversagen in Bezug auf Unternehmensgründungen eine ganze Reihe von Argumenten für eine Gründungsförderung. Aus einigen dieser Marktversagens-Tatbestände – etwa aus der Begründung für Gründungsförderung mit Problemen asymmetrischer Information und Unsicherheit – lassen sich bereits recht konkrete Anhaltspunkte für ursachenadäquate Eingriffe ableiten.

12.3.2 Systemversagen als Begründung von Entrepreneurship-Politik

Die Begründung staatlicher Politik mit einem Marktversagen liefert zwar eine Reihe von Hinweisen zu Ansatzpunkten für ein sinnvolles Eingreifen, legt aber nur einen Teil der bestehenden Funktionsdefizite und des sich daraus ergebenden Handlungsbedarfs offen. Die wesentliche Ursache für diese Unvollständigkeit besteht in zwei Beschränkungen des Modells der vollständigen Konkurrenz, das der Marktversagensanalyse zugrunde liegt. Erstens ist das Modell der vollständigen Konkurrenz im Kern ein statischer Ansatz, der dynamische Phänomene wie Investitionen, Innovation, Lernen und Wissensvermehrung im Zweifel nicht adäquat abbildet. Zweitens setzt das Modell der vollständigen Konkurrenz die Existenz von Institutionen, wie etwa der herrschenden rechtlichen Regeln, einfach voraus. Gelten die Annahmen des Modells der vollständigen Konkurrenz, so findet der Markt innerhalb eines jeden institutionellen Rahmens ein Optimum. Aus diesem Grunde ist es allenfalls nur beschränkt möglich, die Angemessenheit von Institutionen auf der Grundlage dieses Modells zu analysieren.

Diesen Defiziten der Marktversagensanalyse versucht der systemische Ansatz Rechnung zu tragen, der die Funktionsfähigkeit nationaler, sektoraler oder regionaler Entrepreneurship-Systeme (Entrepreneurship Ecosystems) zum Gegenstand hat (hierzu ▶ Abschn. 8.7). Neben dem Bemühen, die Determinanten von Entrepreneurship möglichst in ihrer Gesamtheit zu erfassen, ist es ein wesentliches Kennzeichen dieses Ansatzes, die Komplementaritäten und Wirkungszusammenhänge zwischen den relevanten Faktoren zu erfassen. Dabei besteht ein zentrales Ziel darin, die Engpässe für Entrepreneurship und wirtschaftliches Wachstum zu identifizieren. Anders als in der Theorie des Marktversagens, lässt sich auf der Grundlage dieses Ansatzes in der Regel kein anzustrebendes Optimum bestimmen. Vielmehr bleibt die Dosierung der erwünschten politischen Eingriffe offen.

In der Literatur werden insbesondere folgende Fälle eines Systemversagens angeführt, die über ein reines Marktversagen hinausreichen:

— *Inadäquate formale Institutionen* können etwa Regelungen des Arbeitsrechts (z. B. Konkurrenzschutz-Klauseln, Kündigungsschutz), ungerechtfertigte Marktzutrittsregulierungen (z. B. unangemessen hoher Aufwand für eine Gründung), des Steuerrechts oder unzweckmäßige Regelungen des Insolvenzrechts betreffen. Weiterhin können sich Regulierungen im Finanzsektor als hemmend für die Herausbildung eines Marktes für Venture Capital erweisen. Ein Problem kann auch darin bestehen, dass die verschiedenen institutionellen Regelungen nicht miteinander harmonieren. Ein Beispiel hierfür wäre etwa die Förderung der Vergabe von Venture Capital bei gleichzeitig stark beschränkten Möglichkeiten zum Verkauf von Unternehmensbeteiligungen.

— *Unzureichende Wissensbasis.* Da viele Arten von Entrepreneurship – insbesondere innovative Gründungen – auf dem vorhandenen Wissen beruhen, kann eben diese Wissensbasis einen wesentlichen Engpass für Anzahl und Qualität der entstehenden Gründungen darstellen. Die Politik müsste in diesem Falle nach Möglichkeiten suchen, die Wissensbasis zu erweitern, um damit die Entstehung von unternehmerischen Gelegenheiten zu fördern.

– *Unzureichende Qualifikationen und Fähigkeiten des Erwerbspersonenpotenzials sowie unzureichende Entrepreneurship-Kultur.* Bei relativ schwach ausgeprägten unternehmerischen Fähigkeiten, insbesondere auch, wenn unternehmerische Gelegenheiten nicht erkannt werden oder der Wille zu ihrer Umsetzung fehlt, werden die Potenziale der regionalen Wissensbasis nur unzureichend ausgeschöpft. Dies kann insbesondere auch viele derjenigen Faktoren betreffen, die unter dem Begriff der Entrepreneurship-Kultur zusammengefasst werden, wie etwa die Einstellungen der Bevölkerung zu Entrepreneurship und die allgemeine Wertschätzung unternehmerischer Tätigkeit (siehe hierzu ▶ Abschn. 5.4.4). Bei einer solchen Konstellation besteht der Engpass nicht in einer unzureichenden Wissensbasis; vielmehr müsste die Entrepreneurship-Förderung in diesem Fall versuchen, die unternehmerischen Fähigkeiten der Bevölkerung zu verbessern und die allgemeine Entrepreneurship-Kultur zu stimulieren.

12.4 Strategien und Ansatzpunkte für Entrepreneurship-Politik

12.4.1 Zwei Strategien der Entrepreneurship-Förderung

Man kann ganz allgemein zwei Grundausrichtungen einer Förderung von Entrepreneurship unterscheiden. Dabei handelt es sich um:

1. die Förderung von unternehmerischen Fähigkeiten, der Neigung zu unternehmerischer Selbstständigkeit sowie der Schaffung günstiger Rahmenbedingungen für Entrepreneurship (Enabling Policies) sowie
2. die Unterstützung von jungen Unternehmen nach erfolgter Gründung (Supporting Policies), etwa durch rechtliche Ausnahmeregelungen (z. B. im Arbeits- oder im Steuerrecht) oder durch direkte Subventionen.

Sofern im Rahmen der zweiten Strategie marktaktive Unternehmen unterstützt werden, besteht die Gefahr einer Beeinträchtigung der Marktselektion im Sinne eines Survival of the Fittest. Wie bei der Darstellung der Wirkungen von Gründungsprozessen auf wirtschaftliches Wachstum betont wurde, kann eine solche Verzerrung der Marktselektion die Entstehung positiver indirekter Effekte wesentlich negativ beeinträchtigen (siehe hierzu ▶ Abschn. 11.2). In der förderungspolitischen Praxis spielt eine Subventionierung von Gründungen bzw. jungen Unternehmen allerdings nur eine untergeordnete Rolle. Findet eine solche Förderung statt, so ist das Ausmaß der Unterstützung in der Regel derart gering, dass mit keiner wesentlichen Wettbewerbsverzerrung durch die Politik zu rechnen ist. Die Supporting Policies bilden einen Übergang von der Gründungsförderung zur allgemeinen Unterstützung der Wirtschaft, wie sie etwa im Rahmen von Mittelstands- und Regionalförderung erfolgt. Dies gilt insbesondere für Maßnahmen, die sich nicht nur auf junge, sondern auch auf etablierte klein- und mittelständische Unternehmen fokussieren.

Die Förderung von Entrepreneurship stellt einen Teilbereich der *Mittelstandspolitik* dar, deren Ziel in der Sicherung und Stärkung von kleinen und mittelgroßen Unternehmen besteht. Da die Mittelstandspolitik nicht nur auf neue und junge Unternehmen abzielt, geht sie weit über die Förderung von Entrepreneurship hinaus.

Einen Grenzfall, der zwischen diesen beiden Strategien liegt, stellt die Unterstützung von hochinnovativen Gründungen vor dem Marktzutritt dar, also z. B. die kostenlose Bereitstellung von Laboreinrichtungen, die Zuschüsse zum Lebensunterhalt des Gründers (Gründerstipendium), die Übernahme der Kosten für eine Patentanmeldung, etc. Zwar finden solche Formen der Unterstützung vor der Markteinführung des innovativen Produktes statt, dennoch kann ein Problem darin gesehen werden, dass das neue Unternehmen durch die Subventionierung der vor einem Markteintritt erforderlichen Aufwendungen einen Vorteil gegenüber etablierten Konkurrenten erlangt. Die Gefahr einer Verzerrung der Marktallokation durch diese Form der Förderung ist im Falle hochinnovativer Gründungen allerdings weit weniger gravierend als bei nicht-innovativen Gründungen, da der Markt bzw. das Marktsegment für das neue Produkt im Zweifel noch gar nicht existiert.

Ein mögliches Problem einer Gründungsförderung könnte darin bestehen, dass der Politik im Falle eines Scheiterns eine Mitschuld gegeben wird. Im Extremfall könnte sich die Gründungsförderung dem Vorwurf ausgesetzt sehen, dass sie Menschen dazu verleitet, leichtsinnig ihre Lebensersparnisse zu verspielen und somit die Politik eher Schaden anrichtet als Nutzen stiftet. Gründungsförderung ist also nicht in jeder Form und Intensität positiv zu beurteilen. Es kommt sehr auf die Art und Weise sowie auf die Intensität an, mit der diese Förderung betrieben wird.

12.4.2 Ansatzpunkte für eine Entrepreneurship-Politik

Übersicht 12.1 zeigt die wesentlichen Ansatzpunkte der Entrepreneurship-Politik. An erster Stelle sind *grundlegende Rahmenbedingungen* genannt. Von zentraler Bedeutung ist hier die Handlungs- und Gewerbefreiheit, also der rechtliche Spielraum für legales unternehmerisches Handeln. Eine wesentliche Voraussetzung für fairen Wettbewerb zwischen neuen und etablierten Unternehmen ist der diskriminierungsfreie Zugang zu Ressourcen. Klare und mit geringem Aufwand durchsetzbare rechtliche Regeln sowie Rechtssicherheit bei der Durchsetzung von privaten Vereinbarungen erleichtern Zusammenarbeit und Arbeitsteilung. Dies betrifft insbesondere den Schutz von privatem Eigentum sowie von Handlungs- und Verfügungsrechten (Property Rights). Damit eng verknüpft ist die Funktionsfähigkeit der staatlichen Verwaltung, insbesondere Transparenz des Handelns und Prävention von Korruption.

Ein weiteres wichtiges Handlungsfeld betrifft die *Anreize zu unternehmerischer Selbstständigkeit*. Von grundlegender Bedeutung ist hier die Regulierung des Marktzutritts, die festlegt, unter welchen Bedingungen ein Marktzutritt überhaupt rechtlich zulässig ist und mit welchen Kosten er verbunden ist. Dies betrifft insbesondere den Aufwand der Registrierung eines Unternehmens wie etwa die Gewerbeanmeldung. Weiterhin können bestimmte Regulierungen für bestimmte Märkte bzw. Produkte (etwa subjektive Marktzugangsbeschränkungen wie die Meisterqualifikation in Handwerksberufen) von wesentlicher Bedeutung sein. Für die Höhe des persönlichen Einkommens des Unternehmers direkt relevant sind die Höhe der Einkommens- und der Unternehmenssteuern sowie der Kosten der sozialen Absicherung bei selbstständiger Tätigkeit.

Die Arbeitsmarktregulierung etwa in Form der Regelung des Kündigungsschutzes gibt den rechtlichen Rahmen für Handlungsmöglichkeiten des Gründers als Arbeitgeber vor. Administrative Belastungen umfassen neben dem mit einer Gründung verbundenen bürokratischen Aufwand die bestehenden statistischen und steuerlichen Berichtspflichten. Ein weiterer Bereich der institutionellen Rahmenbedingungen, der für die Entscheidung über unternehmerische

---

▣ **Übersicht 12.1** Ansatzpunkte einer Entrepreneurship-Politik

---

Grundlegende Rahmenbedingungen
- Handlungs- und Gewerbefreiheit
- Diskriminierungsfreier Zugang zu Ressourcen
- Gut durchsetzbare rechtliche Regelungen
- Schutz von Privateigentum sowie Handlungs- und Verfügungsrechten
- Funktionsfähige staatliche Verwaltung ohne Korruption

Anreize für unternehmerische Selbstständigkeit
- Markteintritts-Barrieren und Produktmarktregulierungen
- Allgemeine Steuerpolitik
- Kosten der sozialen Absicherung (Sozialversicherungssystem)
- Arbeitsmarktregulierung (z. B. Kündigungsschutz)
- Verringerung der administrativen Belastung für Unternehmen (z. B. Berichtspflichten)
- Marktaustrittsregulierung (Insolvenzrecht)
- Subventionen bzw. Steuervorteile für junge Unternehmen

Schaffung unternehmerischer Gelegenheiten
- Investition in die Wissensbasis (Bildung und F&E)
- Technologietransfer
- Beeinflussung von Niveau und Struktur der privaten Nachfrage
- Öffentliche Beschaffung
- Wettbewerbs- und Handelspolitik (Internationalisierung)

Verbesserung von unternehmerischen Fähigkeiten
- Vermittlung von Kenntnissen über ökonomische Zusammenhänge in der Ausbildung
- Angebot von Entrepreneurship-Kursen

Unterstützung des Gründungsprozesses
- Beratungs-Infrastruktur, Coaching-Angebote, Boot-Camps
- Bereitstellung geeigneter Geschäftsräume, Produktionsflächen und gegebenenfalls Laboreinrichtungen

Verfügbarkeit von Kapital
- Regulierung des Kapitalmarktes
- Verbesserung der Rahmenbedingungen für Kapitalmärkte, Venture Capital und Buyouts
- Bereitstellung von Seed-Kapital durch staatliche Stellen
- Kredite, Subventionen, Bürgschaften

Verbesserung der Funktionsfähigkeit des nationalen und der regionalen Entrepreneurship-Systeme
- Überprüfung der Vollständigkeit und eventuell Ergänzung des Entrepreneurship-Systems
- Überprüfung und gegebenenfalls Verbesserung der Kompatibilität der verschiedenen Elemente des Entrepreneurship-Systems
- Stärkung der Zusammenarbeit der für Entrepreneurship relevanten Akteure

Schaffung bzw. Unterstützung einer Entrepreneurship-Kultur
- Kommunikation von unternehmerischen Rollen-Modellen/Stimulierung von Peer-Effekten
- Vermittlung eines realistischen Unternehmerbildes
- Förderung unternehmerischer Werte (z. B. Individualismus) und Verhaltensweisen, wie Initiative, Selbstverwirklichung, Eigenverantwortlichkeit und Kreativität

---

Selbstständigkeit wichtig sein kann, ist die Marktaustrittsregulierung, also z. B. die Ausgestaltung des Insolvenzrechts, die wesentlichen Einfluss auf die mit einem Scheitern einer Unternehmung verbundenen Kosten hat. Schließlich sind hier Subventionen bzw. Steuervorteile für junge Unternehmen im Rahmen einer Supporting Policy zu nennen.

Eine wichtige Stoßrichtung der Politik kann die *Schaffung unternehmerischer Gelegenheiten* sein. Dies können zum einen Investitionen in die Wissensbasis beinhalten, also die Förderung von Bildung sowie die

Förderung von Forschung und Entwicklung. Wesentliche Bedeutung kann in diesem Zusammenhang der Förderung der Überführung von Wissen (Erfindungen) in die kommerzielle Anwendung (Technologietransfer) zukommen. Unternehmerische Gelegenheiten lassen sich auch durch Nachfragesteuerung sowie durch die Vorgehensweise bei der Beschaffung durch die öffentliche Hand beeinflussen (z. B. durch systematische Bevorzugung bestimmter Produkte). Die Wettbewerbspolitik beeinflusst allgemein die Bestreitbarkeit von Märkten. Die Handelspolitik bestimmt die Möglichkeiten der internationalen Arbeitsteilung und entsprechender Spezialisierung, wobei der Zugang zu ausländischen Märkten die Absatzmöglichkeiten und damit die Wachstumspotenziale der Unternehmen erhöht.

Ein weiterer wesentlicher Ansatz der Entrepreneurship-Politik besteht in der *Verbesserung der unternehmerischen Fähigkeiten* der Bevölkerung. Dies betrifft etwa sämtliche Stufen des Bildungssystems. Konkret kann dies die Vermittlung von Kenntnissen über ökonomische Zusammenhänge und eines realistischen Unternehmerbildes in der Schule sowie das Angebot spezieller Entrepreneurship-Kurse an Hochschulen sowie in der Berufsausbildung umfassen.

Für die *Unterstützung des Gründungsprozesses* kann sich eine Infrastruktur von leicht zugänglichen Beratungs- und Coaching-Angeboten als sehr hilfreich erweisen. Ziele sind dabei insbesondere die Entwicklung des Gründungskonzeptes sowie die Verbesserung der unternehmerischen Qualifikationen des Gründers. Weitere Unterstützungsmöglichkeiten sind die Bereitstellung geeigneter Geschäftsräume, Produktionsflächen und gegebenenfalls Laboreinrichtungen, etwa im Rahmen von Inkubatoren (z. B. Innovations- und Gründerzentren); hierzu ▶ Abschn. 12.5.3.3.

Ist eine unternehmerische Gelegenheit erkannt, so kann ein wesentlicher Engpass für deren Umsetzung in der *Verfügbarkeit von Kapital* bestehen. In diesem Zusammenhang sind sämtliche Maßnahmen relevant, die auf eine Überwindung von Kreditrationierung bzw. auf die Verfügbarkeit von Gründungskapital gerichtet sind. Konkret umfasst dies insbesondere die Regulierung des Kapitalmarktes, etwa der Rahmenbedingungen für Venture Capital (z. B. Möglichkeiten für den Handel von Unternehmensbeteiligungen). Geht man davon aus, dass private Investoren sich nicht in dem gesellschaftlich erwünschten Ausmaß in der Seed-Phase neuer Unternehmen beteiligen, dann können staatliche Eingriffe etwa in Form von Beteiligungen, Krediten, Subventionen oder Bürgschaften Abhilfe schaffen.

Maßnahmen zur *Verbesserung der Funktionsfähigkeit eines nationalen oder regionalen Entrepreneurship-Systems* sind zum einen die Überprüfung der Vollständigkeit und der Kompatibilität der vorhandenen Komponenten sowie die Durchführung entsprechender Veränderungen. Zum anderen kann die Funktionsfähigkeit des Systems häufig durch eine Stärkung der Zusammenarbeit der für Entrepreneurship relevanten Akteure verbessert werden.

Schließlich kann die Funktionsfähigkeit des Entrepreneurship-Systems durch die *Schaffung bzw. Unterstützung einer Entrepreneurship-Kultur* verbessert werden. Dabei besteht das Ziel vor allem darin, eine angemessene Wertschätzung von unternehmerischer Selbstständigkeit in der Bevölkerung zu stimulieren, was auch zu einer höheren Gründungsneigung führen kann. Dies beinhaltet insbesondere die Vermittlung eines realistischen Unternehmerbildes, die Einbindung von unternehmerischen Rollenmodellen in politischen Kampagnen, die Stimulierung von Peer-Effekten sowie die Förderung unternehmerischer Werte und Verhaltensweisen.

Die meisten der hier genannten Bereiche einer Entrepreneurship-Politik sind klar der Strategie der Förderung von Gründungsneigung und Gründungsfähigkeiten (Enabling

Policies) zuzuordnen. Nur sehr wenige dieser Maßnahmenbereiche beinhalten eine besondere Unterstützung junger Unternehmen nach erfolgter Gründung (Supporting Policies), etwa durch direkte Subventionen.

12.4.3 Auswahl der Instrumente

Empirische Studien zeigen, dass deutliche internationale sowie insbesondere auch interregionale Unterschiede bezüglich der Voraussetzungen und Rahmenbedingungen für unternehmerische Aktivitäten bestehen, die bei der Auswahl und Implementation der Instrumente der Entrepreneurship-Politik zu berücksichtigen sind. Es gibt keine einheitliche („one size fits all') Entrepreneurship-Politik, die für alle Länder bzw. Regionen in gleichem Maße geeignet ist. Aus diesem Grund sollte der Auswahl der Politikmaßnahmen eine Bestandsaufnahme der jeweiligen Gegebenheiten vorausgehen. Da sich diese Gegebenheiten auch in regionaler Hinsicht stark unterscheiden können (→ ▶ Abschn. 8.6 und 11.3.6), sollte die Politik regionsspezifisch ausgestaltet sein. Dabei bietet es sich insbesondere an, regionale Akteure einzubeziehen und wesentliche Entscheidungskompetenzen auf der regionalen Ebene zu verankern.

Die Kompetenzen und Zuständigkeiten einer regional orientierten Gründungsförderung sollten klar und transparent ausgestaltet sein. Wichtig ist dabei, für die verschiedenen Gruppen von potenziellen Gründern jeweils geeignete Ansprechpartner zu haben und die Unterstützungsangebote gut auf die Bedürfnisse der jeweiligen Gruppen anzupassen. So bieten sich als Ansprechpartner für gründungsinteressierte Studenten und Wissenschaftler vor allem Hochschulen und andere Forschungseinrichtungen an, während für andere Personengruppen eventuell eher die Kammern und Berufsvereinigungen geeignet sind. Insbesondere die Problemlagen und Bedürfnisse innovativer Gründer erweisen sich häufig als sehr spezifisch und erfordern spezielle Angebote.

12.5 Möglichkeiten zur Förderung innovativer Gründungen

12.5.1 Noch einmal: Merkmale innovativer Gründungen

Die Bedeutung innovativer Gründungen für wirtschaftliche Entwicklung wurde bereits mehrfach hervorgehoben. Innovative Gründungen können in besonderem Maße eine Herausforderung für etablierte Firmen darstellen und aus diesem Grunde relativ intensive Wachstumsimpulse generieren. Die üblichen Instrumente zur Förderung von nicht-innovativen Gründungen greifen für innovative Gründungsvorhaben zu kurz. Die Ursachen hierfür liegen in den typischen Merkmalen innovativer Gründungen, die bereits bei der Behandlung von Venture Capital als Gründungsfinanzierung (▶ Abschn. 7.4.1) angesprochen wurden. Diese Besonderheiten innovativer Gründungen bestehen vor allem hinsichtlich folgender Punkte:

- Es liegt noch kein ausgereiftes und marktfähiges Produkt vor. Nicht selten existiert lediglich ein vages Konzept, dessen Weiterentwicklung bis zu einem Prototyp erhebliche Forschungs- und Entwicklungsaufwendungen erfordert, die mit einem relativ hohen Risiko des Scheiterns behaftet sind. Für eine Entwicklung bis zur Marktreife besteht erheblicher Finanzierungsbedarf.
- Für eine Finanzierung innovativer Gründungsprojekte bis zur Marktreife des Produktes ist Kreditfinanzierung weitgehend ungeeignet, da noch keine Umsätze vorhanden sind und das Unternehmen daher auch keine Zinsen und Tilgungszahlungen erwirtschaften kann. Darüber hinaus verfügen die Gründer in der Regel kaum über ausreichend

Eigenkapital, das als Sicherheit für den Kredit dienen könnte. Die Lösung für dieses Problem besteht in der Beteiligungsfinanzierung mit Venture Capital. Ein wesentliches Problem hierbei ist, dass private VC-Geber in der frühen Entwicklungsphase einer innovativen Gründung (Seed-Phase) sehr zurückhaltend sind und man daher von einem Marktversagen aufgrund von asymmetrischer Informationsverteilung und Unsicherheit sprechen kann.

- Häufig haben innovative Gründer intensiven Beratungsbedarf, sowohl hinsichtlich der technologischen Erfordernisse als auch im kaufmännischen Bereich. Die erforderliche Betreuung (Coaching) innovativer Gründer geht weit über die normale Gründungsberatung für nicht-innovativer Gründer hinaus. Oft können die Probleme nicht von einem einzelnen Spezialisten allein, sondern nur in Zusammenarbeit innerhalb eines Netzwerkes von Spezialisten angemessen gelöst werden.
- Der ganz überwiegende Anteil der Gründer innovativer Unternehmen hat einen Hochschulabschluss oder hat zumindest einige Zeit lang an einer Hochschule studiert. Dies weist auf die wichtige Rolle des an den Hochschulen vorhandenen Wissens für innovative Gründungen bzw. auf die Bedeutung eines Hochschulstudiums als Qualifikation für Gründer innovativer Unternehmen hin. Allerdings erfolgt die Gründung in der Regel nicht direkt aus der Hochschule heraus, sondern nach einer längeren Zeit der Berufstätigkeit, wenn der Kontakt zur Hochschule im Zweifel bereits abgerissen ist.

Wie bereits im Rahmen der Übersicht über die sektorale Struktur des Gründungsgeschehens dargestellt (▶ Abschn. 3.5), machen hochinnovative Gründungen lediglich einen kleinen Bruchteil sämtlicher Gründungen aus.

12.5.2 Ansatzpunkte speziell zur Förderung innovativer Gründungen

Die allgemeinen Maßnahmen der Entrepreneurship-Förderung wie etwa die Schaffung günstiger institutioneller Rahmenbedingungen, Bildung und Förderung unternehmerischer Fähigkeiten, Stärkung systemischer Effekte sowie die Schaffung einer Entrepreneurship-Kultur, dürften sich positiv sowohl auf die Anzahl wie auch auf die Qualität innovativer Gründungsprojekte auswirken. Maßnahmen, die speziell auf innovative Gründungsprojekte abzielen, wären insbesondere:

- Sicherstellung eines hohen Niveaus, insbesondere an anwendungsorientierter Forschung als Quelle für unternehmerische Gelegenheiten.
- Sensibilisierung von Studierenden an den Hochschulen für die Möglichkeit der unternehmerischen Selbstständigkeit und Stimulierung von Kontakten zu Rollenvorbildern innovativer Gründer; Erzeugung einer Entrepreneurship-freundlichen Atmosphäre an Hochschulen und Vermittlung unternehmerischer Fähigkeiten (Entrepreneurial University).
- Finanzielle und sachliche Unterstützung bei der Konkretisierung innovativer Geschäftsideen. Angebote öffentlicher Forschungseinrichtungen für Beratung innovativer Gründungen und gegebenenfalls Vermittlung von F&E-Kooperation.
- Organisation eines Pools an qualifizierten Beratern, die bei der Betreuung von innovativen Gründungen zusammenarbeiten und ihre jeweiligen Spezialkenntnisse einbringen. Zertifizierung von Gründungsberatern zur Sicherstellung einer bestimmten Mindestqualität.
- Mehrstufig angelegte Businessplan-Wettbewerbe, die speziell auf innovative Gründungen abzielen. Mehrstufigkeit eines Businessplan-Wettbewerbs be-

deutet, dass Preise für unterschiedliche Phasen des Gründungsprozesses, wie z. B. Gründungsidee, Marketingkonzept etc., vergeben werden. Ein wesentlicher Zweck derartiger mehrstufiger Businessplan-Wettbewerbe besteht darin, möglichst frühzeitig einen Kontakt zu potenziellen Gründern aufzubauen und sie bei ihrem Projekt zu betreuen. Insbesondere kann der Gründer durch einen mehrstufigen Aufbau gezieltes Feedback zu einzelnen Phasen des Gründungsprozesses erhalten.

– Sicherstellung eines gut funktionsfähigen Marktes für Beteiligungskapital (VC) ergänzt um öffentliche Angebote von Seed-Kapital für die Frühphasen-Finanzierung innovativer Gründungen.

Da die Gründung eines Unternehmens in der Regel stark von den regionalen Gegebenheiten geprägt ist (hierzu insbesondere ▶ Abschn. 7.4), sollten die entsprechenden Förderangebote auch möglichst *vor Ort,* also in der entsprechenden Region verfügbar sein. Wie die Gründungsförderung im Allgemeinen, so sollte auch speziell die Förderung innovativer Gründungen zu einem wesentlichen Teil dezentral erfolgen.

12.5.3 Ausgewählte Instrumente zur Förderung innovativer Gründungen

Aus der Vielfalt der möglichen Instrumente zur Förderung innovativer Gründungen werden im Folgenden drei wesentliche Bereiche betrachtet. Dabei handelt es sich einmal um Maßnahmen, die darauf gerichtet sind, die Funktion von Hochschulen als Inkubator für innovative Gründungen zu verstärken (▶ Abschn. 12.5.3 *Verstärkung der Rolle von Hochschulen als Inkubator für innovative Gründungen*). Der darauf folgende ▶ Abschn. 12.5.3 behandelt *staatliche Finanzierungshilfen für innovative Gründungen.*

Schließlich werden Innovations- und Gründerzentren als Instrument zur Förderung innovativer Gründungen beleuchtet (▶ Abschn. 12.5.3 *Inkubatoren (Technologie- und Gründerzentren) und Akzeleratoren.*

Verstärkung der Rolle von Hochschulen als Inkubator für innovative Gründungen

Da die überwiegende Mehrzahl der Gründer innovativer Unternehmen eine Hochschule besucht hat, liegt es nahe, in den Hochschulen einen wesentlichen Ansatzpunkt für die Förderung von Entrepreneurship zu sehen. Die Förderung von Entrepreneurship stellt ein wesentliches Element der sogenannten *Dritten Mission* von Hochschulen dar, womit, neben den Aufgaben der Forschung und der Lehre, der Transfer des vorhandenen Wissens in die kommerzielle Verwertung gemeint ist.

Empirische Untersuchungen zeigen klar, dass die Anzahl der Gründungen aus Hochschulen zwischen den Einrichtungen stark variiert. Besonders markant ist in dieser Hinsicht das in Boston (USA) ansässige *Massachusetts Institute of Technology* (MIT), das in den USA hinsichtlich der Anzahl der Gründungen seit langer Zeit einen Spitzenplatz einnimmt. Insgesamt haben die von Absolventen und Mitarbeitern des MIT gegründeten Unternehmen die Wirtschaftsentwicklung der Region stark geprägt. Ein solch positiver Effekt der Hochschulen für die regionale Entwicklung lässt sich – wenn auch in der Regel deutlich schwächer ausgeprägt – für viele andere Hochschulen bzw. Regionen feststellen. Das MIT wird vielfach als Leitbild für eine *Entrepreneurial University* angesehen. Damit ist eine Hochschule gemeint, die relativ viele innovative Gründungen hervorbringt.

Die großen Unterschiede zwischen den Hochschulen in Bezug auf die Anzahl der induzierten Gründungen legen die Frage nahe, was die besonders gründungsintensiven Hochschulen von anderen

Einrichtungen unterscheidet. Ein Grund für solche Unterschiede in der Anzahl der induzierten Gründungen kann die Struktur der an einer Hochschule vertretenen Fachrichtungen sein, denn Gründer innovativer Unternehmen kommen vor allem aus den Ingenieur- und Naturwissenschaften. Abgesehen von solchen Unterschieden der an einer Hochschule vertretenen Fachrichtungen heben entsprechende Fallstudien vor allem zwei Bereiche hervor, nämlich das Vorhandensein einer Entrepreneurship-Kultur an einer Hochschule sowie die Unterstützung von Gründungsprojekten.

Maßnahmen, die typischerweise von Hochschulen zur *Unterstützung von Gründungsprojekten* ergriffen werden, sind Beratung und Coaching, Zugang zu Laboratorien und sonstigen Einrichtungen, Bereitstellung von Räumlichkeiten (z. B. in Gründerzentren), Einbindung in das Unterstützungsnetzwerk der Hochschule sowie Beratung und finanzielle Hilfe bei der Patentierung von Erfindungen, die für das Geschäftsmodell einer Gründung wesentlich sind. Sofern die Existenz von Schutzrechten eine gewisse Qualität einer Gründung signalisiert, kann dies den Unternehmen die Startphase erleichtern. Insbesondere erhöht sich damit häufig auch die Aussicht auf Einwerbung von Beteiligungskapital (VC).

Die Faktoren, die zur *Entstehung und Verbreitung einer Entrepreneurship-Kultur* an einer Hochschule beitragen, lassen sich gemäß dem aktuellen Stand des Wissens nur unscharf benennen. Die entsprechenden Studien deuten darauf hin, dass ein hohes Maß an Kooperation mit privaten Unternehmen sowie häufiger und enger Kontakt mit unternehmerischen Rollenmodellen – z. B. mit ehemaligen Studenten (Alumni), die Unternehmen gegründet haben – für eine solche Entrepreneurship-Kultur förderlich sind. Weiterhin konnte gezeigt werden, dass sich Zusammenarbeit von Hochschulforschern mit privaten Firmen positiv auf deren Einstellung und Neigung zur Kommerzialisierung

von Forschungsergebnissen auswirkt. Entsprechend weisen Hochschulen mit relativ vielen Gründungen von Studierenden und Mitarbeitern auch eine stark ausgeprägte Anwendungsorientierung der Forschung auf. Das Angebot von Kursen, in denen Kenntnisse für Gründungsmanagement und Unternehmensführung vermittelt werden, dürfte ebenfalls einen positiven Effekt haben. Insbesondere können solche Kurse ein Bild von den Anforderungen an die Gründung und Führung eines Unternehmens vermitteln sowie den potenziellen Gründern dabei helfen, ihre unternehmerischen Fähigkeiten realistisch einzuschätzen.

Da der Großteil der innovativen Gründungen nicht direkt nach dem Studium, sondern erst nach einer längeren Phase in abhängiger Beschäftigung erfolgt (siehe ▶ Abschn. 6.3.3), ist die Erfassung des Einflusses der Hochschulen auf Gründungsneigung und Gründungserfolg schwierig. Am zuverlässigsten lassen sich diese Wirkungen auf der Grundlage von Informationen über die Karriereverläufe ehemaliger Studierender und Mitarbeiter (Alumni-Studien) ermitteln, wie sie für einige wenige Hochschulen vorliegen. In einer entsprechenden Studie für das MIT konnte festgestellt werden, dass ca. 24 % aller ehemaligen Studierenden und Mitarbeitern dieser Hochschule während ihrer beruflichen Karriere mindestens ein Unternehmen gegründet haben. Da Gründungen in aller Regel nahe am Wohnort des Gründers erfolgen, ist dies nach einer längeren Phase der Berufstätigkeit vielfach nicht der Standort der Inkubator-Hochschule. Entsprechend stellt die MIT Alumni-Studie fest, dass sich weniger als ein Drittel der Arbeitsplätze der von MIT- Absolventen und Mitarbeitern gegründeten Unternehmen im selben US-Bundesstaat wie das MIT (Massachusetts) befinden.

In Deutschland werden Gründungen aus Hochschulen und die Ausrichtung von Hochschulen auf Entrepreneurship seit Ende der 1990er-Jahre im Rahmen

12

des EXIST-Programms gefördert. Ein wesentliches Ziel dieses Programmes besteht darin, die Förderung von Gründungen aus Hochschulen sowie die Entstehung einer Gründungskultur an Hochschulen zu stimulieren. Weiterhin soll der Aufbau von Unterstützungsnetzwerken für innovative Gründer an den Hochschulen gefördert werden, die neben den Hochschulen selbst weitere regionale Akteure wie Wirtschaftsförderung, Industrie- und Handelskammern, öffentliche Beratungseinrichtungen sowie Finanziers umfassen. Wesentliche Instrumente dabei sind die Einrichtung von Entrepreneurship-Professuren sowie Stipendien für die Entwicklung von innovativen, technologieorientierten oder wissensbasierten Gründungsvorhaben mit guten wirtschaftlichen Erfolgsaussichten.

Staatliche Finanzierungshilfen für innovative Gründungen

Mit staatlichen Finanzierungshilfen für innovative Gründungen versucht man, dem Marktversagen bei der Bereitstellung von Gründungskapital – insbesondere in der Seed-Phase – entgegenzuwirken. Eine Maßnahme, die direkt am Marktversagen des VC-Marktes ansetzt, stellt die Beteiligungsfinanzierung durch *öffentliche VC-Gesellschaften* dar. Dabei ist die Hauptaufgabe dieser öffentlichen VC-Gesellschaften darin zu sehen, Beteiligungsfinanzierung für innovative Gründungen während der Frühphase ihrer Entwicklung bereit zu stellen. Dies kann grundsätzlich auch in späteren Entwicklungsphasen (Start-up Phase, Expansionsphase) innovativer Unternehmen sinnvoll sein, wenn der private VC-Markt als einigermaßen – aber im Zweifel nicht als perfekt – funktionsfähig angesehen werden kann. Die Aufgabe öffentlicher VC-Geber in diesen späteren Phasen besteht dann aber nicht darin, den privaten Finanziers Konkurrenz zu machen, sondern solche erfolgverspre-chenden Gründungsprojekte zu finanzieren, die den relativ strengen Kriterien privater VC-Geber nicht ganz entsprechen.

Die mit einer solchen direkten öffentlichen Beteiligung verbundenen Probleme liegen auf der Hand. Zunächst einmal ist nicht zu erwarten, dass öffentliche Stellen ein ähnliches Maß an Expertise und Effizienz bei der Auswahl und Betreuung von Gründungsprojekten aufweisen, wie private VC-Geber. Selbst dann, wenn man von diesem allgemeinen Effizienzproblem absieht, besteht die große Schwierigkeit öffentlicher VC-Investoren in der Auswahl der richtigen Gründungsprojekte. Zwar sollten öffentliche VC-Geber entsprechend ihrem Förderauftrag niedrigere Renditemaßstäbe anlegen als private Finanziers und zum Eingehen höherer Risiken bereit sein, aber auch sie müssen für die Förderung bestimmte Projekte auswählen und wenig erfolgversprechende Projekte ablehnen. Es ist nicht erkennbar, dass öffentliche VC-Geber bei der Vergabe von Steuermitteln über größere Expertise verfügen als private Firmen, die ihr eigenes Geld bzw. das Geld ihrer Anleger investieren. Darüber hinaus erfordert auch eine Unternehmensbeteiligung öffentlicher Stellen das Monitoring und Coaching der betreffenden Gründungsprojekte. Auch in dieser Hinsicht ist von privaten Firmen in der Regel eine größere Expertise und höhere Motivation zu erwarten, als von öffentlichen Stellen.

Ein Ansatz zur Lösung dieser Problematik ist die Ko-Finanzierung privater Beteiligungen mit öffentlichen Mitteln. Dabei unterstützt der Staat private Kapitalgeber, indem er einen Teil der Investitionssumme übernimmt und/oder im Falle eines Misserfolgs des Projekts dem privaten Finanzier einen Teil des investierten Kapitals erstattet. Der Grundgedanke einer solchen Politik besteht darin, private Beteiligungen dadurch zu stimulieren, indem der Staat einen Teil des Investitionsrisikos übernimmt. Dabei verhält sich die öffentliche Hand in aller Regel als stiller Teilhaber und überlässt die Betreuung der Gründungsprojekte den privaten VC-Gebern. Auch die Auswahl der Beteiligungsprojekte obliegt dabei mehr

12

oder weniger vollständig den privaten Finanziers.

Bekanntestes Beispiel für einen anderen Weg der Frühphasen-Finanzierung und zur Lösung des Selektionsproblems ist das seit mehreren Jahrzehnten in den USA betriebene *Small Business Innovation and Research Program* (SBIR). Dieses staatliche Förderprogramm unterscheidet drei Phasen. Für die erste Phase der Förderung kann potenziellen Gründern oder Kleinunternehmen auf der Grundlage eingereichter Ideenskizzen eine auf ein Jahr begrenzte Förderung zur Ausarbeitung ihrer Idee gewährt werden. Über die Bewilligung dieser nicht rückzahlbaren und vom Umfang her begrenzten Subvention entscheidet ein Expertengremium. In einer zweiten Phase können dann deutlich umfangreichere Mittel zur Finanzierung der weiteren Entwicklung bis hin zu einem Prototyp bereitgestellt werden. Auch über die Vergabe dieser Mittel, die wiederum nicht zurückgezahlt werden müssen, entscheidet erneut ein Expertengremium. Voraussetzungen für die Gewährung der Finanzierung in der zweiten Phase des Programms ist neben dem Erfolg der ersten Phase (die allerdings auch auf einem *Fast Track* übersprungen werden kann) ein *Letter of Commitment* eines privaten Kapitalgebers, der sich dazu verpflichtet, das Projekt nach erfolgreicher Durchführung der zweiten Phase weiter zu finanzieren. Die weitere Entwicklung eines Projektes ohne weitere staatliche Zuschüsse stellt dann die dritte Phase dar.

Die öffentliche Hand engagiert sich hier also vor allem in der Seed-Phase und nur so lange, bis eine private Finanzierung absehbar ist, das Projekt gewissermaßen „reif für die VC-Finanzierung" ist. Der Staat geht hier keine Beteiligung ein, sondern subventioniert die Frühphase von Experimenten der Kommerzialisierung von Wissen. Diverse Evaluierungen stufen das SBIR-Programm als sehr erfolgreich ein. Das Programm stellt ein Vorbild für viele Förderprogramme für innovative Gründungen in anderen Ländern dar, die wesentliche Grundzüge hiervon übernommen haben.

Inkubatoren (Technologie- und Gründerzentren) und Akzeleratoren

Als *Inkubatoren* (medizinisch: Brutkasten) für Unternehmen bezeichnet man Einrichtungen, die jungen Unternehmen Geschäftsfläche und Unterstützung für ihre Entwicklung bieten. Dabei zielt die Grundidee solcher Inkubatoren in der Regel auf Unternehmen mit vermutlich hohem Wachstumspotenzial und dabei insbesondere auf innovative Unternehmensgründungen ab.

Vorteile eines Standortes in einem Inkubator können sein:

— Verfügbarkeit geeigneter Geschäfts- und Produktionsflächen;
— Agglomerationsvorteile, insbesondere Wissens-Spillover, durch räumliche Nähe zu anderen innovativen Firmen sowie zu einer Hochschule oder zu einer anderen öffentlichen Forschungseinrichtung;
— Überwindung von Unteilbarkeiten durch gemeinsame Nutzung von Büroausstattung, Sekretariatsdiensten oder Laboren, die von sehr kleinen Firmen allein häufig kaum hinreichend ausgelastet werden können;
— Subventionseffekte durch relativ günstige Mieten sowie insbesondere
— Beratung und weitere Unterstützungsleistungen durch den Betreiber des Inkubators.

Ein weit verbreiteter Typ von Inkubator sind die in der Regel vollständig oder teilweise in öffentlicher Trägerschaft betriebenen *Technologie- und Gründerzentren*, die häufig eng mit Hochschulen verbunden sind. Wirkungsanalysen zu Technologie- und Gründerzentren haben allerdings gezeigt, dass in der überwiegenden Mehrzahl solcher Zentren auch ein erheblicher Anteil wenig innovativer Unternehmen angesiedelt ist, sodass ein hoher Innovationsanspruch nicht erfüllt werden kann. Der Grund hierfür ist in der Regel die sehr geringe Anzahl hochinnovativer Gründungen, von denen auch nur ein Teil einen Standort in einem Innovations- und Gründerzentrum wählt. Insgesamt hängen die Effekte eines Innovations- und Gründerzentrums sehr stark von der Auswahl der betreffenden Unternehmen, dem Angebot an Unterstützungsleistungen sowie von der Qualität des Zentren-Managements ab. Entsprechende Studien kommen übereinstimmend zu dem Ergebnis, dass Innovations- und Gründerzentren durchaus positive Effekte haben können, sie aber nicht als eine allgemeine Strategie der staatlichen Wirtschaftsförderung zu empfehlen sind!

Während der letzten Jahre sind zunehmend Inkubatoren in privater Trägerschaft entstanden, wobei die Betreiber solcher Einrichtungen häufig auch VC-Finanzierung bereitstellen. Ein *Akzelerator* (Beschleuniger) ist eine zeitlich befristete Veranstaltung (häufig „Boot-Camp") mit dem Ziel, die Entwicklung von Gründungsideen und Gründungskonzepten durch intensive Unterstützung und gegenseitigen Austausch der Teilnehmer zu beschleunigen. Akzeleratoren in öffentlicher Trägerschaft stellen in der Regel ein Mittel der Wirtschaftsförderung dar. Bei privaten Veranstaltern von Akzeleratoren handelt es sich nicht selten um Unternehmen, die an der Entwicklung und Verwertung von Ideen in ihrem Geschäftsfeld interessiert sind.

Teilbereich der Entrepreneurship-Politik dar. Da sich potenzielle Gründer innovativer Unternehmen hinsichtlich ihrer Problemlagen stark von Gründern nicht-innovativer Unternehmen unterscheiden, bedarf es bei der Förderung solcher Gründungen spezieller Instrumente, insbesondere auch im Bereich der Finanzierung. Angesichts der relativ geringen Anzahl von innovativen Unternehmensgründungen besteht ein wesentliches Ziel der Politik darin, dieses Potenzial zu erhöhen. Entsprechende Maßnahmen richten sich insbesondere an die Hochschulen, die als eine wesentliche Keimzelle für innovative Gründer anzusehen sind. Die Hochschulen bilden eine wesentliche Schnittstelle zwischen der Förderung der Entstehung innovativer Gründungen, der Bildungspolitik und der Forschungsförderung.

Anhand der Frage, wie die Anzahl innovativer Gründungen erhöht werden kann, zeigt sich auch die Einbettung der auf innovative Gründungen gerichteten Förderung in die allgemeine Entrepreneurship-Politik. Der Wille und die Fähigkeit zur Gründung eines Unternehmens werden nicht erst in der Hochschule, sondern bereits während der Erziehung im Elternhaus und durch die Schulausbildung geprägt; sie werden auch wesentlich durch allgemeine gesellschaftliche Rahmenbedingungen, wie etwa die herrschende Entrepreneurship-Kultur, beeinflusst (hierzu ► Abschn. 5.4.4). Letztendlich geht es hier um die Frage, wie die Gesellschaft gestaltet werden kann, damit mehr unternehmerische Gelegenheiten entstehen, erkannt und von den hierfür geeigneten Personen ergriffen werden.

12.5.4 Schlussbemerkung zur Förderung innovativer Gründungen

Die Stimulierung und Förderung innovativer Gründungen stellt einen wichtigen

12.6 Zusammenfassung wesentlicher Ergebnisse

Das dominierende Ziel der Gründungsförderung besteht in der Stimulierung von Innovation und Wachstum. Da sich das

Niveau an Gründungsaktivitäten in der Regel nur langfristig beeinflussen lässt und sich auch die Wirkungen von Gründungen auf wirtschaftliche Entwicklung erst sehr langfristig zeigen, muss Gründungsförderung mit langem Atem und mit langfristiger Perspektive betrieben werden. Entrepreneurship stellt eine dauerhafte Ressource dar und Gründungsförderung ist als eine Investition in diese Ressource anzusehen. Die ökonomische Rechtfertigung der Gründungsförderung ergibt sich aus den damit verbundenen positiven externen Effekten, der Stimulierung des Wettbewerbs, der Überwindung einer unzureichenden Funktionsweise der Kapitalmärkte bei der Finanzierung innovativer Gründungen, der Reduktion der mit einer Gründung verbundenen Risiken sowie allgemein aus dem Wunsch der Förderung von Innovation und Wachstum.

Man kann zwei mögliche Ansatzpunkte einer Gründungsförderung unterscheiden. Dabei handelt es sich zum einen um die Schaffung möglichst günstiger Voraussetzungen für Gründungen, insbesondere auch die Förderung von Gründungsneigung und -fähigkeiten (Enabling Policies). Zum anderen ist es die Unterstützung von Gründungen nach deren Markteintritt (Supporting Policies). Letztere ist insofern problematisch, als sie zu Verzerrungen der Marktallokation führen kann. Neben der allgemeinen Gründungsförderung stellt die Förderung innovativer Gründungen eine wichtige Spezialaufgabe dar.

Da der ganz überwiegende Anteil der innovativen Gründer über eine akademische Ausbildung verfügt, kommt hier den Hochschulen eine besondere Bedeutung bei der Sensibilisierung für Unternehmertum und der Vermittlung unternehmerischer Fähigkeiten zu. Wichtige Maßnahmen zur Stimulierung innovativer Gründungen sind die Schaffung eines Angebotes an qualifiziertem Coaching, Angebote zur F&E-Kooperation mit öffentlichen Forschungseinrichtungen, die Einrichtung mehrstufig organisierter Businessplan-Wettbewerbe, die speziell auf innovative Gründungen ausgerichtet sind, eine gute Funktionsweise des Marktes für Beteiligungskapital sowie ein Angebot von Seed-Kapital. Wichtig sind in diesem Zusammenhang insbesondere auch das Ausmaß und das Niveau der anwendungsorientierten Forschung in einer Region.

Die Entrepreneurship-Politik sollte nicht allein auf den Gründungsprozess im engeren Sinne gerichtet sein. Vielmehr ist sie als umfassende gesellschaftspolitische Aufgabe zu verstehen. Für eine Politik, die auf mehr und nachhaltigeres Wachstum durch Gründungen setzt, gibt es also ein vielfältiges Betätigungsfeld.

12.7 Wesentliche Begriffe zu Kap. 12

- Businessplan-Wettbewerb
- Coaching
- Enabling Policies
- Entrepreneurial University
- Entrepreneurship-Ecosystem
- Externe Effekte
- Finanzierungshilfen
- Freiheitsziel
- Informationsmängel (asymmetrische Information)
- Inkubatoren
- Innovative Gründungen
- Marktversagen
- Seed-Kapital
- Seed-Phase
- Small Business Innovation and Research Programme (SBIR)
- Supporting Policies
- Systemversagen
- Unkenntnis
- Unsicherheit
- Unteilbarkeit
- Wachstumsziel
- Wissensbasis

Literaturhinweise

Zu einer grundlegenden Betrachtung der Begründung von Entrepreneurship-Politik siehe *Acs et al.* (2016). Einen aktuellen Überblick über praktische Möglichkeiten der Entrepreneurship-Politik bietet *OECD* (2020). *Elert et al.* (2019) behandeln ausführlich die wesentlichen Bereiche der Entrepreneurship Politik in der Europäischen Union. In dem von *Sanders et al.* (2020) herausgegebenen Buch „The Entrepreneurial Society" werden umfassende Analysen und Vorschläge zur Verbesserung der Entrepreneurship-Policy in Deutschland, Italien und Großbritannien vorgestellt.

Fritsch (2018) behandelt ausführlich die verschiedenen Ursachen für Marktversagen.

Sehr informativ zur Rolle von Hochschulen und öffentlichen Forschungseinrichtungen für innovative Gründungen sind die Aufsätze von *Åstebro* und *Bazzazian* (2011) sowie von *Åstebro et al.* (2012). Zu einem Überblick über die Ergebnisse der MIT-Alumni Studie siehe *Roberts* und *Eesley* (2011) sowie *Roberts et al.* (2015). *Fritsch* und *Aamoucke* (2017) analysieren die Bedeutung verschiedener Studienfächer für die Entstehung innovativer Gründungen.

Literatur

Zoltan Acs Thomas Åstebro David T Robinson 2016 Public policy to promote entrepreneurship: a call to arms Small Business Economics 47 35 51 ► https://doi.org/10.1007/s11187-016-9712-2

Åstebro, Thomas und Navid Bazzazian (2011): Universities, entrepreneurship, and local economic development. In Michael Fritsch (Hrsg.): *Handbook of Research on Entrepreneurship and Regional Development*, Cheltenham: Elgar, 252–332.

Åstebro, Thomas, Navid Bazzazian und Serguey Braguinsky (2012): Startups by recent university graduates and their faculty: Implications for university entrepreneurship policy. *Research Policy*, 41, 663–677. ► https://doi.org/10.1016/j. respol.2012.01.004

Elert, Niklas, Magnus Henrekson und Mark Sanders (2019): *The Entrepreneurial Society – A Reform Strategy for the European Union*. Berlin: Springer. ► https://doi.org/10.1007/978-3-662-59586-2

Europäische Kommission (2020): *Europe 2020 – A strategy for smart, sustainable and inclusive growth*. Brüssel ► http://eur-lex.europa.eu/LexUriServ/LexUriServ.do?uri=COM:2010:2020:FIN:EN:PDF.

Fritsch, Michael und Ronney Aamoucke (2017): Fields of Knowledge in Higher Education Institutions, and Innovative Start-Ups—An Empirical Investigation. *Papers in Regional Science*, 96, S1–S27. ► https://doi.org/10.1111/pirs.12175

Fritsch, Michael (2018): *Marktversagen und Wirtschaftspolitik – Mikroökonomische Grundlagen staatlichen Handelns*. 10. überarbeitete und ergänzte Auflage, München: Vahlen.

OECD (2020): *International Compendium of Entrepreneurship Policies*. Paris: OECD Publishing. ► https://doi.org/10.1787/338f1873-en

Roberts, Edward B. und Charles E. Eesley (2011): Entrepreneurial impact: the role of MIT — an updated report. *Foundations and Trends in Entrepreneurship*, 7, 1–149. ► https://doi.org/10.1561/0300000030

Roberts, Edward B., Fiona Murray, und J. Daniel Kim (2015): Entrepreneurship and Innovation at MIT – Continuing Global Growth and Impact, Boston, MA, USA: Massachusetts Institute for Technology. ► https://entrepreneurship.mit.edu/wp-content/uploads/MIT-Entrepreneurship-Innovation-Impact-Report-2015.pdf.

Sanders, Mark, Axel Marx und Mikael Stenkula (Hrsg.) (2020): *The Entrepreneurial Society – A Reform Strategy for Italy, Germany and the UK*. Berlin: Springer. ► https://doi.org/10.1007/978-3-662-61007-7

Schlussbetrachtung

M. Fritsch und M. Wyrwich, *Entrepreneurship*, https://doi.org/10.1007/978-3-658-34637-9_13

Entrepreneurship beinhaltet im Wesentlichen unternehmerische Initiative, Kreativität und die Einführung von Innovationen; Verhaltensweisen, die meist mit dem Eingehen ökonomischer Risiken verbunden sind. Im Kern meint Entrepreneurship, Neues zu wagen, zu experimentieren, innovativ zu sein. Auf diesem innovativen Kern von Entrepreneurship, der „Andersverwendung" von Ressourcen, beruht seine Bedeutung für wirtschaftliche Entwicklung. Dahinter steht die Überzeugung, dass der entscheidende Wachstumstreiber nicht im Mehreinsatz von Produktionsfaktoren wie Arbeit und Kapital, sondern in der andersartigen Verwendung dieser Ressourcen besteht. Die Beschäftigung mit Entrepreneurship beruht auf der Erkenntnis, dass in den damit verbundenen Fähigkeiten und Verhaltensweisen die eigentlich knappen Ressource für wirtschaftliches Wachstum zu sehen ist!

Entrepreneurship hat viele Formen und Facetten. Dieses Buch behandelte vor allem Entrepreneurship im Sinne von unternehmerischer Selbstständigkeit, insbesondere der Gründung eines Unternehmens. Es wurde ein Überblick über den Stand des Wissens zu den Bestimmungsgründen von Unternehmensgründungen, zu den damit verbundenen Anforderungen und möglichen Engpässen sowie zur Entwicklung und zu den Wirkungen von Gründungen auf wirtschaftliche Entwicklung gegeben. Hierauf aufbauend wurden dann die grundsätzlichen Potenziale der Entrepreneurship-Politik dargestellt.

Die diversen Bestimmungsgründe von Entrepreneurship und Unternehmensgründungen bieten für die Politik vielfältige Ansatzpunkte. Die Behandlung der verschiedenen Determinanten von Entrepreneurship zeigt zum einen den Einfluss der vom Staat gesetzten Rahmenbedingungen wie Marktordnungen, Regulierungen, Steuern sowie dem Bildungssystem. Zum anderen wird die große Bedeutung individueller Faktoren deutlich, die wesentlich durch Sozialisation, Ausbildung und das

regionale Umfeld geprägt sind. Wenn das Ziel der Politik darin besteht, Entrepreneurship einen größeren Stellenwert in der Gesellschaft zu verschaffen, dann müssen diese verschiedenartigen Bestimmungsgründe in adäquater Weise berücksichtigt werden. Die Wirtschaftspolitik allein kann die hierfür relevanten Bereiche nicht abdecken. Eine wirkungsvolle und nachhaltige Stärkung von Entrepreneurship erfordert Schritte in Richtung auf eine durch mehr Initiative und Eigenverantwortung geprägte unternehmerische Gesellschaft (siehe ▶ Abschn. 2.5). Die Förderung von Entrepreneurship stellt somit eine umfassende gesellschaftspolitische Aufgabe dar, die wesentlich über den Bereich der Wirtschaftspolitik hinausreicht.

Ein wesentliches Motiv für die Beschäftigung mit Unternehmensgründungen sind die positiven Effekte, die hiervon in der Regel für die wirtschaftliche Entwicklung ausgehen. Entsprechend besteht das zentrale wirtschaftliche Ziel der Entrepreneurship-Politik in der Wachstumsförderung. Wie in diesem Buch (insbesondere in ▶ Kap. 11) gezeigt wurde, beruhen viele dieser positiven Wirkungen im Kern auf Innovationen und den Wettbewerbswirkungen, die von Gründungsprozessen ausgehen. Dabei besteht ein zentrales Ergebnis darin, dass sich diese Wachstumswirkungen nur zu einem Teil in der Entwicklung der neu gegründeten Unternehmen selbst zeigen. Ein ganz wesentlicher Teil der Wachstumseffekte von Gründungen ist indirekter Natur und kommt durch Marktprozesse und Marktselektion entsprechend einem Survival of the Fittest zustande. Ein möglichst unverzerrter und fairer Wettbewerb stellt somit eine wesentliche Voraussetzung für das Entstehen solcher indirekten Wachstumswirkungen von Unternehmensgründungen dar.

Im Ergebnis zeigte sich, dass sich die positiven Wirkungen von Gründungsprozessen über längere Zeiträume entwickeln und dass es mehrere Jahre dauern kann, bis überhaupt signifikante positive Effekte auf die wirtschaftliche Entwicklung erkennbar werden. Es wurde ebenso gezeigt, dass die Gründungsaktivitäten zwischen Regionen stark variieren, wobei das Niveau der regionalen Gründungstätigkeit meist relativ konstant bleibt und wesentliche Veränderungen nur über längere Zeiträume stattfinden. Beide Feststellungen – lange Wirkungszeiträume für Gründungen und kurzfristig relativ konstantes Niveau der Gründungsaktivitäten – machen deutlich, dass Entrepreneurship-Politik langfristig orientiert sein sollte, um einen Einfluss auf das Niveau des Gründungsgeschehens entfalten zu können. Dies gilt insbesondere für Maßnahmen, die auf die Stimulierung einer Entrepreneurship-Kultur gerichtet sind. Denn zum einen verändern sich Einstellungen und Werthaltungen der Bevölkerung nur sehr langsam, zum anderen erweist sich eine einmal vorhandene Entrepreneurship-Kultur als ausgesprochen persistent und entfaltet sehr langfristig positive Wirkungen auf wirtschaftliches Wachstum.

Schließlich bleibt festzuhalten, dass sowohl hinsichtlich des Niveaus als auch mit Blick auf die Wirkungen von Entrepreneurship sehr wesentliche regionale Unterschiede bestehen. Dies deutet auf einen erheblichen Einfluss regionaler Gegebenheiten hin. Hieraus folgt, dass empirische Untersuchungen der Bestimmungsgründe und der Wirkungen von Entrepreneurship solchen regionalen Besonderheiten möglichst Rechnung tragen sollten. Für die Entrepreneurship-Politik folgt hieraus, dass zumindest ein Teil der Maßnahmen räumlich differenziert ausgestaltet sein sollte. Durch eine dezentrale Organisation der Politik, insbesondere die Zuweisung wesentlicher Entscheidungsbefugnisse an regionale Akteure, können die Gegebenheiten der jeweiligen Region angemessen berücksichtigt werden.

Serviceteil

Stichwortverzeichnis – 189

© Der/die Herausgeber bzw. der/die Autor(en), exklusiv lizenziert durch Springer Fachmedien Wiesbaden GmbH, ein Teil von Springer Nature 2021
M. Fritsch und M. Wyrwich, *Entrepreneurship*, https://doi.org/10.1007/978-3-658-34637-9

Stichwortverzeichnis

A

Alter 26, 35, 68, 69, 96, 116, 118, 119, 122
Angebotseffekt 148, 150, 153
Ansatz, ökologischer 24
Arbeitslose als Gründer 71
Arbeitslosigkeit 11, 42, 47, 71, 101, 110, 131, 135, 151
Arbeitsmarktansatz 24
Arbeitszufriedenheit 73, 128, 130, 142

B

Balanced Skills 54
Berufserfahrung 46, 59, 133
Beschäftigung, abhängige 2, 25, 42–47, 49, 53, 54, 68–72, 75, 76, 97, 129, 130
Beteiligungsfinanzierung s. Venture Capital
Bevölkerungsdichte 155
Big Five Persönlichkeitsmerkmale 55, 56
Branchenerfahrung 134–136
Business
– Angels 88
– Plan 137

C

Coaching 167, 174, 176, 180
Corporate VC 88

D

DDR 34, 156
Displacement Effect s. Verdrängungseffekt

E

Early Stage 86
Effekt
– direkter 147, 150, 155
– von Gründungen 15, 151, 152, 156
Eigenverantwortlichkeit 13, 59, 73
Einkommen 42, 43, 45, 46, 48, 53, 54, 56, 60, 69, 97, 98, 101, 124, 128, 130, 142
Entrepreneur bzw. Entrepreneurship 53, 76
– Ambitious 11, 12
– destruktiver 11–13
– Established 15
– Hightech 11

– innovativer 3, 6, 7, 11, 18, 54, 73, 75, 76, 85, 86, 107, 174, 179
– Kirzner'scher 8, 100
– Kultur 34, 38, 62, 102, 108, 164, 169, 176
– Nascent 13, 15, 35
– Necessity 11, 12, 47, 49, 71, 97, 135
– Opportunity 11, 12, 101
– Persistenz 34, 38, 164
– Politik 13, 109, 164, 165, 168–170, 179, 184
– produktiver 11–13
– regionaler 110
– Schumpeter'scher 6, 9, 12, 100
– Social 11, 12
– unproduktiver 11, 13
– unternehmerischer 16, 18, 25, 26, 42–44, 47, 55, 56, 59, 73, 97, 109, 142
– Young 15, 35
Entrepreneurial University 174, 175
Equity, private and public 85
Erfindung 6, 7, 18, 84
Exit-Option 91
Extraversion 46, 53, 55, 63

F

Fähigkeit
– kognitive 53
– nicht-kognitive 52
– unternehmerische 43, 49, 52, 53, 57, 68, 169
Faktor, nicht-pekuniärer 48
Familie 46, 57, 59, 95
Frauen als Gründerinnen 77, 135
Fremdkapital 97, 103
Freund 61, 63, 80, 134

G

Gazelle 123, 128, 142
Gelegenheit, unternehmerische 64, 111, 172
Generalist 45, 54
Gesellschaft, unternehmerische 18, 164
– vs. gemanagete 6, 16
Gewinn 43, 45, 131
Gewissenhaftigkeit 53, 56, 63, 95
Global Entrepreneurship Monitor (GEM) 13, 15, 26, 34, 110
Größe 121
– des Unternehmens 130, 131
– einer Stadt 139
– mindestoptimale 72, 103, 105, 108, 121, 123, 136, 140, 166

Gründerzentrum s. Technologie und
    Gründerzentrum
Gründung
– imitative 11, 116
– innovative 3, 11, 12, 68, 71, 73, 75, 80, 85, 87, 91,
    116, 138, 168, 170, 173–175, 177, 179
– Spin-off 12, 68, 71, 73, 74, 98, 107, 136
Gründungsbarriere 99
Gründungsfinanzierung 81, 85
Gründungskohorte 117, 123, 150
Gründungsrate 31, 103, 104, 155

H

Hazardrate 119, 123
Hochschule 59, 75, 174, 175, 179

I

Information, asymmetrische 74, 81, 82, 84, 91, 165,
    166
Infrastruktur 34, 106, 109
Inkubator 74, 75, 175
Innovation 7, 8, 10, 147, 149, 179
Institution
– formale 62, 110, 168, 184
– informelle 60, 62, 97
Invention s. Erfindung

J

Jack of all Trades-Hypothese 54, 73, 133

K

Kapitalintensität 103, 140
Kleinunternehmen 36, 54, 72, 73, 76, 122
Kohorte 118, 147
Konjunktur 101, 102
Konkurrenzschutz-Klausel 98, 168
Kreativität 2, 8, 18, 55, 62, 184
Kreditfinanzierung 80, 85, 86, 91, 173
Kreditrationierung 3, 83, 85

L

Late Stage 86
Lead Investor 89, 91
Lebensalter 53
Liability
– of Adolescence 119, 122
– of Aging 119, 123
– of Newness 119, 120, 124
– of Obsolescence 123

– of Senescence 123
– of Smallness 119, 121, 122, 125
Lokalisationsvorteil 107, 139

M

Managementerfahrung 63
Marktaustritt 23, 104
Marktselektion 139, 147, 148, 150, 169
Marktversagen 84, 85, 165, 168, 177
Marktzutritt 23, 36, 37, 98, 104, 140, 147, 154
Marktzutrittsregulierung 98, 168
Median 129, 142
Migranten als Gründer 68, 70, 76, 135, 164

N

Nachfrage 17, 83, 102, 104, 109, 133, 140, 149
Nähe, räumliche 31, 74, 89, 90, 139, 178
Nebenerwerbstätigkeit 25
Netto-Marktzutritt 36, 37
Netzwerk 10, 62, 71
Neurotizismus 55, 95

O

Occupational Choice 2, 42–44, 47, 48, 52
Offenheit für Erfahrungen 46, 55, 63, 95
Omitted Variable Bias 131
Opportunity Recognition 8, 52, 62

P

Peer-Effekt 46, 58, 61, 63, 135, 165, 166
Persistenz von Entrepreneurship 34, 38, 164
Persönlichkeitsmerkmal 46, 52, 55, 59, 60, 73, 106,
    167
Produktlebenszyklus 23, 119, 133, 140

Q

Qualifikation
– formale 16
– unternehmerische 54, 58, 60, 62

R

Rahmenbedingung 71
– institutionelle 45, 48, 60, 97, 99, 111, 157, 174
Regime, technologisches 36, 104, 141
– entrepreneurhaftes 36, 37, 141
– routiniertes 37
Regulierung 60, 98, 168

Risiko 6, 45, 81, 83, 84, 89, 141
Risikoneigung bzw. -tragfähigkeit 46, 49, 52, 53, 56,
    63, 73
Rollenmodell 54, 69, 72, 73, 76, 166, 176

S

Screening 81, 84, 88, 89
Seed
– Kapital 175, 180
– Phase 86, 88, 91, 174, 177, 178
Selbstständigenrate 34, 110
Selbstständigkeit s. Entrepreneur bzw. Entrepre-
    neurship
Selbstverwirklichung 8, 43, 95, 108, 130
Signaling 81, 84
Skill Balance 54, 62
Small Business Innovation and Research Programme
    (SBIR) 178
Solo-Selbstständigkeit 13, 14, 43, 49, 72, 97, 99, 130
Sozialkapital 60
Spezialist 54, 174
Spin-off-Gründung 74
Standortwahl 2, 70
Start-up-Phase 86, 88
Steuern 98
Stilllegung 23, 24, 103, 119, 120, 122
Stilllegungsrate 103, 119, 141
Stresstoleranz 55
Strukturwandel 7, 101, 110, 149, 164
Subvention 108, 169
Superstar 128
Supporting Policies 169, 173, 180
Survival of the Fittest 148, 150, 152, 158, 169, 184
Survivor Bias 130, 142, 151
Syndizierung 89
Systemversagen 168

T

Tätigkeitsfeld 72, 76
Technologie- und Gründerzentrum 178
Total Early Stage Entrepreneurial Activity
    (TEA) 34, 35

Transformation 9, 14, 62, 149
Turbulenz 23, 24, 167

U

Überlebensrate 104, 118, 119, 124
Überoptimismus 57
Überzuversicht 57
Umfeldbedingung s. Rahmenbedingung
Unsicherheit 6, 8, 36, 45, 56, 71, 74, 81, 85, 116, 138,
    165, 167, 168, 174
Unternehmen, etabliertes 10, 15, 16, 23, 68, 71, 74,
    75, 82, 122, 123, 146, 165, 166
Unternehmensgröße, mindestoptimale 17, 103, 104,
    140, 166
Unternehmer s. Entrepreneur bzw. Entrepreneurship
Urbanisationsvorteil 139

V

VC-Gesellschaft, förderorientierte 88, 90
Venture Capital 3, 80, 85, 86, 106, 168, 173, 174
Verdichtungsgebiet 106, 139, 155, 158
Verdrängungseffekt 148, 152, 156, 185
Vererbung 46, 58, 59
Verträglichkeit 55, 56, 95
Vielfalt 54, 55, 73, 96, 116, 133, 134, 149, 175

W

Wachstumsregime, regionales 110, 156
Werthaltung 60, 62, 185
Wissen 6, 12, 37, 52, 62, 75, 82, 89, 98, 101, 106, 110,
    150, 166–168, 175
Wissens-Spillover-Theorie des Entrepreneurship 68,
    75, 139
Wohlstandsniveau 9, 48, 101, 139

Z

Zerstörung, kreative 7, 15, 18, 149
Zinssatz 82–84

Printed by Printforce, the Netherlands